立人天地

大师馆

用人生写作的 J. M. 库切：
与时间面对面

J.M. COETZEE and the Life of Writing: Face—to— Face with Time

【南非】大卫·阿特维尔 著

David Attwell / 董 亮 译

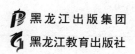

黑龙江出版集团

黑龙江教育出版社

版权登记号：08-2016-112

图书在版编目（CIP）数据

用人生写作的J.M.库切：与时间面对面 /（南非）大卫·阿特维尔
（David Attwell）著；董亮译.
-- 哈尔滨：黑龙江教育出版社，2016.12
ISBN 978-7-5316-9045-0

Ⅰ.①用… Ⅱ.①大… ②董… Ⅲ.①约翰·马克斯韦尔·库切—传记
Ⅳ.①K834.785.6

中国版本图书馆CIP数据核字(2016)第306305号

用人生写作的J.M.库切：与时间面对面
YONG RENSHENG XIEZUO DE J.M.KUQIE：YU SHIJIAN MIANDUIMIAN

丛 书 策 划	宋舒白
作 者	〔南非〕大卫·阿特维尔（David Attwell）著
译 者	董 亮 译
选 题 策 划	吴 迪
责 任 编 辑	宋舒白 郝雅丽
装 帧 设 计	冯军辉
责 任 校 对	张爱华

出 版 发 行	黑龙江教育出版社（哈尔滨市南岗区花园街158号）
印 刷	三河市华东印刷有限公司
新 浪 微 博	http://weibo.com/longjiaoshe
公 众 微 信	heilongjiangjiaoyu
天 猫 店	https://hljjycbsts.tmall.com
E - m a i l	heilongjiangjiaoyu@126.com
电 话	010—64187564

开 本	700×1000 1/16
印 张	20
字 数	280千
版 次	2021 年 1 月第 1 版第 2 次印刷
书 号	ISBN 978-7-5316-9045-0
定 价	52.00元

J.M.库切与作者大卫·阿特维尔,于澳大利亚阿德莱德,2005年。

从左至右,译者董亮、J.M.库切、作者大卫·阿特维尔,于意大利,2016年。

目录

Contents

序言

Coetzee

　　首先我要向本书作者大卫·阿特维尔教授表示感谢，这是一本任何想对库切有深度了解的人的必读之书。

　　库切的大名早已享誉我国文学界，这或许与他于1983年和1999年两次获得布克奖有关。库切所有的小说都已被译成中文，这充分表明他在中国读者中拥有非常独特的地位。

　　库切出生于南非，现居澳大利亚阿德莱德，但是我仍愿意称他为一位南非作家，没有南非的丰富生活经历，他不会在小说创作领域取得如此令人瞩目的成就。对当代南非作家来说，种族隔离政策的存废是一个无法回避的问题。南非首位获得诺贝尔文学奖的女作家纳丁·戈迪默（Nadine Gordimer）一直是反种族隔离的斗士，用著名的南非大主教德斯蒙德·图图（Desmond Tutu）的话来说，她在小说中"精湛地描写了在种族隔离制度深渊中挣扎的南非劳苦大众"。戈迪默因此象征了一种道义的力量。

　　但是任何事情都是复杂的，受害者也可能是施害者，戈迪默对此也有所警惕。

　　南非的种族隔离政策终结于1993年，第二年，非洲人国民大会

（简称非国大）领袖曼德拉首次在各民族共同参与的选举中当选南非总统，新政府立即提出雄心勃勃的复兴、开发计划。此时，长期以来支持非国大的各国人士对新南非的前景持乐观的态度。但是此后的几年，非国大领导层不断爆出贪污腐化的丑闻，社会进步一时无从谈起。20世纪90年代末，南非失业率居高不下，艾滋病泛滥，犯罪率急剧上升，案犯大都逍遥法外。新的"PC"还带来新的有形无形的审查制度，如非国大曾要求南非人权委员会审核库切的代表作《耻》（*Disgrace*）中的所谓种族歧视问题。

阿特维尔教授生于南非，现任教于英国约克大学。他与库切接触多年，早在20世纪80年代后期就开始编辑库切的《双重视点：论文及访谈》（1992年）。他的第一本专著《J.M.库切：南非和写作策略》（*J.M.Coetzee: South Africa and the Politics of Writing*，1993年）就是在他的博士论文基础上写成的。可以说，阿特维尔教授是最早研究库切的学者之一。

库切是一位自觉意识很强的作者，遣词造句非常讲究，对自己的文字往往改了又改，他的每部小说都有十几个版本的草稿，本书就是解读这些书稿的一份精彩总结。

读过库切小说英文原版的人都折服于作者驾驭英语的能力，因此往往看重其小说与英国文学的互文性。但是阿特维尔教授通过书稿令人信服地揭示了库切与阿非利卡语的内在联系。他让我们看到，即使库切写的是英语，很多地方还是显示出阿非利卡语的句法结构和语序。阿特维尔教授的结论是：英语之于库切，就像法语之于贝克特。从语言上说，库切的身份是飘移的。不懂阿非利卡语的研究者不可能意识到这一点。无疑，这一发现有助于我们更好地解读库切的小说。

这部著作给我的启发很多。再举一例，当初读《彼得堡的大师》（*The Master of Petersburg*）时，禁不住问自己："为什么库切对俄罗斯这么感兴趣？"本书则告诉我们，库切在1991年构思这部小说的时候，已经注意到19世纪后期的俄罗斯与种族隔离制度即将崩溃的南非之间有某种相似性——两个国家都为无政府主义的暴力所困。《彼得堡的大师》于1994年问世，同时库切动笔写《耻》。这一年非国大开始执政。

　　写到这里，必须把心里的话说出来：很想看到一部比较戈迪默和库切的著作，这两位南非作家都对人与社会有深刻的洞察（vision），戈迪默是非国大的一员，她的vision或可翻译成"愿景"，而库切的vision更接近幽暗的现实，要少一些光亮，不能以"愿景"称之。

　　最后，作为本书中文版的读者，我要向译者董亮说一声"谢谢"，他流畅的译文确实给我带来了阅读的愉悦。

陆建德

前 言

库切的书稿

《用人生写作的J.M.库切：与时间面对面》是一本文学批评性质的传记，其目的是将本书主人公即小说家J.M.库切（约翰·马克斯韦尔·库切）的生活和作品置于同一框架下进行解读。通过聚焦库切的作者身份，也就是我所说的"用人生来写作"（在这个意义上等同于他的"写作人生"），我仅截取了库切生活的一个方面来研究，而库切正是因为这个方面而被公众熟知，他自己也全身心投入其中。这个方面当然不能反映库切人生的全貌，他生活中与创作无关的片段都不在本书的考察范围之内。

因此这本书不是传统意义上的传记，也不佯装成一本"智识传记"①。如果我们将所谓的"智识传记"定义为对库切思想发展演变的描述以及这些变化在库切小说以及其他作品中的体现（包括译注、文学评论、学术论文和论集），那就远远超出了本书所能涵盖的范围。

———————————

① 智识传记（intellectual biography），指梳理传记主人公某种思想和理论形成发展过程的传记作品。本书作者随后会讨论这个概念。——译者注

这本书主要是对我解读库切书稿的一个总结。他的手稿保存在得克萨斯大学奥斯汀分校哈里·兰塞姆中心，已向公众开放。

　　我研究库切书稿的缘起可以追溯到1974年，当时我还是名在德班读书的大学生。看过他的处女作《幽暗之地》（*Dusklands*）之后，我便一发而不可收，持续关注他的作品。他的每部小说我都在不同阶段研究过，或做教学之用，或写过评论文章。20世纪80年代早期我在开普敦大学读硕士时，正是他指导了我有关南非文学批评理论的毕业论文，我也开始逐渐对这个作家本人有所了解。随后，在1988年到1990年的三年时间里，我一边在得克萨斯大学奥斯汀分校攻读博士学位，一边和库切合作完成了《双重视点：论文及访谈》。①《双重视点：论文及访谈》可称得上是一本智识性的自传，其中收录了大量库切的学术论文和零星发表的文章，以系列书面访谈为纲领，将其分门别类，统一整合。《双重视点：论文及访谈》问世不久，我又出版了一本文学批评专著——《J.M.库切：南非和写作策略》，这本书是根据我的博士毕业论文修改而来，谈及了库切当时的六部小说。

　　20年后的今天，我采取了完全不同的视角，一反文学批评者以小说成品为研究对象的惯常做法，以退为进，关注作品背后的作家身份构建——它的创作过程和来源，它的独特之处和成功之道。当然，最重要的是研究作者是如何化平凡为神奇，使貌不惊人的素材脱胎换骨成令人过目难忘的小说。

　　我只有五个礼拜在奥斯汀钻研库切的书稿，其实如果条件允

---

　　① 大卫·阿特维尔编辑：《双重视点：论文及访谈》，马萨诸塞州剑桥市，哈佛大学出版社，1992年。（后文出自同一著作的引文，只在脚注中标出该著名称和引文出处页码，出版社、年份等信息不再另注。——括号内为译者注）

许，这个研究随随便便就可以耗时五个月甚至五年。但这五周的收获足以用震撼来形容，它让我既怀忐忑不安之心又有醍醐灌顶之感。如果不是长期浸淫在库切小说成品的研究中，我是断然无法完成这项工作的。库切的书稿将使学者们数年之内都有事可忙，因为很少有在世的作家能像他这样吸引如此多关注的目光。即使有的话，我估计也是极少数。我已经收集了足够多的素材来对库切进行一次全新的解读，所以趁灵感还在、热情依旧之际去记录下我的研究心得。

奥斯汀之行让人陶醉痴迷，我必须承认自己已然入之过深，也知道必须尽快摆脱这种羁绊。20世纪60年代后期，当时库切在得克萨斯大学奥斯汀分校读博，他曾在那儿研究过萨缪尔·贝克特的书稿；80年代，当我在奥斯汀分校求学的时候，在同一个图书馆，我一头扎进那些流淌着南非血液的作家的书稿：奥利弗·施赖纳（Olive Schreiner）、赫尔曼·查尔斯·博斯曼（Herman Charles Bosman）、阿伦·佩顿和罗伊·坎贝尔（罗伊·坎贝尔的半身像至今仍在那里，极其难看）。我之所以这样做，是因为他们让我跟祖国南非紧密相连，尽管这种思乡之情莫可名状也无处安放。

库切也有过同样难以自拔的经历。他二十几岁的时候，一边研究福特·马多克斯·福特（Ford Madox Ford），一边抽时间在伦敦大英博物馆的阅览室里研读文本，尤其是威廉·伯切尔（William Burchell）的旅行游记，探寻早期到南非的欧洲探险家留下的足迹。在哈里·兰塞姆中心，我还曾偶遇库切手绘的伯切尔探险地图。环环相套，世事轮回，这本库切的传记融合了我半个世纪的历程，或许在书写库切的同时，我也在审视自己。

　　我们这位传记主人公写作生涯的某些基本要素现在仍未对研究者开放，比如他最私密的个人信件，虽然也存放在奥斯汀分校，但只有在作家百年之后，后人才能查阅。假若那一天我依然在世，我怀疑自己是否会去研究这些素材。我无法想象库切离世之后，再去读他那些私人信件能有什么乐趣可言。所以这将交由其他研究者去做，让他们去发掘库切是如何利用日记来撰写自传体小说，或者去探究那些情书爱信是怎样影响他小说中的人物的。他个人生活的某些细节在其自传小说中略去未提，比如跟菲利帕·贾伯的婚姻、子女的出生和他们的童年生活。这些生活片段在他的书稿中偶有浮现，但大多数时候都无迹可寻。

　　对于一个以保护自己隐私而著称的人而言，得克萨斯收藏的档案已经相当齐全。除了大量的事务性信函、演讲稿、奖杯奖状、剪报、照片、家传物件和作家自己用过的完整研究资料之外，还包括了从《幽暗之地》到《伊丽莎白·科斯特洛》（*Elizabeth Costello*）期间所有小说和非虚构类作品的草稿。库切2002年移居澳大利亚之后，这些草稿主要是电脑打印版本。他学术生涯的大部分时间都在开普敦大学教书，所以那些手写稿主要用的就是学校印发的蓝色考试答题册。不难想象，每次他监考完便要去收集那些学生没用完的答题册。

　　库切在手稿上都仔细地标注了写作日期和修改时间，对希冀于探寻文稿发展脉络的研究者真是件幸事。这些日期标记和归档工作在当时也为他的创作过程提供了便利，使其能在文本间辗转腾挪，收放自如。库切的写作纲要简约粗略。一般情况下，他都是干净利索地写完初稿，毫不拖沓。他坚持笔耕不辍，如有可能，不会让一日闲过。他一边写作一边寻觅文本的叙事角度，尤其是隐含叙事者在特殊历史语境下借助别样体裁发出的声音。这个阶段的故事情节是最不稳定的因素，本来先是顺着叙事声音次第展开，但后来又被不断调整改写。

有一种流行的观点认为库切小说的构思都是源于文学理论的只言片语，但事实恰恰相反，只有当作品大致成形之后，他才不动声色地引入其他作家（有些是文学理论家，但多数时候是小说家、诗人和哲学家）。他会在草稿阶段写下可能用到的标题，但是至于哪个最合适，要到最后一刻才能拍板定夺。库切有时仅以数字命名他手头的作品（比如"第四部小说"），直到写作过程中邂逅合适的标题。

这样的写作方式是建立在对创作过程有绝对把握和信心的基础上，它以远方目标为指引，坚持克服创作中的不确定因素（这些因素确实存在，而且显而易见，我会在后续章节中详细论述），直到光明浮现，进而映照下一步的写作方向，并为之提供前进的动力。当然，这个过程必定有频繁的修改，对手写稿和打印件一字一笔地校正，在电脑上逐词逐句地重新录入，所以每部作品有12、13、14个版本的草稿都是家常便饭。我充分发挥自己的"后见之明"，在后续的章节中时常称其为一场"写作盛典"，正是在这一点上取得巨大突破，草稿也才逐步呈现出一部小说应有的样子。

尤为有趣的是，库切不伏案写作的时候常随身携带袖珍笔记本。他会在上面简单记下自己的想法，诸如深思熟虑的结果、对文本反复的自我修正以及各色素材。这些内容和答题册上情节更充实的草稿两相比照，互为参考，再加上故事发展方向的不断调整、叙事的不确定因素和作家信心十足时的倚马千言，一部完整的小说才能水到渠成。在库切创作的后期，从以澳大利亚为背景的《慢人》（*Slow Man*）开始，电脑取代了纸和笔，体现创作思路的脉络已不如之前那样有迹可循，但是这种写作模式却依然清晰可辨。

2011年之前，库切20世纪90年代中期以前的小说手稿都寄存在哈佛大学的霍顿图书馆，以求妥善保管。这些资料向研究者开放，库切第一本传记的作者约翰·卡尼梅耶尔就曾到此反复查阅。从2009年至2011年，库切接受过卡尼梅耶尔的数次采访，让后者有机会浏览他存放在阿德莱德家中的大部分资料。这些最终促成了《库切阿非利卡语传记》(*J.M. Coetzee: 'n Geskryfde Lewe*)的问世，并由约翰内斯堡的乔纳森·鲍尔出版社发行。英文版本《J.M.库切的写作人生》也由该社组织翻译并同步出版。

卡尼梅耶尔的这本传记可称得上是一座体量宏大的信息宝库，事无巨细地介绍了库切的家族历史、童年生活、教育背景、亲朋密友以及学术生涯，还有跟出版商、当局的文字审查人员和电影制作人的往来交际。[①]这本书因循了传统的传记写作手法，因而也更具实证价值。库切对大部分问询者都抱着不合作的态度，可靠信息源的缺失使得跟他相关的逸闻趣事满天飞。但这些报道都有添油加醋之嫌，所以卡尼梅耶尔的著作很大程度上起了以正视听的作用。卡氏没有过多关注库切的作品，而是将注意力集中在作家的生活上，因此也就无暇顾及那些手稿了。

即使传记作品对它的主人公毫无傲慢苛责之意，所有优秀的作家还是视其为洪水猛兽。传记是现代人将先辈定格在过去的一种做法。里顿·斯特拉齐开创了传记文学的新潮流[②]，他对维多利亚时期的传记主人公极尽嘲讽之能事，但最终自食苦果，自己也成了这种风向的

---

① 约翰·卡尼梅耶尔：《J.M.库切的写作人生》(*J.M. Coetzee: A Life in Writing*)，约翰内斯堡，乔纳森·鲍尔出版社，2012年。(后文出自同一著作的引文，只在脚注中标出该著名称和引文出处页码，出版社、年份等信息不再另注。——括号内为译者注)

② 里顿·斯特拉齐(Lytton Strachey，1880—1932)，英国著名传记作家。——译者注

受害者。库切对此有先见之明，所以在《夏日》（*Summertime*）中虚构了一个英国传记作家文森特（一个极富胜利意味的名字）[1]，让他筹划为已经过世的约翰·库切写一本传记。

但当库切正撰写《夏日》的时候，命运又给他安排了一场出其不意的棋局——约翰·卡尼梅耶尔以传记作家的身份走进了他的生活。卡氏的写作目的并不是要像传统传记那样借机颠覆库切以往的成就，而是秉承惺惺相惜的理念，还原历史，记录当下，向库切为南非文学和世界文学所做的贡献表达敬意。此举之所以可行，是因为库切作品的思想基础植根于欧美的文化中心，同时他的作品又从属于一种地域文学，其经典作品在南非之外鲜为人知。

尽管在合作过程中库切从来没有给卡尼梅耶尔授权（他不会授权任何传记作品），但库切当时应该已经明白一个道理——功成名就之后就注定难逃被世人编写传记的命运。无论愿意与否，成功的作家不得不接受传记存在的事实，他们深知这就像感冒头疼一样无可避免。诺贝尔获奖作家尤其如此。就像伊恩·汉密尔顿在《火焰守护者》中指出的[2]，对于传记，有作家试图请人捉刀代笔，有的亲力亲为，有的甚至在自己百年之后还要从另一个世界遥控这件事，所以其结果也往往矛盾复杂，难以预测。《夏日》已经充分表达了库切对于传记的认识和看法，他也刚好用这本自传体小说为正在编写的传记铺垫一个假借口。因此可以说，库切在《夏日》里已先发制人，提前采取措施规避传记可能带来的影响。尽管如此，库切还是给卡尼梅耶尔提供了周到的关照和帮助，而且最重要的是他不干涉卡氏阐

---

[1] Vincent（文森特）来源于拉丁语vincere的现在分词Vincentius，意为"战胜，赢得"。——译者注

[2] 伊恩·汉密尔顿（Ian Hamilton）：《火焰守护者》（*Keepers of the Flame*），伦敦，哈钦森出版社，1992年。

释的自由。

　　包括我在内的多数普通读者都对传记作品心驰神往，尤其钟情里面对作家创作过程的洞察剖析，因为这些真知灼见昭示了被我们视若珍宝的小说是如何写就的。20年前，当《J.M.库切: 南非和写作策略》出版之际，我在序言中提到我不确定那是对库切作品的礼赞之作抑或曲解之言；当然，我"无限渴望"能是前者。而今天，我又面临同样的困惑。面对库切广为流传的公众读物，我的敬佩之心丝毫不逊当年，但我的欣赏视角却迥异于从前——不再关注小说的现成品，而是聚焦其背后付出的辛勤劳作，探寻作家遭遇暗流浅滩和峰回路转时的率真开明，因为正是这些品质展现了这位当代作家堪称典范的创作过程。

第一章　树之字母[①]
自传——非人格化理论的运用

> 她的书没有传授知识，也不灌输说教。这些书只是尽可能清晰地勾勒出人们在特定的时间、地点是如何生活的……它们写出了数十亿人中某个个体的生活状况。她自己称这个个体为"她"，而别人称她为伊丽莎白·科斯特洛。[②]

如果我们把库切看作一个理性的作家、一个能编写韵味隽永的故事的能工巧匠，那么他的小说最初落笔的平淡无奇就着实令人大跌眼镜。通常情况下，这些叙事情节刚开始时都来源于他的生活际遇，带有强烈的个人色彩，后来才逐步演化成最终我们看到的小说。单从这些书稿来判断，库切无异于芸芸众生中的你我：它们更多地展露出库切作为普通人的一面，或者说他至少不像奥林匹斯山神那般超凡脱俗。但是事实并非完全如此，因为我们会心存疑问：如果他的小说起步如此平庸，如何能到达辉煌的彼岸？

我的副标题"与时间面对面"是借用《迈克尔·K的生活和时代》

---

① 树之字母（An Alphabet of Tress），作者这里借用希腊人的说法以及罗兰·巴尔特（Roland Barthes）的观点，意指每一种树代表一个字母，不同的树木组成了英文字母表。——译者注

② 库切：《伊丽莎白·科斯特洛》，伦敦，维京出版社，2003年，第207页。（后文出自同一著作的引文，只在脚注中标出该著名称和引文出处页码，出版社、年份等信息不再另注。——括号内为译者注）

草稿中的话，这部小说在1983年为库切赢得了首个布克奖。[①]与该标题相关的段落讲述K挣脱抓捕，逃进斯瓦特山脉（Swartberg）后在那里沉思：

> 我一而再、再而三地退缩，直到逃到山峦的最高处，那里已经无处可去，除非直上天堂。现在我终于与时间面对面：所有的一切都在我身后，除却每天睁眼醒来要面对的白天，因为这大块的整天时间不会离我而去。现在我能做的事情就是活下去，通过跟时间的对峙活下去，就像一只在岩石中挖路的蚂蚁。[②]

这段话很能揭示库切作家身份构建的特征：叙事声音的内倾和孤离，遭遇山穷水尽时的感受，即使受挫罹祸也不放弃对生命价值的追求。那只在岩石中挖路的蚂蚁恰如其分地暗喻了库切的写作过程。

"与时间面对面"传递的是库切的写作态度，意在说明他如何把小说置于自我和历史之间，置于自我及其伦理道德之间。这样的选择都是库切有意为之，评论文章里也因此满是对他作品元小说特质的解读，即所谓有关写作的写作。但库切之所以青睐元小说，最根本的原因在于库切把它看作用尖锐的存在性问题挑战自我的方式，比如："这本书里是否有我和我所代表的历史的生存空间？如果没有，我这又是在做什么？"所以他笔下的书在某种意义上就必须要解答作家设定的自我迷局。库切的写作是一场探讨存在性的浩大工程，其基石就是他虚构的自传。在这项工程里，那些被打上自传标记的文本和被称

[①] 库切：《迈克尔·K的生活和时代》（*Life & Times of Michael K*），约翰内斯堡，瑞安出版社，1983年。（后文出自同一著作的引文，只在脚注中标出该著名称和引文出处页码，出版社、年份等信息不再另注。——译者注）

[②] 库切：《迈克尔·K的生活和时代》书稿，1981年7月13日。

作小说的故事殊途同归，区别仅在于虚构成分的多寡而已。

库切的自传体三部曲《男孩》(*Boyhood*)《青春》(*Youth*)和《夏日》，每部小说都有一个相同的副标题"外省生活场景"。合订本里收录了这三部作品，但把"外省生活场景"当作主标题，这对解释他所强调的存在性大有裨益。

来自埃及亚历山大的希腊诗人康斯坦丁·诺斯·卡瓦菲斯①是库切关注的众多诗人之一。奥尔罕·帕慕克(Orhan Pamuk)在论及卡瓦菲斯时说道："对于那些过着外省生活的人而言，生活的意义和幸福总是另在他处，在另一个城市，另一个国家"，一个"永远无法企及"的地方。②在库切身上，帕慕克描述的状况还包含了一种挥之不去的焦虑，因为尽管库切在开普敦生活写作了30年，他却没有乐得其所。1971年，自我流放的他被迫返回南非，直到2002年移居澳大利亚前，他对此一直难以释然。这种性情的流露是他恐惧虚伪生活的必然结果，表现了他直面自我生存状态时毫无保留的坦诚。

但另一方面，这件事也说明了库切同样强烈的自我掩饰欲。他经常故意让自己在作品里现身，或者干脆就躲在幕后。一个面临文化消逝境遇的人要见证他的存在自然会有自我实现的欲望。虽然他所处的文化用它的标准定义了个人被认同的意愿性，却视自我辩护为辞鄙意拙的行为。解决之道就是游走于两者之间，拒绝苟合——既然知道一个人无法轻易回归，就坦然接受命运的裁决，甘做外省人（就像卡瓦菲斯一样，一生大部分时间都是在故土亚历山大城度

①康斯坦丁·诺斯·卡瓦菲斯(Constantine N. Cavafy, 1863—1933)，希腊诗人，长期居住在埃及的亚历山大城。本书作者在第六章还会论及《等待野蛮人》的书名在他的同名诗歌。——译者注

②奥尔罕·帕慕克：《另外的国家，另外的海岸》，《纽约时报书评》，2013年12月19日，http://www.nytimes.com/2013/12/22/books/review/other-countries-other-shores.html?_r=0，第1—3页。

过);但他必须提醒主流文化,它们的观点只是因循守旧,绝非长久之计。对语言的自觉和敏感常常跟没有归属感联系在一起。

对库切而言,T.S.艾略特和罗兰·巴尔特是两位最有影响力的先辈。虽然这两位精神导师在库切艺术成长之路的不同阶段走进了他的世界,但每个人都是在恰当的时机影响了他,而且他们出现的顺序也刚好合适。这些效用长期的累积不但坚定了库切对非人格化理论的偏好,还让他具备了表达这种风格的能力。但问题的关键在于,对于这三个人而言,非人格化并不是它通常所指的字面意思。它并非是以艺术之名对自我的批判否定,反而意味着首先在文本中展示自我,然后又擦掉身后留下的痕迹。

如果我们想追寻这些作家在书稿里留下的写作步伐,抓住以上这一点是很重要的。尽管有诸多禁忌,我们还以解读传记的视角去看待这些材料,但这样做并不是想把作品一五一十地从自传素材里还原出来,而是要探究作者的这个自我如何融进作品之中,然后又淡出作品之外,只留下些许印痕作为似有若无的存在。就像帕慕克在论卡瓦菲斯那篇文章中的优美语句:"伟大的诗人能在不提'我'字的情况下把自己的故事娓娓道来,于是乎,他们便让自己的声音愉悦了全人类。"[1]

继续谈库切撰写自传的话题:1993年6月,当他出版了七部小说之后,库切又重新拿起《男孩》的草稿;说"重新"是因为本来他在1987年时已经开始写这本自传,但后来搁浅了。当时暂停这个计划

---

[1] 奥尔罕·帕慕克:《另外的国家,另外的海岸》,《纽约时报书评》,2013年12月19日,http://www.nytimes.com/2013/12/22/books/review/other-countries-other-shores.html?_r=0,第1页。

的原因很可能是他必须先处理手头的《铁器时代》(*Age of Iron*)和《双重视点》。从早期的手稿中可以很明显地看出库切对先前困扰他的那些问题仍然无计可施。

回首伍斯特乡下的童年岁月，库切在笔记本上这样描述这段他即将书写的时光："走样。我的生活因为南非而年复一年地走样变形。标志：那些西蒙斯敦高尔夫球场上变形的大树。"①他指的是开普敦西蒙斯敦高尔夫球场上的松树。这些从国外引进的树木经年累月地暴露在南大西洋东南风的吹打下。栽种这些树原本是为了划分球道，遮阴避阳，但它们都弯曲变形，好像在嘲弄那些对它们满怀希望的高尔夫俱乐部创办人。用西蒙斯敦的松树来形容地点和历史对个人性格的影响确实算比较悲观的比喻，但库切在写回忆录的过程中还是肯定了在南非度过的那段童年岁月。

上述论断的背景是库切与巴尔特的一次隔空私人论战，因为库切曾在笔记本上写到他考虑过如何才能驾驭巴尔特的影响。在评论巴尔特的自传《罗兰·巴尔特自述》(*Roland Barthes par Roland Barthes*)时，库切指出巴尔特是个先驱级别的人物。一方面，巴尔特在自传中率先采用了库切所钟情的叙事模式；但另一方面，这也成了库切的羁绊。更糟糕的是，库切担心巴尔特可能"对认领一个鲁莽的殖民后裔并不感兴趣"。尽管心怀疑虑，库切认为自己在此问题上还有个撒手锏："某种与众不同而且备受欢迎的东西"——"对我所忧虑之事的持续关注，一种跟世界的关联。"②尽管西蒙斯敦的那些树是扭曲变形的象征，但它们也是一种特立独行的标志，昭示着对处于危急情况下的历史的感情，其展现的生活状态虽然也受现代主流

①库切：《男孩》书稿，1993年5月11日。
②同上，1993年6月19日。

标志：那些西蒙斯敦高尔夫球场上变形的大树。

国际体系影响，但可能不如巴尔特所受荫泽之多。

巴尔特也曾用树的形象来标记他自传中的段落。《罗兰·巴尔特自述》的第一部分就是他童年的照片，旁边配着自嘲式的图片反思说明。巴尔特在后面的行文中用叙述取代了照片，在一个题为"走向写作"的部分，作者配了一张棕榈树的照片和一首海因里希·海涅（Heinrich Heine）的诗。在诗中，叙述者冒着北方的严寒，站在一棵铁杉树旁，但却在幻想"一棵棕榈树/长在遥远的东方国度/孤零零在灼热的岩壁上/黯然神伤"①。

巴尔特是在给我们暗示，当他的文字由照片随感而发的时候（海

————————

① 罗兰·巴尔特：《罗兰·巴尔特自述》，理查德·霍华德译，纽约，希尔和王出版社，2010年，第41页。

涅诗歌象征着由图片到文本的新开端），书中的自我被愈加明显地重塑再造，彻头彻尾地改变了原形——它成了一种随写作之能而涌动的欲望产物。巴尔特对这首诗做了如下注解："按照希腊人的说法，树就是字母。在所有的树之字母中，棕榈树最美。写作就如同棕榈树茂密而分开延展的叶子，也具备后者的长势效果：向下垂落。"巴尔特提及垂落的棕榈叶是为了引导我们领悟写作的能动性：它既能尽情舒展，也可以两相对折去进行自我反思。

这些观点让库切非常受用。和巴尔特一样，他也认为写进自传里的东西仅应是"躯体在到达生产性状态之前的各种表象，躯体逐步迈向写作的辛苦和快乐过程中呈现的形态。"对于自传叙事所涵盖的这段时间，巴尔特继续说："它跟主体的青少年时代一起结束，因为只有在非生产性的生活中才有传记可言。"库切自传体三部曲的结尾选择刚好与之呼应——在他要出版小说的时候故事戛然而止：三部曲中最后的一部《夏日》就是围绕《幽暗之地》出版前后来组织的叙事情节。因此，按照巴尔特的理论，库切的自传也是一部小说。

巴尔特曾在著名的《作者已死》中论及了文学塑造一种"特殊声音"的能力，这种声音包括"几种无法辨别的声音"，因此"我们无从判断来源"。文学作品每页文字发出的声音是"一个陷阱，从写作的那个躯体身份开始，所有身份认同都已丢失"。[1]虽然巴尔特在这里举了巴尔扎克的例子，但是也以同样的笔调论述了马拉美。他本来可能还想继续写福楼拜，因为福楼拜曾写信斥责自己的情人路易斯·科莱热衷《情感教育》（*L' Éducation Sentimentale*）这本书，而且

---

[1] 罗兰·巴尔特：《作者已死》（*The Death of the Author*），理查德·霍华德译，参照：http://www.tbook.constantvzw.org/wp-content/death_authorbarthes.pdf。

言语中流露着对科莱理解力的不屑一顾："我只想写一本关于虚无的书，一本与书外任何事物都无关的书，这本书凭借其内在风格就能自成一统，就如地球无须支撑就浮在空中一样。"①福楼拜身上体现的写作风格别具一格，无拘无束，在巴尔特这里就变成发挥运用我们难以追根溯源的"无法辨别的声音"。

巴尔特《作者已死》表达的观点看起来像是20世纪中叶人们反对中产阶级的论战，其实早在19世纪晚期的福楼拜那里就已经有这种反中产阶级的宣言。福氏在给路易斯·科莱的同一封信中说："没有什么绚丽或者暗淡的主题，这可以作为一个格言。从纯艺术的角度来看，真没有什么所谓的主题，风格也仅是认识事物的一种绝对方式而已。"②为艺术而艺术正是福楼拜对以下这个尴尬问题的解决方式：因为他之前就已经认定通奸内容的卑劣和庸俗，完美无缺的艺术风格刚好给他要写的主题提供了通行证。

巴尔特提出的争论在法国现代主义历史中有着深厚的传统。有种观点认为作者是一种文化建构（a cultural institution），而他的文章虽然致力于消解这种权威，但是他也讲过作者身份构建时需要作者的心理参与和存在感，所以两者不能相互混淆。《小说的准备》是巴尔特去世之后根据他在法兰西学院的讲座笔记整理的文集，该书认为写作是一种强迫症，是打乱正常生活节奏的效应。为了进一步阐明这个观点，巴尔特引用了但丁《神曲》里《地狱篇》开头的诗句："在我们人生旅途的中间点。"③

---

① 杰弗里·沃尔（Geoffrey Wall）：《福楼拜传》（*Gustave Flaubert: A Life*），纽约，法勒、斯特劳斯与吉鲁科斯出版社出版，2001年，第203页。

② 同上，第203页。

③ 罗兰·巴尔特：《小说的准备》（*The Preparation of the Novel*），娜塔莉·莱热编辑，凯特·布里格斯译，纽约，哥伦比亚大学出版社，2011年，第3页。

丧亲之痛会助写作一臂之力，最好的例证就是普鲁斯特。在母亲去世之后，写作对他而言就变成了"在离开世界之前打发时间"的一件事（引号内容为巴尔特所强调）。这种念头驱使普鲁斯特写就了他里程碑式的作品——《追忆似水年华》。①对巴尔特而言，他清楚地记得自己下定决心开始写作的时间和地点：1978年4月15日，摩洛哥卡萨布兰卡（尽管此前他写了很多其他类型的文章，但是他却并未决意要写小说）。对库切来说，这关键的一天是1970年元月1号。丧亲之痛对写作的影响也让库切感同身受。巴尔特继续说，一旦小说开始动笔，情节铺开，它自然就是当务之急，其他的事情都靠边站。他写道："在实际写作中，创造故事的不是记忆本身，而是记忆的'变体'"（引号内容为巴尔特所强调）。②触发库切写作的原因跟巴尔特所描述的类似。在《彼得堡的大师》的笔记中，库切曾经直言："一个故事就像一条路。在路的尽头我们期望能找到什么？我们自己，我们自己的死亡。"③

　　库切在《双重视点》的访谈中曾有过"所有的写作都是自传"和"所有的自传都是写作"的著名论断④，这些格言警句如今被视为放之四海而皆准的真理，广泛引用。虽然研究者曾以上述观点为依据来解读《男孩》《青春》和《夏日》中运用第三人称来叙述自传主体的现象，但是讨论它跟库切小说关系的评述还不太多。

　　库切在这些格言警句中告诉世人，自我是一直在场的，但已融

---

　　①罗兰·巴尔特：《小说的准备》，娜塔莉·莱热编辑，凯特·布里格斯译，纽约，哥伦比亚大学出版社，2011年，第4—9页。

　　②同上，第16页。

　　③库切：《彼得堡的大师》书稿，1991年5月14日。

　　④库切：《双重视点》，第391页。

入叙事之中而非以原生态的事实存在。如果我们要理解小说中已经表达出的东西和隐含意味着两者间的方程式，也就是说要理解库切的创作过程，首先我们必须关注库切小说中的自我，然后再把目光转向他如何寓美学价值于叙事，从而达到一种更宏观、更具代表性的效果。

当然，收益递减的规律在这里也是适用的：诗艺越缜密，韵味越丰富，其中的自我就可能变得越难以辨别。我们通常无法理解上述说法，因为关键在于库切是出了名的非人格化理论实践者，这也是他鲜明的作家特征。他藏身在这些面具之后，许多读者认为这种隐身是一种游戏，库切刻意营造他既在场同时又不在场的效果。《幽暗之地》中的若干个"库切"、《凶年纪事》（*Diary of a Bad Year*）里的"JC"和"C先生"、他自传中的"约翰"、《伊丽莎白·科斯特洛》故事中的"约翰"，所有这些角色在某种程度上都是库切自己，但因为他们都出现在虚构或者半虚构作品中，所以我们又倾向于不把其看成是作者身份的象征符号。

即使在使用自己名字的时候，库切也是用正式的、不带任何感情色彩的缩写"J．M．"而不是用"约翰"。所以我们如果把"约翰"这样的签名指向作家本人的话，就得慎重行事。他的诺贝尔获奖宣言《他和他的人》（*He and His Man*）是根据《鲁滨孙漂流记》写成的，其中用寓言的方式探讨了作者与他们作品间的关系。

作为后来人，库切正是紧随这些现代主义前辈大师的脚步，形成了自我掩蔽的风格，尽管他一再坚持说这种风格不仅仅是非人格化所指的字面意思。在论及艾略特时，库切说："尽管艾略特风头正劲的时候奉非人格化为圭臬，并成功地将该理论引入诗歌批评，但他的诗歌对自我元素的彰显令人咋舌，更不用说其中的自传成分了。"①

艾略特对这个话题最著名的言论是："诗歌不是放纵情感，而是规避情感；不是张扬个性，而是规避个性。"文章中接下来的一句话虽然引用频次不如上一句高，但也同样重要："但是，当然只有那些饱含个性和情感的诗人才能知道想要规避这两个东西意味着什么。"②当我们把这两句话放在一起时就会产生叠加效果，借用艾略特自己的话说就是："对于（诗人）而言，当他归附更有价值的东西时就必须不断放弃自我。一个艺术家的进步就是不断地牺牲自我，不断地消灭个性。"③

这对库切而言可算正中下怀。他1974年在开普敦大学的一次演讲中引用了艾略特的一封信来说明其效果："创作一件艺术品不是件享受的事情，反而痛苦有加；这是人对艺术品的牺牲，是一种死亡。"④

非人格化不是艺术作品先天固有的品质，也并非仅是出于审美的要求。它是作家辛苦努力换来的成就，而自我则包含在作家煞费苦心的艺术作品中，虽然半藏半露，但并非全无踪影。这种结果也是现代主义的博学之士所追求和珍视的，库切的前辈T.S.艾略特和埃兹拉·庞德（Ezra Pound）是其中的领军人物。

库切开始对艾略特的非人格化理论感兴趣并不仅仅因为它符合自己的性格特点，还有文化方面的原因。因为库切后来接受了语言学的训练，这在某种程度上能使他从学术角度重新审视小说的切入

①库切：《何为经典》（*What Is a Classic*），载《异乡人的国度：文学评论集（1986—1999）》，伦敦，塞克和沃伯格出版社，2001年，第3页。（后文出自同一著作的引文，只在脚注中标出该著名称和引文出处页码，出版社、年份等信息不再另注。——括号内为译者注）

②T.S.艾略特：《传统和个人才能》（*Tradition and the Individual Talent*）（1919），载《论文选集》（*Selected Ssays*），伦敦，费伯出版社，1932年，第21页。

③同上，第17页。

④库切："开普敦大学演讲稿"（UCT Lectures），"T.S. 艾略特部分"，南非国家英语文学博物馆，1974年，第3页。

点，进而有了新发现。20世纪60年代晚期，美国的结构主义逐渐让位于风头正劲的转换生成语法，当时还正在攻读博士学位的库切从语言学理论的更迭交替中悟出一个道理，即个人对其所处的文化体系根本无力掌控，而且语言是通过人来表达的。20世纪70、80年代由巴尔特和雅克·德里达（Jacques Derrida）等领衔的后结构主义又坚定了库切的这一看法，因为这些大师的思想是库切所认同的，也是他效仿的榜样。

《青春》书稿中的一段话颇具启迪意义，它揭示了当库切权衡诗歌的召唤和小说的诱惑时，采用非人格化叙事是如何帮助他深思熟虑的。

　　T.S.艾略特有些恪守的格言，因为正是这些格言的存在才证明他仍然是个诗人。诗歌是对个性的灭绝。只有那些……的人（原文如此）。他惧怕将情感宣泄到纸上。因为他一旦开始宣泄情感，就不知道如何收场。这就好比他割破了大动脉，只能眼睁睁地看着自己的命脉之血喷涌到地板上。

　　但是他内心泛起的感情波澜太过微弱，太暗淡无奇，因而他也明白自己绝不可能在两者中间找到救赎之道。他必须转向叙事小说。尽管从来没写过叙事小说，他认为这是个更平静的平台，每一页纸极像一个湖面，他可以从容地转动风帆，找到自己的航向，在这条航线上会有空间，很大的空间，但没有暴风骤雨，没有滔天巨浪。①

---

① 库切：《青春》书稿，1999年1月15日。

同艾略特一样，库切发现自己运用非人格化得心应手。而两者的区别在于，虽然库切从艾氏那里继承了这一遗产，如同得到一件来自先祖世传的家具，但是他必须认真对待，而且需要极力领悟心理状态的频繁波动，语言的反复易变。在某种程度上，这是一场竞赛。库切对反讽很感兴趣，这一点也很像艾略特，因为反讽能够在叙事中上演釜底抽薪的好戏，但是他并未在这方面花费过多精力。

　　我猜想库切更愿意把自己看作一个书写忧郁讽刺喜剧的作者，而不是什么专家之类的角色为后殖民症结问诊把脉。他的喜剧色调有时确实非常幽暗，以至让人无法承受。究其原因，这是他当年认为自己相较于巴尔特的优势之处使然：他曾历经的那段历史，那段曾给他打上"跟世界关联"烙印的历史，就像那些西蒙斯敦高尔夫球场上的树木。

第二章　叛逆的阿非利卡人
——身份的漂移

　　库切一度认为自己可能没有母语。沿着这条思路，他先是在《凶年纪事》中借用C先生的口吻表达了类似的观点，后来又在与纽约布鲁克林作家保罗·奥斯特合作编写的书信集《此时此地：2008—2011书信集》中更明确地谈到了这一想法（具体是在2009年5月11号的信中）。[①]

　　库切的这些思索都源自雅克·德里达的《他者的单语主义》（*Mono-lingualism of the Others*），因为德里达在书中宣称尽管他成长在一个纯法语的环境中（库切读到这里时很客气地加上了一句评论，指出德里达也懂其他语言），法语却不是自己的母语。库切认为德里达所描述的情况也同样适用于自己跟英语的关系，而且还补充说，住在几乎是单语环境的澳大利亚让他感觉自己跟盎格鲁-撒克逊的世界观是多么格格不入。[②]上述说法值得深入研究，因为这将涉及库切的家世出身和文化背景。当然，如果不用英语写作，库切就不会是今天的作家库切，但个中缘由并非那么简单。

----

　　① 库切：《凶年纪事》，伦敦，哈维尔·塞克出版社，2007年，第195—197页。保罗·奥斯特、库切：《此时此地：2008—2011书信集》（*Here and Now: Letters 2008—2011*），纽约，维京出版社，2013年，第65页。（后文出自同一著作的引文，只在脚注中标出该著名称和引文出处页码，出版社、年份等信息不再另注。——括号内为译者注）

　　② 保罗·奥斯特、库切：《此时此地：2008—2011书信集》，第73页。

"叛逆的阿非利卡人"是库切自己的说法，它曾出现在《男孩》的书稿中。回避制度是法律案件和政策决议中一种广为人知的做法，但"拒绝服从"却是一个远比"回避"这个词更古老的概念。①它原本指都铎王朝统治下拒绝归顺英国国教的天主教徒。尽管旅居法国的英国天主教徒并不甘沉默，但在英国"拒绝服从国教"是这些人心照不宣的抗议形式。库切剥离了这个词特定历史语境下的含义，借用它来描述自己父母阿非利卡身份的微妙之处，充分说明了他在对待英语词汇上的机敏和智慧，因为他可能并不认同英语的世界观。

　　不过，这个词语用得有点异乎寻常。因为库切的祖父母是讲阿非利卡语的亲英人士，所以造成这样一种局面：从20世纪早期到该世纪中叶，虽然讲阿非利卡语的家庭受加尔文主义和民族主义影响是稀松平常的事情，但是库切和他父母这辈人却没有沾染这种气息。用《夏日》书稿里的话说就是他们这些晚辈都被"放任自流"，意即孩子们就如同放养的家畜一样，可以自由生长。但是他们又没有融入南非的英语社群：至于南非英语社会都有哪些面孔，库切说他毫无概念。②他父母通晓两种语言，除了阿非利卡语，还精通英语，这就让孩提时代的库切自认为是英国人，但"英国性那更神秘的定义却把他排除在外，他退缩了"。这句话描述的是《男孩》里的小家伙在冥思苦想身份是否能够自由选择，结果他发现答案是否定的，或者说不全是任由自己支配。③

　　我们追根溯源，来看看上述现象的历史背景。库切的祖父母都出生在开普殖民地郊区的小镇上。他的爷爷格特（Gert）1868年出生

---

　　①"回避"的英语为recuse，"拒绝服从"的英语为recusance，两者为同根词，所以作者在这里做了对比说明，以强调库切对英语词汇的妙用。——译者注
　　②库切：《夏日》书稿，2005年5月1日。
　　③库切：《童年》书稿，1994年12月13日。

于毗邻皮凯特贝赫镇的奥罗拉；他的祖母德比尔·伦尼（Lenie de Beer）1884年出生于阿尔伯特王子城，是格特的第二任妻子。虽然两人的母语是阿非利卡语，但他们的英文非常好，很有可能受过英语教育。格特不仅是板球运动的忠实爱好者，而且在他担任孟维韦尔镇镇长时，每年的帝国纪念日都会升起英国国旗，他也因此被人们所熟知。①格特的父亲在开普敦有个叫马克斯韦尔的生意伙伴，他们关系密切，所以库切的曾祖父就给自己的大儿子取名为格利特（格特）·马克斯韦尔，以示纪念。②这也是约翰·马克思韦尔·库切中间那个名字的由来。

库切的祖父母共孕育了10个孩子，他认为其中有9个小时候都请过英国人做家庭教师，随后他们开始就读寄宿制学校，女孩儿去了开普敦额韦恩堡女子高中，男孩子被送到卡列登男子高中或者帕尔男子高中。虽然格特是亲英派，但他的子女并没有都讲英语；相反，他们以阿非利卡语为母语，并且他们的子女也是在阿非利卡语的家庭环境中长大。但是库切的父亲杰克是他兄弟姐妹中的特例。③

至于杰克为何让约翰和大卫在家里说英文，这完全是因为孩子的母亲维拉。维拉的父亲皮亚特·韦迈尔（Piet Wehmeyer）和母亲路易莎·韦迈尔（Louisa Wehmeyer）均来自开普殖民地的尤宁代尔地区。路易莎的父亲巴尔塞·达比尔（Balcer Dubyl）是一名波兰牧师和传教士④，他后来又改叫德国化的名字——巴尔塞泽·杜·比尔

----

① 帝国纪念日（Empire Day）为每年的5月24日，是英国维多利亚女王诞辰纪念日；1958年改称联邦纪念日（Commonwealth Day）。——译者注
② 格利特（Gerrit）简称格特（Gert）。——译者注
③ 此处及以下细节均来自库切告诉给约翰·卡尼梅耶尔的信息，这些谈话都记录在卡氏的书稿中。
④ 牧师（clergyman）一般指在基督新教的教会中专职负责带领及照顾其他基督徒的人；传教士（missionary）一般指派驻到国外传播基督教的教徒。——译者注

（Balthazar du Biel）；母亲是摩拉维亚传教士的后代安娜·布雷克尔（Anna Brecher）。巴尔萨泽和安娜相识于当时的德属西南非洲（今纳米比亚地区），两人通过各自所在的德国礼贤会教堂和摩拉维亚教堂的相关活动熟悉并相恋。婚后不久他们便移居美国，在美国中西部给德国移民做牧师，后来他们返回南非。他们有三个孩子：阿尔伯特（后来成为20世纪20年代相当成功的阿非利卡小说家），安妮（即《男孩》中的安妮阿姨，是一名老师，曾把她父亲德语版的宗教作品翻译成阿非利卡语）和路易莎。[①]路易莎出生在美国，阿尔伯特和安妮的出生地不太确定，有可能也在美国。

　　跟她的姐姐不同，路易莎非常反感阿非利卡人。她不但给孩子们取了清一色的英文名字，从罗兰、威尼弗雷德、艾伦、维拉、诺曼一直到兰斯洛特，还让他们在家里说英语。对于作家约翰·马克斯韦尔·库切来说，从曾外祖父巴尔萨泽到外祖母路易莎再到母亲维拉，其母系这边的支脉完成了从德国人和阿非利卡人到德国人和英国人的转变。巴尔萨泽旅居美国是这一变化的关键因素，就像库切在美国求学工作的那段时间开启了他英语包容性的大门一样——这对库切的写作至关重要，尤其对一个并不是在纯正盎格鲁–撒克逊家庭学成英语的人来说更是如此。

　　因为奥兰治自由省和德兰士瓦省之前都是布尔人建立的共和国，因此20世纪初开普殖民地的情况跟这两者大相径庭，尤其是在开普的郊区，使用双语的情况非常普遍，譬如皮亚特和路易莎的孩子就可以在英语文化和阿非利卡文化间自由穿行。所以在该背景下成长起来的阿非利卡人并不敌视大英帝国，这都已司空见惯。在扬·史末资的领

---

①《童年》中的安妮阿姨（Aunt Annie）其实是现实生活中库切的姨姥姥。——译者注

导下①，他们有两全其美的办法：能在保持阿非利卡人独特民族性的同时，又不牺牲对大英帝国或大英联邦的忠诚。但是1948年之后，这种政治姿态就岌岌可危了，因为阿非利卡民族主义势力粉墨登场，让南非上下暴露出布尔共和国的恶毒一面。那些习惯了宽泛的帝国身份界定标准的阿非利卡语使用者（比如库切的父母）都被称作"史党遗老"（SAP，来自史末资的南非党的简称）。②库切称其为"叛逆者"，而更加激进的阿非利卡人则叫他们"民族叛徒"。③

库切的父亲能讲一口流利的英语，但是带有阿非利卡口音。库切记得父亲做过《开普时报》上的纵横字谜游戏，并一度怀疑他能否成功破解《公民报》上同样的阿非利卡语字谜。④他也读英文书籍，比如莎士比亚和华兹华斯的书。杰克和他的兄弟姐妹在家庭农场时，相互之间交流是双语齐上阵，不断来回转换语言，经常在阿非利卡语句中夹杂英语单词。库切在《童年》中回忆了这些愉快的对话情景，还把它跟伍斯特小学提倡的刻板阿非利卡语相比较。库切的堂兄妹和表兄妹们主要说阿非利卡语。

维拉的英语水平甚至比杰克的还要好。虽然她阿非利卡语是流利，但一般只说英语，而且读书和教学都是用英文。库切的父母可能都把英语跟阳春白雪联系起来，而一提到阿非利卡语就是下里巴人（对于这代人而言，阿非利卡语是"厨房用语"，即洗碗做饭时才说

---

① 扬·史末资（Jan Smuts，1870—1950），南非政治人物、律师、将领。曾任两届南非总理。——译者注

② "史党遗老"，阿非利卡语为Sappe，该词由史末资领导的南非党（South African Party）首字母缩写而来。——译者注

③ Volksverraaiers，阿非利卡语，意指"阿非利卡人民的叛徒"。——译者注

④《开普时报》（Cape Times），南非开普敦市最有影响的英文日报，创办于1876年，着重刊登经济新闻和时事评论。《公民报》（Die Burger）创办于1915年，是南非纳斯佩斯（Naspers）传媒集团旗下的阿非利卡语日报。——译者注

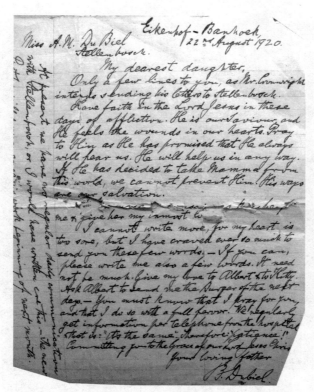

库切曾外祖父巴尔萨泽·杜·比尔1920年8月22号用英语写给
女儿安妮的信件，信中忧虑妻子日益恶化的健康状况。

的语言，以区别于正统的荷兰语）。[①]库切五年级（小学的最后一年）
的老师古威斯先生曾被他写进《男孩》里以示怀念，此人应该也有类
似的倾向。按照库切的说法，虽然古威斯老师没有大学文凭，但他
谙熟英语语法。

南非讲英语的人听不出库切的英语是哪里的口音。库切的口语

[①]原文提到"厨房用语"时先用了阿非利卡语Kombuistaal，后面又跟着用英语a language of kitchen做了解释。——译者注

选择的传统:约翰·库切在达比尔家族祖先的一座墓地旁边。2012年7月摄于波兰奥多拉努夫。

应该是教材里的标准发音,但是他的辅音发音有着美式英语的柔和(库切在手稿中都用美式拼写)。究其原因,部分是由于他父母对英语语言代表的高雅文化的认可;部分是由于英语作为他学术生涯用语和世界文学通用语言的特殊地位。我们据此可以推断库切中性化的英语口音是他秉承大同思想和选择世界文化而非局限于区域文化或国家文化共同作用的结果。

"选择的传统"(elective traditions)是这种人生观的恰当写照。巴尔塞·达比尔和库切的祖父格特·库切是家族中这种理念早期的践行者。巴尔塞没有一直待在波兰固守天主教,而是让自己德国化,并改信新教;格特兼容并包,没有把保持与大英帝国的联系和说阿非利卡语视为水火不容的事情。

库切的英语书面语和口语的"习得"性质给他的怀疑提供了佐证材料，他反思英语是否算得上自己的母语。20世纪60年代早期库切在英格兰的时候，他还一直怀揣家庭生活和学校教育培养起来的理念，即认为英语就是高雅文化。他明显感觉自己是个局外人，认为自己比英国人更懂这门语言。虽然很多不同种类的英语都被认为是现代正统英语，但他无法接受这种观点，并在《青春》的草稿中写道："（文艺复兴）古典人文学者就是个例子[1]，他们自认比雅典人更懂希腊文化。"[2]

但是对于库切而言，阿非利卡语也无法承担母语的角色。他从未敌视过阿非利卡语，在上学时他甚至曾因阿非利卡语成绩出色备感骄傲；在高考那年，他是学校唯一参加阿非利卡科学艺术研究院考试的男孩子。尽管如此，他并不以读阿非利卡书籍杂志为乐，甚至还希望自己不曾认同阿非利卡文化，因为做一个阿非利卡人就意味着要接受1948年后的民族主义，就要做一个绝对的阿非利卡语使用者、虔诚的阿非利卡宗教信徒和忠实的阿非利卡政治拥趸。多重因素的共同作用使得库切采取了一种身份漂移的态度：既非此，也非彼。《夏日》的草稿中有这样一段话：

> 尽管从未认真考虑过，但他认为他就是为英语而生的，英语是"他的"。随着他逐渐长大成人，那种幸福的无知也慢慢消散。语言越来越像一个他必须进入的异体。在他自己的脑海中，他已经变成了一个不懂任何语言的人，一个脱离肉体的灵魂。

---

[1] 括号内为作者增补原文缺失的内容，下同。——译者注
[2] 库切：《青春》书稿，1999年6月12日。

英语之于库切很像数学在他心中的地位；或者用一个更夸张的对比，就像法语之于萨缪尔·贝克特（Samuel Beckett）。库切情况的独特性在于，尽管他天生就有英语的语言环境（贝克特的法语是后来经过系统学习掌握的，这一点跟库切不同），但是这种天生的语言属性逐渐消失了。所以库切是一个没有英式身份标识的英国人。

《幽暗之地》第二部分《雅各·库切之叙述》（*The Narrative of Jacobus Coetzee*）汇集了包括葡萄牙、荷兰、英国、德国、瑞典及法国的旅行游记、民族志和语言学知识①，所以这部中篇呈现出一种泛欧洲化特征。但毫无疑问，在小说最终布局谋篇的时候，这些支流都汇聚到了阿非利卡文化的大河里。小说中的 S.J. 库切是作者虚构的父亲，1934 年到 1948 年间他在斯泰伦博斯大学做过有关开普殖民地早期开拓者的演讲，而阿非利卡民族主义正是这段时间在政治上日渐抬头。②小说把出版这些历史主题演讲的机构戏仿成范·普列登堡协会（Van Plettenberg Society）——一个以 18 世纪开普殖民地总督约阿希姆·范·普列登堡（Joachim van Plettenberg）命名的组织，而这个名字也是为了回应另一个真实存在的范·吕贝克协会（Van Riebeeck Society）——一个以历史上第一任开普殖民地荷兰总督的名字命名的出版社。

关于是否曾把自己看成是一个阿非利卡人的问题，库切曾明确表示：阿非利卡人永远不会接纳他。③但他这种立场和批判阿非利卡

---

① Jacobus Coetzee 对应的汉语名字参考了中文版的《幽暗之地》。参照：库切，《幽暗之地》，郑云译，浙江文艺出版社，2007 年，第 73 页。——译者注

② 史泰伦伯斯大学（Stellenbosch University），南非顶尖的公立大学，1918 年建校，是阿非利卡人的学术重镇。——译者注

③ 原文为斜体字以示强调，译作改为加中文着重号。下同。——译者注

民族性还是有一定区别。他说道:"我能决定是否可以退出这个群体吗? ……被排除在外是我心之所愿吗? 我认为不一定是这样……"他总结观点时又提到了《幽暗之地》:"我认为从一个不认同这段历史的角度上来写《幽暗之地》的第二部分,道德上是有问题的,虽然这只是小说。"①

《幽暗之地》控诉了殖民者对开普原住民的暴力行为,揭露了白人民族主义者为了自身利益将暴力事实从文献记载中抹去的勾当,其语气强烈,措辞犀利,以至于让局外人去曝光这些行径难免会受到道德质疑。尽管说英语的南非人在种族隔离时期还是抱着这种心态对阿非利卡人妄加评论,但是库切质疑的就是这种局外人指手画脚的立场,正如英国人看待南非的态度。②

库切认为纳丁·戈迪默就是个例子。在写《凶年纪事》哈罗德·品特一节的时候,他在草稿上反复思索作家利用自己的文化资本对抗他人的话题,这个"他人"有可能是其他作家,也可能是政治人物。品特曾借用诺贝尔文学奖给自己提供的平台来批评英国首相托尼·布莱尔在伊拉克采取的军事行动,而库切对此类抗议兴味索然。他认为部分原因是当年和戈迪默意见不合的后遗症。

尽管库切承认自己的一篇比较戈迪默和屠格涅夫的文章"并非都是奉承之言",但他认为正是戈迪默率先出手全面对抗自己:1988年两个人因萨尔曼·拉什迪(Salman Rushdie)访问非洲引起的争执,还有她对《迈克尔·K的生活和时代》的评论"实际是批评这部小说缺乏参与政治的勇气"。

---

① 库切:《双重视点》,第342—343页。
② 此处感谢丽塔·巴纳德(Rita Barnard)的指点和帮助。参照:丽塔·巴纳德,《阿非利卡语语境下的库切——论库切和阿非利卡语的关系》(Coetzee in/and Afrikaans'),《文学研究》(Journal of Literary Studies),2009年,25(4),第84—105页。

两人的恩怨历久未散，背后的隐情是一旦戈迪默扮演起先知的角色，她的意见就变了味道：库切质疑的不是这种立场的诚意，而是不满其中夹杂的蔑视：

> 我常常感到戈迪默不喜欢也看不起阿非利卡人，而且（最伤人的是）根本不把他们放在眼里，这种厌恶（dislike）、鄙视（contempt）和不屑一顾（dismissiveness）源于她的无知。我不是说阿非利卡人不能被蔑视和讨厌，而是（我认为）只有像我这样了解他们是怎么回事的人才有资格用适度的方式去讨厌鄙视他们。至于不屑一顾，我认为任何人都不应被漠视，尤其是用戈迪默长期以来养成的居高临下的方式。

他接着又补充道：

> 或许正是同样被漠视的感觉，好比在历史的盛宴中被下了逐客令，才激发了穆斯林年轻一代的民族主义，燃起他们对现代社会和西方世界的怒火。[1]

今天的阿非利卡语又是什么状况呢？南非已然变化的统治体制淡化了曾经的敌对情绪，这个标签也被赋予了不同的含义。虽然阿非利卡语使用者背负的历史罪恶感依然残存，但是这种感觉正在迅速消失，他们可以更轻松地谈论其语言身份的多元性。实际上，多元性一直是阿非利卡语及其使用者的一种内在品质，尤其是它的种

---

[1] 库切：《凶年纪事》书稿，2005年12月9日、10日。

族多样性，而这一点也正是白人民族主义者所极力否认的。以阿非利卡语为母语的人只占南非白人的一小部分。

诺贝尔奖效应在库切身上的体现之一就是阿非利卡的知名人士都力图把他重新拉回这个民族阵营。卡尼梅耶尔引用了库切和他的朋友赫尔曼·吉勒密（Hermann Giliomee）的往来函件。诺尔文学奖刚公布，这位历史学家就用阿非利卡语给库切写信：

> "阿非利卡媒体称你为阿非利卡人。这是否属实？"库切回复道："对于民族身份，我一直是这种观点：你没法仅是挑选和抉择，还要被挑选和被抉择。如果他们需要，他们就可以说我是阿非利卡人。"而吉勒密回信说："我们非常需要你。你就只需决定要做一个混血的（hybrid）阿非利卡人（像阿索尔·富加德那样）①，还是普通的（ordinary）阿非利卡人，或者是彻头彻尾的（dyed-in-the-wool）阿非利卡人。我自己是另外一种（otherwise）阿非利卡人。"库切答复说："我可能是一个可疑的（doubtful）阿非利卡人。"②

吉勒密说的"另外一种"，原词是dwars，意为"跨界"或者"间接，隐晦"。库切用的"可疑的"，原本是twyfelagtig一词，意为"模糊的"或者"不确定的"。③这些意见交流传递了冰释前嫌的信号。2012年7月，在波兰一个毕业典礼上面对观众谈论自己的出身时，他理直

---

① 阿索尔·富加德（Athol Fugard, 1932—）南非最负盛名的剧作家、演员及导演。父亲为爱尔兰血统，母亲是阿非利卡人。——译者注

② 卡尼梅耶尔（Kannemeyer）：《约翰·卡尼梅耶尔·库切的写作人生》，第557页。此后引文均出自该英文版本。

③ dwars和twyfelagtig均为阿非利卡语。——译者注

气壮地说"从历史角度看，自己是一个阿非利卡人"。[1]

　　库切跟阿非利卡语千丝万缕的联系从他的写作中可见一斑。"我们当中有些人也学起了霍屯督人的生活方式。当牧场被牲畜啃光之后就卷起帐篷、赶着牛群去寻找新的草地。"[2]比起英语的句法结构来，这句话更符合阿非利卡语的风格: Daar is van ons mense wat soos Hottentotte lewe, or, Daar is dié onder ons mense wat soos Hottentotte lewe.更通顺的英语译法是 "Some of our people live like Hottentots…（我们当中的某些人生活得像霍屯督人……）"。虽然此处行文暗示的阿非利卡语句法结构能更传神地体现人物特征，但是如果按以上方式解读，并非所有雅各·库切的话都能千篇一律地套用该模式，因此这种分析也就未必屡试不爽。

　　但并没有哪一种特定的阿非利卡语是库切所难以割舍的。他童年时期在卡鲁农场来回转换语言的情景在《男孩》中就有记载:

　　　　他陶醉于这种氛围，陶醉于他们时常操着阿非利卡语夹伴着英语聚到一起愉快聊天的氛围。他喜欢这种有趣的跳跃式语言，句子里还时不时地蹦出一些小品词来。这比学校里教的阿非利卡语要轻松灵快多了，语言本该是从Volksmond——人们嘴里说出来的，在学校里却被弄得烦琐不堪，好像只能从"大迁徙"事件中引申出来，显得沉闷单调、荒谬可笑，整个儿成了运

---

　　① 库切:《荣誉博士学位典礼致辞》，亚当·密茨凯维奇大学，波兰，波兹南，2012年，第87页。
　　② 库切:《幽暗之地》，约翰内斯堡，瑞安出版社，1974年，第61页。(后文出自同一著作的引文，只在脚注中标出该著名称和引文出处页码，出版社、年份等信息不再另注。——括号内为译者注)

货车、牲口和马具的行话切口。①

如果这里描述的是一种轻快的阿非利卡语，那么《青春》里的就是死板的阿非利卡语，因为听起来像"说纳粹党的语言"，所以约翰在伦敦大街上张嘴讲阿非利卡语的时候倍感焦虑。②因天然泉而得名的农场（Voëlfontein，指"鸟儿天然泉"）在《男孩》里通篇其实一直指的是人工泉，从来没提天然泉水的事。之所以这样，是因为英文单词"人工泉"在词形结构上跟阿非利卡语的fontein很接近，但这是个"不准确"的翻译。③卡鲁口语有时会出现一些跨越主仆界限的亲近话语，诸如打理厨房的女人们的语言，负责羊群的农场主、农场工人和剪羊毛工人的语言，库切都处理得细腻到位，这种风格也延续到了《内陆深处》（*In the Heart of the Country*）中。尽管《男孩》里的约翰在听到大人谈论政府要强行让带阿非利卡姓氏的男孩儿上阿非利卡语课程时忧心忡忡，但这并没有抵消他对回荡在家庭农场的阿非利卡语的喜爱。

家族背景下形成的特殊阿非利卡语环境对库切有着深远的影响，甚至将触角延伸到了小说《夏日》里。玛戈特谈吐的抑扬顿挫，说话时的习语玩笑，还暗指阿非利卡知识分子诸如尤金·马雷④和图提亚斯⑤，无不流露着明显的阿非利卡语印痕，而那个虚构的英国传记作

① 库切：《男孩：外省生活场景》，伦敦，塞克和沃伯格出版社，1997年，第81页。（后文出自同一著作的引文，只在脚注中标出该著名称和引文出处页码，出版社、年份等信息不再另注。——括号内为译者注）

② 库切：《青春》，伦敦，塞克和沃伯格出版社，2002年，第127页。（后文出自同一著作的引文，只在脚注中标出该著名称和引文出处页码，出版社、年份等信息不再另注。——括号内为译者注）

③ 鸟儿喷泉农场现在的居民说英语时还是用"人工泉"指代"天然泉"。

④ 尤金·马雷（Eugène Marais，1871—1936），南非律师、自然学家和诗人，曾被誉为阿非利卡民族英雄。

⑤ 图提亚斯（Jacob Daniël du Toit，1877—1953），Totius是他的笔名，阿非利卡诗人。——译者注

家文森特在记录玛戈特访谈的时候，竟能体会这些话的微妙之处，着实令人难以置信。文中没有提到文森特请人翻译的情节，只是交代了他"誊写"玛戈特当时的阿非利卡语录音，还找了一个南非同事来检查那些阿非利卡语是否正确，这就暗示是他自己做的翻译。

　　玛戈特说的"将要被宰杀的羊羔"和"将要被宰杀的绵羊"都不是日常的英文口语词汇，至少这两个词跟现代阿非利卡语的slagskaap不是一回事，那么英国人文森特又怎么判断玛戈特这样用是否合适？或者他怎么弄明白诸如"it has rained not a drop in the past two years"（过去两年没下过一滴雨）这种句子大致的阿非利卡语语序？相较于地道的英语表达，它的句法结构更接近阿非利卡语dit het die afgelope twee jaar nie 'n druppel gereënnie［英语通常把"下雨"这个词看作名词，不把它当作动词用，就像下面这个句子"There has not been a drop of rain in the past two years"（过去两年没有一滴雨落下）］。同样地，"the fault is mine"（错的是我）更接近阿非利卡语的die fout is myne，而相对应的英语表达公认的应该是"It is my fault"（这是我的错）。①当玛戈特抱怨约翰缺乏爱心的时候，她说："切断自己同其他任何人任何事的联系又有什么意义？他打算拿自己的自由干什么呢？关爱别人要先从照顾自己的家人做起——英文谚语难道不是这么说的吗？"其实习语应该是"乐善好施要先从照顾自己的家人做起"。②难道是文森特弄错了？玛戈特沉思农场衰落的时候，以上帝的名义发了一通感叹，而文森特娴熟拿捏这种腔调的功夫令人瞠目：

---

　　①此处圆括号内为原文自带的解释，方括号内是译文。为了方便读者体会英语和阿非利卡语在句法上的微妙区别，此处将两种语言都列出来，附上相应的汉语翻译。——译者注
　　②玛戈特说的是"Love begins at home"，而作者认为英语习语应该是"Charity begins at home"。——译者注

如果按照上帝宏大而善意的规划，他根本无意让世界上的罗赫菲尔德和卡鲁地区去发展农业，以便人们能够营生。那么他对这地方有何具体打算？他的意图是不是要让这儿重新回到那些volk（人）手里？就像很早很早以前那样，那些人四处流浪迁徙，赶着皮毛褪落的羊群寻找牧地，踏平了草场的栅栏，而她和她丈夫两个则会在某个被人遗忘的角落里蹬腿咽气，所有的财产都被剥夺得一干二净？

这些微妙之处已经远远超出了那个英国人文森特的理解能力，即使他研读过托马斯·哈代的小说也无济于事。[①]问题的症结在volk这个词上：对于一个（来自英国）讲英语的人而言，这个词并不是指玛戈特所说的科伊人，而是指跟德国有关联的阿非利卡人。很奇怪的是，一个被贴上文化入侵者标签的文森特能够写出这样令人信服的阿非利卡人玛戈特。所以说，库切与其出身的微妙关系给他的人物刻画带来了令人难以置信的效果。

volk的变体形式volkies（下人）在库切采用双语创作的第二部小说《内陆深处》中扮演了关键角色。在这部以反现实主义著称的作品中，为了保持叙事的原汁原味，库切投入了异乎寻常的精力，而阿非利卡语的对话形式恰好能助他一臂之力。草稿最开始的标题是"家"，其中的对话都是用英语写的。但10天之后，也就是1974年12月10号，他忽然在下面这个句子中开始改用阿非利卡语："他们

---

① 托马斯·哈代（Thomas Hardy）的小说擅长批判英国工业文明和道德，用人物的命运变化展现工业化给乡村生活带来的冲击。玛戈特的那段话在这一点上很像哈代的风格。但是本书作者认为，文森特即使读过哈代的小说，能借助哈代的例子去理解玛戈特说的话，他也体会不到玛戈特用阿非利卡语发的那通感慨有多细腻微妙，更不用说翻译成地道的英文了。——译者注

对我说：'这位小姐对她的<u>下人</u>来说真是个天使般的女人。'"在这句话中，玛格达正在幻想她的家人在仆人中间说起她的好名声。而volkies这个词的真正含义没法翻译成地道的英语，所以库切在背面用阿非利卡语写了一句话："Die mies is' n ware engel aan haar volkies。"[1]到第二年8月份，库切就只用阿非利卡语来写对话了。

从库切的笔记可以明显看出他把这部小说同英语有意无意地联系起来。他在笔记中写道："《一个非洲农场的故事》(*The Story of an African Farm*)。Ordentlike mense[2]。"库切这里指的是奥利弗·施赖纳(Olive Schreiner)，她笔下的林德尔生活在殖民农场，内心世界跌宕起伏，是玛格达的前身。他还具体指出了施赖纳在把握阿非利卡语和阿非利卡民族性上的欠缺；小说中的坦特·桑尼是俗套的布尔妇女形象，很容易被路过的某个爱尔兰小混混忽悠上当。Ordentlike mense(受尊敬的人)是一种后帝国式的姿态。[3]《内陆深处》由伦敦塞克和沃伯格出版社发行的时候，库切给编辑写信，就小说中凸显阿非利卡语细微之处的笔调表明了自己坚决的肯定态度。[4]

《夏日》中的朱莉亚把她曾经的南非白人情夫们置之脑后，宣称这些人不配自比为"南非的犹太人"或者"南非的以色列人"，因为后两者"头脑灵光，敢作敢为，适应性强，脚踏实地，遭到他们所统治的部落人群的仇恨和忌妒。那全都不靠谱，全都是胡说八道。"[5]其实朱莉亚对南非白人的评判都是库切自己的观点，但是我们有足够

---

① 这句话翻译成汉语跟前面"这位小姐对她的<u>下人</u>来说真是个天使般的女人"表达的意思一样。本书作者在这里强调，库切感觉用英语表达上面这句话体现不出volkies这个词的真正含义，所以又重新用阿非利卡语把那句话写了一遍。——译者注

② Ordentlike mense，阿非利卡语，受尊敬的人，后文有具体解释。——译者注

③ 库切：《内陆深处》书稿，1974年12月4日。

④ 卡尼梅耶尔：《约翰·马克斯韦尔·库切的写作人生》，第288页。

⑤ 库切：《夏日》，第54页。

的理由相信这种判断，因为持这种观点的正是阿非利卡人，而非英国人——说英语的南非人不自觉地认为自己是受帝国历史荫泽的世界公民。

在一篇名为《了不起的南非小说》的文章里，鉴于阿非利卡语已经成功地本土化，而英语是一种描写英国"丘陵和树林，獾和白鼬，杜鹃和知更鸟"的语言，库切认为英语"跟非洲南部自然界的关系极不稳定"。[①]尽管这种论断可能适用于库切父母那代人，但就文章写作时的20世纪80年代来看，已是言过其实。如同所有的语言会在新环境中扎根发芽一样，英语历经数代也一直在本地化，大量地吸收借用非洲语言，其中自然包括阿非利卡语，而《非洲英语历史演化字典》(*Dictionary of South African English on Historical Principles*)就对此做了详尽的说明。

更确切地说，正是库切在抵制英语成为一种全国性的语言，因为20世纪80年代的南非正在如火如荼地推广英语。在小说《耻》里面，库切借大卫·卢里之口表达了自己对这种趋势的抵抗。当卢里听到佩特鲁斯说英语时，他不无担心地反思道："那一句句拉得长长的英语代码已经变得十分含混，从而失去了明晰性，说的人说不明白，听众也听不明白。英语像一头陷在泥潭里垂死的恐龙，逐渐变得僵硬板结。"[②]英语正在以改写、简化、语码转换以及语音调整的方式融合进以英语为第二语言的（非洲）使用者的言语模式中，而这也正是卢里所担心的书面语言的消亡。卢里的观点和库切的观点类似，两个人都认为英语的宿命就是作为一种兼容并蓄、不断更新的

[①]库切:《了不起的南非小说》(*The Great South African Novel*)，《领导力》(*Leadership*)，1983年，2(4)，第79页。

[②]库切:《耻》，伦敦:塞克和沃伯格出版社，1999年，第117页。（后文出自同一著作的引文，只在脚注中标出该著名称和引文出处页码，出版社、年份等信息不再另注。——括号内为译者注）

国际通用语言，克里奥尔式的地方英语是没有任何前途的，而且上述情况都是有据可考的。

那么库切的心灵语言、他心中的语言到底是什么呢？应该是20世纪40年代或者50年代开普郊区说的阿非利卡语。但问题是现在没人会说这种语言，当然也包括库切本人。

第三章 1970年元月一号
开端——《幽暗之地》

> 从1970年元月一号开始，我每天早晨都要坐下来写东西。
> 我恨这种生活模式。[1]

"1970年元月一号"是一个有关库切写作起点的传说。每当他被问起开始写小说的时间，库切不止一次地以这个日期作为答案。[2]但他所言并不属实。早在很久之前，他就曾写过诗歌，还见诸报端；到20世纪60年代中期，二十几岁的库切依然执着于诗歌的梦想，偶尔还尝试下叙事小说。库切认定这个日期，关键在于那时他真正有了危机意识，开始正视自我；也正是从那一天起，他才下定决心，专事小说写作。

1970年元月一号，再过个把月就30岁的库切身穿外套，脚蹬棉靴，把自己锁在他位于纽约州布法罗市帕克大街24号地下室的住所里。他在新年许愿中发誓，如果写不到一千字，自己就绝不出来。后来他决心坚持每天写作，直到完成一部小说的草稿。虽然他很快

---

[1] 库切：《等待野蛮人》书稿，1978年5月30日。（原文的HATE是大写，所以译文"恨"在这里作加黑处理。——括号内为译者注）

[2] 参照：乔安娜·司各特（Joanna Scott）、J.M.库切：《声音和轨迹——库切访谈》（*Voice and Trajectory：An Interview with J.M. Coetee*），《文艺杂录》（*Salmagundi*），1997年，114/115，春—夏，第82—102页。

纽约州布法罗市帕克大街24号。

对字数放松了要求，但写作的恒心和毅力却丝毫未减。有多年来一直积累的材料在手，他便开始动笔。尽管起初他对所写的内容最后会是什么样子也不甚了了，但这就是《幽暗之地》的雏形。

库切虚构的自传正是从这里开始的，即他作品集中的《幽暗之地》，而非《男孩》。换句话说，《幽暗之地》明显是库切自传式作品风格的滥觞。库切小说的出发点是他的出身。而出身问题既跟他的祖先根脉有关，也离不开他的现世当下。归根到底，这都是他自己。

库切在1970年元月一号踏入写作之门，这意味着他克服了数次的推迟、拖延和"罪恶的自我背叛感"。因为在此之前，他至少花了5年时间翻阅档案资料，认真记录所读所想；然后又开始在得克萨斯州大学奥斯汀分校读博，学习了一系列的形式主义批评理论（主要是研究贝克特）。①

————————————
① 库切：《双重视点》书稿，1989年1月17日。

库切那天写的东西只是打响了他称为"谎言"计划的第一枪。一个南非白人，如果试图把自己祖先的历史抛之脑后，想在美国好好生活或者融入美国社会，必然是拔出萝卜带出泥，引发一系列其他问题，而"谎言"计划就是这些症结的写照。他在草稿里说："在最早一批冒险进入非洲南部腹地、带回流传后世消息的英雄人物里，雅克·杨松·库切虽然光荣可敬，却极少被人提及。"①

这句话对人物的定位意味深长。库切身上的外套和脚下的棉靴说明帕克大街24号的地下室并没有暖气，虽然身处寒冷的后工业化城市布法罗，库切却设想自己回到了位于半干旱地区的温暖家园。但这种思乡之情即便形如从前，却已变了味道，不再单纯洁净，而是矛盾重重，正是由此引发的情感纠葛向我们揭示了他出身问题的真实根源。

这个根源实际上就是被自己的祖先背叛。这种立场有着双重含义，就好比陀思妥耶夫斯基自省式的写作风格。库切设想有人在指责自己祖先的历史罪恶，同时也在指责他本人。虽然发难者没有具体的代表人物，但他确实存在。于是库切就打算写一部小说来回应这种指责，到头来却发现小说以一种自我开脱的语气为阿非利卡民族主义辩护。为了揭露这种冠冕堂皇的辩护，他又设法曝光了阿非利卡民族主义的疯狂和暴力。所以，表层文本传达的是模棱两可的叙事声音。这种声音背后正是发出嘲讽式叛逆的库切——年轻、内心苦楚、讥讽嘲弄，他压抑为自己开脱的欲望，抵制来自家庭的关爱。

虽然库切和发难者在同一条战线上，但因为他是备受争议的当事人之一，所以当先祖的文化被彻底曝光、袒露无遗时，他就没法

---

① 库切:《幽暗之地》书稿，1970年1月1日。

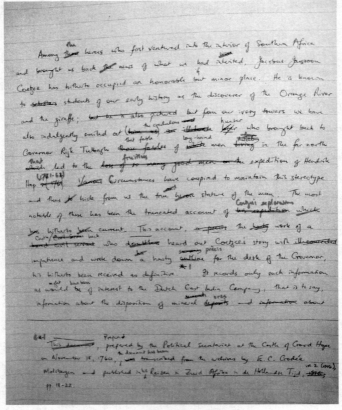

《幽暗之地》最初的草稿，写于1970年元月1日。

轻易摆脱这种罪责感。这正是上一章在他评论戈迪默评论时要表达的意思，即需要"用适度的方式去讨厌鄙视……"。

《幽暗之地》的另一个叙事者尤金·唐恩曾说："我深深盼望能弄清楚我是谁的过错。"考虑到库切前期工作中翻越的崇山峻岭，他延期动笔也就不足为奇了；他所追寻的东西有着广阔的概念外延，能在一个恢宏的世界历史层面将自我和历史联系起来。

库切的这个理念在笔记中表现得十分明显。他的笔记展现了南非殖民历史的全貌，从1470年葡萄牙人的商业历险开始，每20年一间隔，一直延续到1955年；除此之外，笔记还涵盖了很多世界性的重大事件和文化转向，从欧洲宗教改革，到英国的殖民历史、殖民定居点的建立以及美国历史。他将所有到过开普殖民地、大纳马夸地区和纳米比亚的重要旅行者写下的描述文字和汇编文件都做了笔记，包括L.舒尔茨（L. Schultze）、奥尔福特·达泼尔（Olfert Dapper）、威廉姆·坦恩·瑞尼（Willem Ten Rhyne）、J.G. 德·格雷文布鲁尔克（J.G. de Grevenbroek）、O.F.门泽尔（O.F. Mentzel）、安德斯·斯帕尔曼（Anders Sparrman）、亨利·列支敦士登（Henry Lichtenstein）、约翰·巴鲁（John Barrow）、威廉姆·伯切尔（William Burchell）、罗伯特·雅各比·戈登（Robert Jacob Gordon）、亨利克·雅各比·维嘉（Henrik Jacob Wikar）、E.C.戈迪·莫尔斯柏根（E.C. Godée Molsbergen）。他读过W.H.I.布利克（W.H.I. Bleek）的《南非诸语之语法比较》（*Comparative Grammar of South African Languages*），摘抄了纳马部落的吸气音和名词后缀，还整理了该书的词汇列表。他看了G.M.西雅尔（G.M. Theal）的《赞比西河流域非洲南部历史及民族志》（*History and Ethnography of Africa South of the Zambesi*）后，从中发现了雅各·库切远征的故事。《青春》对主人公在大英博物馆阅览室翻阅威廉姆·伯切尔著作的描述有点蜻蜓点水，但他实际上对伯切尔游记的研究非常投入，还专门画了伯切尔的旅行路线图。

除了阅读民族志和绘制地图，库切还立足于奥斯瓦尔德·斯宾格勒的德国浪漫主义，从中汲取了很多营养。[①]他第一部小说的名字

---

① 奥斯瓦尔德·斯宾格勒（Oswald Spengler，1880—1936），德国历史哲学家、文化史学家及反民主政治作家。——译者注

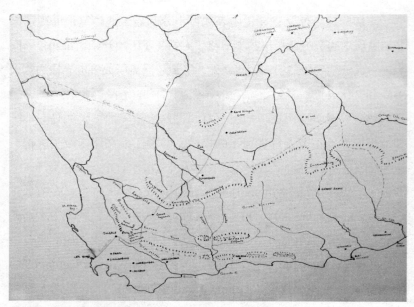

库切手绘的伯切尔南部非洲旅行路线图。

就是从斯宾格勒的《西方的没落》那里获得的灵感。斯宾格勒推崇歌德的观点，认为人生就是由一场深刻的忏悔组成的。在读了斯宾格勒之后，库切在草稿上写道：

> 没有人会心怀坚定的被宽恕感再去忏悔。当灵魂依然渴望摆脱过去的束缚，所有更高级的交流形式都变了性质；在新教国家，音乐绘画和信件传记都从一种描写的手段变成了表达自我谴责、赎罪和无限忏悔的方式。①

库切所说绝非肤浅之言：自宗教改革以后的所有艺术都是在自我

---

① 库切：《幽暗之地》书稿，1970年6月17日。

谴责、赎罪和无限忏悔。尽管当时出现的文本明显有了现代主义的形式特征，可能在其趣味性上还有点后现代，但这并不是真正意义上的现代主义。

但是无论从宗教意义还是世俗观念来看，库切都不是在写个人忏悔录。在随后的20世纪80年代中期，他将会在一篇有关卢梭、托尔斯泰和陀思妥耶夫斯基的文章里专门讨论写作中的忏悔传统。但是在第一部小说中，他反思的是身份问题，不仅仅是我是谁，更多的是我是什么人。

如果这不是他的个人忏悔，那么他又在忏悔什么？《幽暗之地》给出了这样的答案——做一个非洲白人就意味着继承了领土扩张主义分子的殖民暴力思维哲学，这种逻辑又被西方理性主义和个体被上帝挑选拯救的幻想所驱动。库切在美国的经历在这个过程中可能起了点作用，但是斯宾格勒骨子里也认同欧洲统治非洲的帝国论，他写道："扩张的倾向是命中的劫数，是某种有魔力的强大东西，它紧抓着、强迫着、耗尽世界都市阶段的晚期人类，不管你愿不愿意，觉不觉得，都是如此。"①《幽暗之地》两个中篇的主人公雅各·库切和尤金·唐恩虽然头脑聪明，但心智狂乱，一心为帝国文化卖命。斯宾格勒在书中对塞西尔·约翰·罗兹称赞有加②，而库切却对小说中的人物极尽嘲讽挖苦之能事。

库切以一种拒绝的姿态为出发点来写这部小说。《夏日》对此做了更广义的阐释：写作就是"面对时间的一种拒绝姿态"。③当然，从

①奥斯瓦尔德·斯宾格勒：《西方的没落》，1926年，查尔斯·弗朗西斯·阿特金森译，伦敦，艾伦和尤恩出版社，1959年，第37页。
②塞西尔·约翰·罗兹（Cecil John Rhodes, 1853—1902），英裔南非商人、矿业大亨与政治家。——译者注
③库切：《夏日》，第61页。

《幽暗之地》到《夏日》，几乎涵盖了作者的整个写作生涯；而在《夏日》中，作者面对自己的过去时已经不再背负那种历史罪责感。尽管如此，库切的写作生涯和他的自我对立一直紧密相连，从未间断。

为了让前面的论述更充实饱满，这里需要再补充一些历史背景知识。拜荷属东印度公司所赐，德克·库什（Dirk Couché）从荷兰迁居到非洲，成了库切家族最早到达非洲的祖先。德克后来把姓氏改为库茨（Coetsé），到家族第四代，姓氏就变成了库切（Coetzee）。① 从1682年的地契上可以看出，库茨获得了两块土地——位于郁郁葱葱的红客沙谷（Jonkershoek Valley）的库森博格农场和艾瑟盖博斯农场。这些地方后来都成了斯泰伦博斯市的贵族聚居地。前者如今是斯泰伦博斯大学的主体育场，被誉为"南非橄榄球之家"。

1721年，库森博格农场传给了德克的儿子格利特。农场在他手上一直存续到1753年，随后所有权转给了斯泰伦博斯市政委员会。库切家族随后三代男性几乎都取名格利特——一个源自荷兰语杰勒德（Gerard）的名字。到库切祖父这一辈，这个名字被简化为格特，他1916年买下了位于卡鲁库伯地区的鸟儿喷泉农场，并逐渐将其发展扩大。

《幽暗之地》的雅各·库切生于1730年，是库切家族出生在南非的第二代后人，是约翰尼斯·亨德里克·库茨和安娜·伊丽莎白·拜尔的儿子。跟他父亲一样，雅各是vryburgher，即自由民——他们不再直接受雇于荷属东印度公司，而是相对自由的土地劳动者，相当于公民。约翰尼斯曾在定居点的北部边界放牧，即现在皮

---

① 卡尼梅耶尔：《约翰·马克斯韦尔·库切的写作人生》，第18—22页。

凯特贝赫市的附近，当时那儿驻守着一个军事哨所。后来雅各从他叔叔那里继承了附近的一处农场，即原本属于约翰尼斯的兄弟科尼利厄斯的土地。

1760年，当时30岁的雅各获得了时任总督兰克·塔勒巴的许可，去勘查科伊人居住的地区，也就是现今的北开普省。他勘测的地区要比之前的远征行动更深入非洲腹地，越过夏利普河（也称格雷特河或奥兰治河）到达了今天纳米比亚的南部地区。他回来之后，报告说有一个被称为达姆洛夸的部落，其族人有着长长的毛发，身披亚麻，住在遥远的北部地区。于是，雅各当向导和翻译，在亨德里克·霍普上尉的率领下，开始再度远征。雅各的《讲述》（*Relaas*）其实是他对行程的描绘，由荷属东印度公司的一名抄写员记录下来，并附上雅各的签字。雅各的签字是个叉号，说明他目不识丁。

《讲述》是库切在得克萨斯读博时收集的材料之一。碰巧的是，约翰并不是雅各的直系子孙（评论界此前都倾向于把两者看作有直系血缘关系），但有亲缘关系。[1]《幽暗之地》将《讲述》改写成了《雅各·库切之叙述》——一个类似历史性质的文件汇编。这其中包括了以下几个部分：稍加改动的原始文本——库切独具匠心地稍事加工，使其跟整个小说保持一致；被大刀阔斧改写的同一文本——这部分内容是以第一人称叙述，所以我们能读懂雅各的所思所想，见证他行为的残暴和心灵的堕落；对亨德里克·霍普之行的叙述——这部分被改写为一次报复性袭击，以惩罚在第一次远征中抛弃雅各的仆人；后记——由一个彻头彻尾的虚构人物（即作者的父亲）S.J.库切写的颇具民族主义色彩的庙堂之作。

---

[1] 卡尼梅耶尔：《约翰·马克斯韦尔·库切的写作人生》，第20页。

库切对祖先的叛逆在《幽暗之地》最初的草稿中并不明显。当他如蚂蚁般去蚕食固防传统长河的大堤，并且还佯装是其中最新潮的代表时，叛逆的痕迹也就逐渐显露。草稿中有段话给我们描绘了一幅极具诱惑力的画面。虽然库切是在布法罗写的《雅各·库切之叙述》，但他好像深切感受到一股怀旧之情的暗流涌动。

所以库切在农场里为另外一种更稳定的关系打下了基础，农场主和仆人这两家人能够一起生活，共同见证时间的慢慢流逝。农场主的公子和仆人的儿子可以一块摆弄孩子们<u>牛拉大车的玩具</u>①，等他们长大成人之后，就能过渡到更加相互尊重的主仆关系。仆人一生都鞍前马后围着主人，等两个人都垂垂老矣，就可以驻足在明媚的阳光下，戴着礼帽，打着纸牌，孙辈在周围捣鼓牛拉大车的玩具，一起回忆令人捧腹的往事。霍屯督语没有"是"这个词，所以如果要表示服从某项命令，霍屯督人会重复该指令的最后一个词语。尽管霍屯督语已经消亡，但是这种轮唱式的对话在如今西开普省的农场里仍然可以听到，只不过用的是阿非利卡语："把他们赶到北边的营地去。""北边的营地，我的主人。"②树后洼地上弯曲的板条树枝搭成的茅屋和动物皮毛都已消失不见，取而代之的是瓦楞铁皮篷起的土坯房。它们自有如画的美景：篝火上升起袅袅烟波，房顶上南瓜金黄，孩子们只穿着上衣光着屁股，等等。总有一种安定原则在

---

①指状似牛和牛车的玩具，一般由动物骨头和黏土做成。——原注
此处原文为阿非利卡语dolosse，有下划线，是dolos一词的复数形式。——译者注
②此处"主人"的原文为baas，阿非利卡语。

历史中发挥着作用。这种原则历经各种纷争冲突的洗礼，在历史的长河中寻找哪些模式最有可能实践自己。[1]恬静的农舍倚躺在山丘上，安闲的棚屋卧在寥廓的星空下。[2]

库切能写出这段文字，就说明他曾屈从于自己的怀旧之情，然后又掌控它，再屈服，再掌控，周而复始。他最开始动笔的部分实际是S.J.库切写给《讲述》的后记。S.J.库切是殖民先锋中的精英人物，他的后记原是用阿非利卡语写成的，并以前言的形式在雅各·库切故事的荷兰语文本中先行发表。这一点作者很负责地向我们做了说明。由于怀旧之情和讽刺之意刚开始的对立界限十分模糊，如果读者读过已经发表的小说，看到草稿时会有疑问：这种僵局何时会被打破？那些我们熟悉的暴力情节何时会跃然纸上？库切写后记的时候并不清楚应该把它放在整个叙事拼图的哪个位置；实际上，他在《双重视点》里把这部分内容称为"备忘录"，说它是"对霍屯督人历史的贡献"，被"吸收"进了《幽暗之地》。[3]

当库切开始以第一人称的口吻叙述雅各·库切故事的时候，也就是说当他通过重塑雅各的声音给干瘪的《讲述》填充血肉之时，那些暴力描写骤然而至，发黄的记忆基本被抛在一边，而库切的这位祖先立足活生生但岌岌可危的当下，有感而发：

　　　当年霍屯督人蹭到后门，乞求我们施舍一小块儿面包皮，

---

　　①库切在这里传达了一种反讽的意味。这段话的叙述者在当时的草稿中还没有确定身份，当然根据出版的小说我们知道这就是后来的S.J.库切。S.J.库切设想的安定原则就体现在主仆的和谐相处，是经过殖民暴力征服后沉淀下来的安静祥和——所谓的"最有可能实践"安定原则的模式。当然这只是他的幻想，在殖民二元对立体系中，主仆关系的张力不可能缓解。——译者注
　　②库切：《幽暗之地》书稿，1970年1月7日。
　　③库切：《双重视点》，第52页。

而我们则身穿银质护膝，制酒出售给东印度公司，那些日子都一去不复返了。我们当中有些人也学起了霍屯督人的生活方式。当牧场被牲畜啃光之后，就卷起帐篷，赶着牛群去寻找新的草地。我们的孩子和仆人的孩子一块儿玩耍嬉戏，谁能说清两边的孩子谁在向谁学呢？①

库切十分巧妙地把控着这段话的叙述语气，他留意20世纪中叶阿非利卡人的焦虑，因为他们担心在工业化时代的南非，黑人和白人的社会差距正从大都市里消失（毕竟，他们推行了种族隔离制度，把已然正在相互靠近的人又强行分开）。这种忧虑是南非白人最后的梦魇，是种族制度一直极力排斥出现的，而去殖民化的南非正在加剧白人的担忧。于是，雅各故作的镇静几被颠覆，幻化成对桑族（布须曼人）种族灭绝式的捕杀远征，对其种族中女性的强暴蹂躏，对不忠奴仆报复式的袭击屠戮。

在写于30年后的《夏日》里，库切对这些段落做了如下的评价：《幽暗之地》是"一本有关残忍的书，揭露了各种形式的征服中的残忍"。这是库切前情人朱莉亚的论断，她认为这种残忍的源头就是作者自己，而写作就是"自助的疗法"和"永无止境的净化过程"。《夏日》中的约翰成了一个素食主义者，以摒弃生活中一切形式的残忍。②

对于库切而言，朱莉亚的评价是他的一种腹语术。这其实就是库切自己的判断，和他从一开始就在作品中凸显忏悔的重要性一脉相承。但是通过《幽暗之地》的戏仿，库切摒弃的不仅是残忍，还有愤怒。因为《幽暗之地》的确是一部愤怒之作，血气方刚的作者愤怒

---

① 库切：《幽暗之地》，第61页。
② 库切：《夏日》，第58—59页。

于自己的出身，愤怒于他的出身赋予他的身份角色。

库切在布法罗时开始写《幽暗之地》，重温他南非祖先的事迹。1972年6月11号，当开始写《幽暗之地》第二个中篇《越南计划》（*The Vietnam Project*）时，他已经回到了开普敦。于是乎，一种工整的对称便应运而生：两部中篇写作地点和故事背景的错位为作者的时空再连接和批评提供了便利条件。

从1968年到1971年，库切在纽约州立大学布法罗分校英语系做助理教授，这期间他还申请过其他大学的职位，并获得了温哥华和香港的工作邀请。1970年3月15号，他和其他44位大学教职员工因在布法罗校园里静坐抗议遭到逮捕，并被判非法入侵罪。他们不赞成代理校长皮特·F.里根管理校园冲突的方式，尤其是他特别爱找警察来对付示威者，而自己却躲起来以图安全。

被捕入狱对那些涉事的美国老师影响甚微，他们甚至可以把它作为一种荣誉的象征。但对库切而言，这次犯罪记录却是灭顶之灾。因为受富布莱特奖学金资助，所以他完成学业后必须回到南非，签证条款的限制使他没法获得美国的永久居留权。他一直试图突破这个规定，向当时的美国移民归化局写信说如果自己回到南非[1]，职业生涯就会遭遇打击，而且他的孩子已经是美国公民，不应该被强迫回到一个奉行种族主义标准的国家。库切还略带夸张地宣称他那些公开表达过的观点很容易使其受到南非当局的起诉或查禁。[2]

但是库切的这些争辩并没有说服美国移民归化局。后来通过学校友人的牵线搭桥，他联系上了美国参议员雅各·科佩尔·贾维茨

---

[1] 美国移民归化局（the Immigration and Naturalization Service），成立于1933年，隶属于美国司法部，2003年1月1日撤销编制，相关职能被美国国土安全部的机构接收。
[2] 卡尼梅耶尔：《约翰·马克斯韦尔·库切的写作人生》，第192页。

第三章 1970年元月一号

开端——《幽暗之地》　　045

（Jacob K. Javits）。贾维茨应允以他个人的名义提交一份普通议员议案将这个规定废除。虽然库切上诉后极有可能被免除罪名，但是即便如此，这次入狱风波也使得贾维茨的努力化为泡影。

这个一切才刚刚起步的家庭的命运之绳都系于这次危机。因为有太多的不确定因素，1970年12月，妻子菲利帕带着两个孩子（在奥斯汀出生的尼古拉斯和在布法罗出生的吉塞拉）飞回了约翰内斯堡。库切则继续留在布法罗完成那个学期的教学任务，直至5月结束。他向校方保证说，如果自己上诉失败，他就回来服刑，但实际上他再返回美国的可能性已经越来越小。库切从布法罗停薪留职，请假回到了南非跟家人团聚。一家人在卡鲁鸟儿喷泉农场附近的沼地山谷小农庄落脚。因为是亲戚家，所以他们就没有付租金。农庄靠近铁路沿线，库切的祖父之前曾经在那里开过肉铺和旅店。

库切就是在这个农庄写完了《雅各·库切之叙述》。到1971年11月，一家人已经在沼地山谷农庄住了6个月，但是小说最后会是什么样还不得而知。他给布法罗分校英语系的系主任写信说："我最近完成了一部有关非洲研究的书稿，并着手第二部，有关语言文体学批评。所以眼下我想全身心地投入这个工作中。"①其实库切当时对自己的状况有所保留，没有完全透露实情，而故意把小说说成是中规中矩的学术作品。

库切将《幽暗之地》有关的美国部分说成是"语言文体学批评"透露了很多信息。自从在奥斯汀学习了语言文体学之后，他几年来一直沉浸于该领域，尤其关注它的分支风格统计学（stylostatistics）——这种批评理论把用计算方法衡量的词汇和句法模式看作是作家风格

---

① 卡尼梅耶尔：《约翰·马克斯韦尔·库切的写作人生》，第203页。

沼地山谷农庄——库切一家从布法罗分校回到南非后，从1971年5月到12月的住所。

的一个标志。库切试图在这个学科中将他的两个学术兴趣即贝克特和数学（或者计算机科学）结合起来。但随着时间推移，他对其所运用的科学方法到底能揭示什么样的文本信息越来越没信心，对其用来揭示那些超越我们可能凭直觉就可以了解的信息的能力越来越怀疑。等到写《幽暗之地》的时候，他甚至把风格统计学的实证主义跟负责军工设施的技术官僚们的神话论联系了起来。库切所说的"语言文体学批评"，其实是他刻意地轻描淡写自己已经开始大胆戏仿科学理性主义的写作。

自我对质的危机在1970年元月一号结晶成型不仅意味着终结了库切早些年的拖沓推延，还导致了他文学思想的大变脸，标志着他在科学理性主义的安全地带构建学术生涯的尝试已经终结。"算文本有多少字，玩数字游戏，这就是我曾经做的事情，但是两个都没用。我一直不愿反省自己，拖延至今；我一直在巩固自己在学术领域的地位。"①

　　虽然此后数年他还继续发表有关文体学的学术论文，但是他的兴趣范围已经拓展到包括乔姆斯基（Chomskyan）的转换生成语言学、超现实隐喻的实验和更广为人知的修辞学等研究。总体而言，库切在《越南计划》之后就放弃了将科学和形式分析相结合的想法。小说里虚构的"库切"可以看作尤金·唐恩的导师，但其实是库切一直试图从其自身剥离的另一个自我：当"库切"首次出现在草稿中的时候，他是一个寻求终身教职的大学教员，用唐恩的话说，就是"一个乖巧听话的小助理教授，肯定会按别人的指示在虚线处签名"。②

　　唐恩的纠结在于他在科学知识领域上表现出的做作和自负（他努力想成为美国军中广播的宣传专家就是例子）以及自身强烈的不安全感。这种不安全感没有具体源头，因为唐恩是西方现代神经官能症患者的代表，这种病症兼具理性和自我怀疑的特征，其根源可以追溯到勒内·笛卡儿身上。随着情节发展，这种分裂倾向在精心修饰过的研究型文本中凸显了出来。这里面也有弗洛伊德理论的痕迹，唐恩的导师"库切"可以被看作一个带有控制欲的自我，而唐恩则是一个思维混乱和喋喋不休的本我。可见心理分析的影响已经非常明显。唐恩尽力保持这种分析的"后马克思主义"特色③，也就是说他的内心独白的戏份会越来越多和越来越神经质。

　　因为库切曾为科学实证主义倾注心血，但到头来又发现是浪费时间，所以这种感觉必然导致他对科学实证主义的尖锐批评。在1972年7月的草稿中，唐恩希望儿子将来能跻身成为"特权阶层的一分子"，

　　①库切：《双重视点》书稿，1989年1月17日。
　　②库切：《幽暗之地》书稿，1972年6月11日。
　　③"后马克思主义"（post-Marx），作者在这里指的是在唐恩看来，弗洛伊德的心理分析学已经取代了19世纪马克思倡导的历史唯物主义。——译者注

他明白任何事情都会"像它看起来那样"，并且"正义和权利的身份主体"就在"一个没有判断力的世界"。他应该"远离基督教，不再相信它所谓的'人在有序的社会应相互信任'的鼓动"。理智和残忍的关系就这样冷血般地展现了出来。在库切更加犀利的一段反讽中，唐恩写道，如果他能"许下三个童话愿望"，他将"用其中一个祝福我的儿子，希望他能去设计实验新式武器，在事业上能成绩卓著而又太平无事。我甚至详细预测到了将会使他名声大噪的发明——热导导弹，就是一种飞行缓慢但专门以人心脏跳动制导的小型导弹"。①

鉴于库切创作之初秉持的是批判西方理性主义的哲学立场，所以也就不难理解即便他在后面几部小说中一直尝试跟现实主义达成和解，却从来没有真正接受这种风格。库切一开始写小说的基点就是反理性主义，因为他认为现实主义的认识论中规中矩，毫无新意，所以便以此为突破口来对抗这种理论。《幽暗之地》忽然对戏仿的情有独钟在1970年的政治生态和哲学环境中都合情合理，这本来应该能颠覆他长期以来的观点，即作为艺术形式的小说是现实主义的产物，这种传统从笛福、福楼拜、亨利·詹姆斯一直延续到福特·马多克斯·福特。库切当时认为乔伊斯也是位现实主义作家——尽管乔伊斯的小说以荷马神话为依托，但还是一种试图真实再现意识的心理现实主义。所有这些都有助于解释为何《幽暗之地》是一部形式奇特的作品。库切其实是在对抗他自己——他想写作，但是当支撑他写作的理论结构行将坍塌，他又该何去何从？

这种不确定性在《幽暗之地》的草稿中也时有出现。他在写给自己的注释中说："跟本书其他情节一样，（汽车旅馆房间的那些情景）

———————
① 库切：《幽暗之地》书稿，1972年7月2日。

并不具备小说的特征。一切都在如此狭窄的空间里表达，以至于写出
的东西读起来更像是事先商量好的……而不是在探索未知。"①他感到
自己正在编程式化的辩论，所写的就是一本耐不下性子构建可信世界
的书，根本不是一本具备开放性、能提供多重体验的著作。他知道：
"这部小说没有社会底蕴和环境依托，只有叙事者。"于是他转向讽刺
挖苦的风格："既然这样，为何不做一个长长的附录，按照字母顺序
列出所有的人物和地点，并附上扎实厚重的历史和介绍。"②

　　等到库切写下一部小说《内陆深处》的时候，他不再纠结于是否
需要动用写实手段。玛格达是女版的唐恩：有口才、善分析、爱唠叨
还缺乏安全感。库切用一系列编号的段落勾勒了她的故事，这也是
他用来规避现实主义单调乏味的细节描写而采取的一种手段。他会
在这条路上继续前行，逐渐在第三部小说《等待野蛮人》中实现形式
上的稳定。但到那时，他怀疑现实主义的矫饰做作就已成为他写作
生涯的显著特征。

　　即使在写《等待野蛮人》的时候，他还力图给宏大的虚构背景套
上貌似可信的外形，于是草稿中就有了如下的思考：

　　　　我一直在读罗伯特·奥尔特有关自我意识小说的著作。他
　　正确地论述了一个重要问题即为什么小说应该具备自我意识。
　　他的答案是自我意识小说以现实主义所无法企及的方式注意到
　　了暂时性和死亡。奥尔特的说法或许对路。③

---

　　①库切：《幽暗之地》书稿，1973年3月9日。
　　②同上，1973年3月15日。
　　③库切：《等待野蛮人》笔记，1978年3月4日。

第四章 卡鲁
深爱的风景——《迈克尔·K的生活和时代》及《内陆深处》

我的确相信人一生只能钟情一种地形景色。一个人可以喜欢很多地貌并享受这些风景，但只有一种是你莫名的最爱。[①]

我的生活竟然无法传达更幸福的意味，这是多么不幸，真的不幸——比如，一个在某个地方定居的民族就会热爱那片土地，这种满足感是无法想象的。[②]

《依然》（*Nietverloren*）是库切鲜为人知的一个短篇小说。[③]作者在文中回顾了自己生命中对卡鲁难以割舍但又满是困惑的眷恋，还试图去理清这种矛盾情绪。Nietverloren这个词的英文意思是"没有失去"。在命名南非农场的荷兰语中，这个词很容易和表示"一切都失去的"的词Allesverloren相提并论。Allesverloren传递的意思能勾起一丝留恋之情，而Nietverloren则表达了找到家的释然和安慰。曾经冒

①福尔克·雷丁（Folke Rhedin）：《库切访谈录》（*J.M. Coetzee: Interview*），《库纳皮皮》（*Kunapipi*），1984年第6卷第1期，第10页。
②库切：《内陆深处》书稿，1974年12月22日。
③"依然"一词原为Nietverloren，为阿非利卡语，本书的作者随后解释了它的英文意思，并对比了这个语境中的另一个词汇Allesverloren。为了避免混淆，除了该词在文中指作品名称是译成中文《依然》之外，其他地方一律用原词汇，不再译出。——译者注

险失去所有的一切，但到头来你发现没有丢掉任何东西。

　　尽管上述的荷兰语地名一般都指西开普敦省的葡萄酒农场，但对于库切而言，《依然》中的农场已经被赋予了个人感情色彩，与这个名字原本蕴含的宗教意味大相径庭。故事中以此命名的农场并不在南非盛产葡萄酒的地方，而是在其内陆高原半荒漠化的卡鲁，该地区包括西开普敦省、东开普敦省和北开普敦省各自的一部分。曾经的卡鲁是一个巨大的内陆湖，当沼泽地逐渐干涸之后，该地区就成了来回迁徙的牧民和狩猎者的天堂。从19世纪中期到现在，卡鲁的经济主要都依赖于牧羊业。

　　像在考普（Koup）这样卡鲁最干旱的地区，牧场主饲养每只羊需要十公顷的牧草才能保证利润。因为这片土地太过荒凉贫瘠，因为它所承载的生命是如此质朴，因为它的日落是那么精美别致，最重要的是，因为它的空寂沉默，卡鲁才让人如此眷恋。对于库切而言，这正是症结所在。作为一个胸怀世界主义的文学艺术家兼知识分子，他想逃离自己的故土和国家，而这种风景却让他难以割舍。因此短篇小说《依然》在某种意义上是一种"驱邪术"，库切力图将卡鲁的魔性从自身排除出去。

　　虽然年届60的库切写这个故事的时已经移民到了澳大利亚，而且很多年没再回到过鸟儿喷泉农场，但小说还是流露出库切一些早年的记忆。家族农场是短篇小说中个人回忆部分的基础，同时也见证了可以追溯到20世纪20年代的农业生产历史。故事的切入点是鸟儿喷泉的一块打谷场，位于农场房舍远处草原的空地上。如同库切所有的自传式写作一样，这个短篇也是用一种不带感情的第三人称叙述，但是虚拟的成分已经淡化。故事开头这样写道：

库切家族在鸟儿喷泉农场的房舍。

　　自从他能记事起，从他第一次被允许独自在房舍视野范围之外的草原上闲逛，他就一直对这个地方迷惑不解：一个十步见方的圆形，地面光秃平坦，四周围了一圈石头——在这个圆圈内什么东西都不长，连一根草都没有。[1]

　　根据他读过的英语图画书，小男孩儿认为这是魔法精灵之圈，在闪光的魔杖或者萤火虫的照明引路下，精灵们翩然而至，婆娑起舞。但他很快就摒除了这种认识，因为不言而喻，即使精灵也难挨

---

[1]库切：《依然》，载《凯恩非洲文学奖十周年纪念》(*Ten Years of the Caine Prize for African Writing*)，牛津，新国际主义者出版社，2009年，第21页。(后文出自同一著作的引文，只在脚注中标出该著名称和引文出处页码，出版社、年份等信息不再另注。——译者注)

卡鲁的酷热。父亲只告诉他这是个打谷场，没说清它的来龙去脉。

30年后，库切从老照片中将记忆的碎片逐一拼接，勾勒出这个短篇小说的轮廓。其中一张拍的是两个背着来复枪的年轻男子准备动身去打猎（照片上的人是他已经过世的亲戚），而照片的背景是一个农场工人牵着两头拴在一起的驴在打谷场里转圈。他们用驴来踩踏小麦，风则会把麦糠吹走。他又另外做了些调查，把故事继续深挖——农场过去不仅种植小麦，还有各色的瓜果蔬菜。灌溉的沟渠通向一个大坝，里面的水是用泵从地下含水层抽出来的，而水泵则主要靠风车驱动，有时也需要人工助力。

基于以上这些信息，故事记述了一段兴亡史。作者记忆中的农场能自给自足——基本的农业生产提供了肉、蛋、奶、谷物、面包和瓜果蔬菜，不仅养活了住在房舍里的白人家庭，而且连茅屋里有色人种的佣工家庭都有了食物保障。历经20世纪20年代末和30年代初的大干旱之后，这种自给自足的农场经营越来越难以为继。而附近城镇商店里各种食品杂货供应的与日俱增，使得农场传统的生产模式显得多余。到20世纪40年代，农场的生产方式就完全被商业化的牧羊产业取代了。

实际上库切有点言过其实，因为卡鲁农场的这几种生产形式已经持续了好几代人，当然在太过干旱的考普地区可能略有不同。尽管如此，库切的写作意图还是随着情节的展开逐渐峥嵘。故事先采取回忆的视角，而后转向叙述当下，描写故事中的“他”和两位美国故友（比尔和简）游览南非。“他”陪同友人开车从开普敦去约翰内斯堡，中途穿越卡鲁地区时临时决定参观那里的一个农场，也就是该短篇小说题目所指的地方。他们在加油站发现了一个宣传文化旅游胜地的广告彩页，上面写着“参观传统的卡鲁农场，体验旧式的优

鸟儿喷泉农场的打谷场，远处是住宅。

雅和简洁。格拉夫-里内特路，里士满外15公里处。①午膳: 12点—14
点。"他们在农场里享用了卡鲁羊羔腿肉，并点了甜蔬菜和鲜奶挞当
作饭后甜点。女主人信誓旦旦地承诺所有东西都产自自家农场。

　　这个"伪卡鲁农场"成了他情感爆发的导火索，也拉近了小说中
的角色和库切本人的距离。他说也只有这种文化旅游才能给农场正
常的耕种提供生存的空间；而其他的农场就只剩下放牧喂羊，更有
甚者还驾着直升机来管理羊群。这看起来足够时髦新潮，但事实上
却是开历史的倒车。人类的发展本应该是从狩猎进步到放牧式的田
园生活，再过渡到定居的农业生活，但是商业化的牧羊农场却倒退

---

① 里士满（Richmond），卡鲁中部的城镇，隶属于开普敦。——译者注

到第二阶段的游牧生产方式。倒退的表现不仅仅是用农场来放羊，农场主还圈养羚羊和斑马，邀请美国和德国的游客来打猎，以收取高额的费用。这种做法就将卡鲁推回到更早之前的历史阶段了。

读文至此，我们方才领悟到故事的要点——如果今天的卡鲁不再是往日的模样，如果它孕育和谐友善的本性已然不复存在，还不如干脆就放弃它。扎根于此的殖民主义已经撕掉了所有的伪装，根本没有精心打理这片土地的耐性。他由此体味到"感情挫败的苦楚"：

> 我过去曾深深地爱着这片土地。然而当它落入企业家的手中之后，他们就把它收拾打扮，整形化妆，然后推向市场。这就是你在南非能看到的唯一的未来和希望，就像他们告诉我们的："去向世界其他地方提供侍者和妓女。我不想与此有任何瓜葛。"①

《依然》不仅仅表示"没有失去"，对于库切而言，这意味着即便对卡鲁置之不理，他也没有失去任何东西。卡鲁农场的生产方式已经走向迷途，而他可以把它放在身后，继续前行。

库切在故事中对历史进程的把脉是否准确？未必如此。当然他也并非完全板起脸来显出一副严肃客观的样子，而是在一定程度上放任愤怒，让这种情绪故意扭曲文章的整个观点。小说所倚重的历史发展规律不仅是夸大其实之说，还有断章取义之嫌——因为该规律是在传统模式基础上引申而来的（先是狩猎，而后是畜牧业和农业），直到18世纪亚当·斯密发现农业文明之后还有一个时期，即

---

① 库切：《依然》，第21页。

鸟儿喷泉农场曾使用过的农具残骸，摄于2012年4月。

所谓的商业市场阶段。以税收立国的现代国家正是靠市场的支撑才得以兴起；而农业文明时期的政府形式是以恩赐制为基础的君主统治。

《依然》的主人公认为，虽然大规模商业化开发使农场主变成类似于"侍者和妓女"的服务人员是种失常现象，但卡鲁人对在市场上售卖自家农产品的事早就习以为常，而且该地区的羊毛已经行销全球好多年。直到19世纪晚期，卡鲁大部分的羊毛还是运往英格兰北部的工厂。20世纪50年代，这些羊毛打入日本市场，目前流向了中国。卡鲁的农场主已经参与全球商业化一个半世纪，甚至他们正在长大的孩子都认为农场的存在就是为了给自己提供欢乐。

因此，卡鲁对于库切的意义之一就在于：它是一座乐园，一个童年之所。用库切自己的话说，那是"他曾经定位、想象并构建为自己生命之源的地方"。① 《男孩》以生动的笔触表达了这一情感：

> 农场被称为鸟儿喷泉。他对那里的每块石头、每丛灌木和每片草叶都喜爱有加。他也爱农场因之得名的鸟雀，黄昏时分成千上万的鸟儿聚集在喷泉四周的树上，相互唱和，唧啾私语，梳理羽毛，准备栖息于此。无法想象还有谁会像他这样眷恋这个农场。②

因为他父亲不是农场的继承人，他当然也没有继承权，所以这种爱就打了折扣。祖父已经将农场传给了桑伯伯，而桑伯伯的儿子杰拉德将会继承这一遗产。库切对农场的依恋因为他母亲对鸟儿喷泉的怨恨而被进一步稀释。杰克当时参加第二次世界大战，随部队征战非洲北部，维拉和两个孩子有段时间住在阿尔伯特王子城租来的单间里，靠着他微薄的部队津贴生活。按照维拉的说法，尽管阿尔伯特王子城距离农场不足两小时车程，但他们却从来没收到过鸟儿喷泉的邀请。

不管维拉的这些感受是否有根有据，阿尔伯特王子城拥挤的居住条件、缺吃少穿、酷热难耐和单调乏味都让她深深地意识到自己在库切家族中的地位，而生活在母亲这种心理阴影下的库切很难不受影响。《男孩》中的小家伙就感觉到两种"束缚"——他像受制于农场一样受制于他的母亲，"他有两位母亲，出生过两次：一次产于母体；一次生于农场。两个母亲，没有父亲"。③

---

① 库切：《双重视点》，第393—394页。
② 库切：《童年》，第80页。
③ 同上，第96页。

鸟儿喷泉农场里斯图贝克汽车的残骸，摄于2012年4月。

　　《依然》中描述的卡鲁经济转型发生在桑伯伯管理鸟儿喷泉农场时期。《男孩》告诉我们，第二次世界大战后羊毛价格高涨，桑趁机增加了羊的存栏量，为了保障足够的牧草供应就必须舍弃小麦，改种苜蓿。于是马匹被变卖，猪也成了盘中肉。约翰记得最后一头猪被射杀的情景，"子弹从猪耳朵里射进去：那头牲口先是咕噜了几声，接着放了响屁，最后卧在地上，身子随之翻向一边栽倒了，还不停地抽搐着"。① 奶牛和鸭子也陆续从农场消失。从桑新买的斯图贝克汽车就能看出他的荷包越来越鼓。② 他一般都开车进城采购日用品，有时晚上还让小库切坐在后排一起去狩猎，路上偶尔能碰见在

　　① 库切：《童年》，第82页。
　　② 斯图贝克（Studebaker）是一家美国马车和汽车制造商，也为军队设计制造过装甲车辆。该公司由德国移民创建于1852年，1966年倒闭。——译者注

开枪前就被汽车前灯晃晕的岩羚。

即使《男孩》中在农场闲逛的小库切回味他依恋农场的复杂情感之际，那种从普通农业向牧羊场模式的转变也依然在不停地上演，而《依然》里处于田园状态的农场则成了一个参照点。尽管小说本质上描绘的是恋恋不舍和田园牧歌式的愿景，但这已不是一般意义上的田园主义。故事的核心思想是它传递的酸楚之情——不管文化旅游如何逼真地再现早期卡鲁农场的农业生产，这种耕种模式已经灰飞烟灭，一去不返。

鉴于库切特殊的家庭状况，虽然他跟卡鲁一直就不是所有关系，但一种更深层的矛盾影响了他的写作。库切钟爱卡鲁的景色，却要极力把自己的情感同殖民历史把这种爱社会化的方式剥离开来。在耶路撒冷奖颁奖典礼上，他谈到了南非存在"爱的失败"：这个国家那些世袭的白人主子"喋喋不休"地说他们有多爱这片土地，但这种爱最后却"指向了那些最不可能对情感做出反馈的山峦荒漠和鸟兽花草"。[1]那应该如何描述这种爱才能规避它已然呈现的腐化历史形态呢？与其说是描述爱恋，不如说是释放感情，所以当务之急就是剔除这种爱的社会属性，让它重获自由。虽然上述做法极有可能使爱如浮萍，无根无基，但这种情感却因此可以幻化成一种催生新表现形式的能量，去寻找热爱这片土地的新方式。

《内陆深处》和《迈克尔·K的生活和时代》就是按照上述思路写就的小说。两部小说都是有关卡鲁的著作，主人公都来自卡鲁，却被认为是行为怪异、离群索居的卡鲁人：茕茕孑立、杀气腾腾的玛格

---

① 库切：《双重视点》，第97页。

达和温顺和善、亡命天涯的迈克尔·K。

玛格达讲述的是一个复仇故事。她是个身在穷乡僻壤的女巫师（die heks van Agterplaas）①，幻想自己的父亲带回一个新妻子，尔后他又和农场有色人佣工的新娘发生两性关系，她后来去谋杀父亲。作为一家之长的父亲应该为玛格达的悲惨生活负责。当父亲被杀，没人挡路之后，玛格达想象她可以自由地发展跟仆人的亲密关系，因为这种行为是此前她父亲绝对禁止的。但即使玛格达和仆人们能按照他们的方式行事，这些人还是被过去束缚着手脚，摆脱不了父权社会传统的羁绊。

迈尔克·K的名字前面可以冠上很多称号——幸存者、奇才、大智若愚之士、表演高手、逃脱大师。虽然内战正在摧毁南非的城镇和乡村，但他跟卡鲁隐秘的交融使得其能绕过战争在他逃亡之路上设立的各种陷阱和诱捕。《内陆深处》里的卡鲁主要是个社会空间，而在《迈克尔·K的生活和时代》中，它是个自然之地，因为小说的社会历史条件都只是昙花一现。

从小说草稿的开头部分就很容易辨识玛格达的困境：

> 我父亲留着小胡子，身材魁梧，性格狂暴，不顾及别人的感受。他现在有了新女主人在门廊里沏茶倒水（咖啡？），所以就不需要我了。尽管灾难笼罩在父亲、父亲的新娘和我头上，尽管父亲那样对待我，我发现自己还是没法跟他计较。灾难逼近——当他和她在外面的房间里交媾寻欢作乐，我决定不一直

---

① 括号内为阿非利卡语。原文先是用阿非利卡语定位玛格达的身份，后面又加了英语解释。本书作者这样做是考虑到《内陆深处》出版过阿非利卡语和英语的双语本，而且阿非利卡语更能表现人物特征，因此后续行文中还会多次出现阿非利卡语。——译者注

窝到我的房间这儿只在日记本里实施我的报复。① 当时机成熟，当我能狠下心，当我的愤怒被充分点燃，我便不再忍气吞声，而要付诸行动，到那时咱们走着瞧，看我会怎么做。因此我反复算计谋划，煽动自己的情绪。②

库切在他的文集《白色写作：论南非文学》中提出过有关南非文学艺术中的卡鲁问题，即如何来找出一种艺术形式去呼应"空旷"的乡村。③《内陆深处》给出了答案：卡鲁并不空旷，因为它的社会机理有自己的微妙之处。卡鲁地区的精神生活也是充满戏剧性和矛盾性，跟南非其他地方一样复杂多变。

玛格达的精神世界就是故事的主要内容。早在1974年库切刚写完《幽暗之地》的时候，他就构思出了玛格达这个人物，但他在草稿中并没有找齐所有的叙事元素：

我发现自己只是维持着一种基本的生活状态。如果说这种生活有什么意义的话，那就是各种主要的关系：我的父亲是个维多利亚晚期的地主家长；我的继母是个游离于姐妹和母亲角色间的魅惑女人；土地就是它自己；仆人属于封建阶层的一分子。

在上述的早期阶段，这本书还只是一个命题，或者说是一篇论

---

① 因为这段话来自库切小说的草稿，所以会有删除修改的痕迹。本书作者为了展示库切的创作过程，在引用时都保持了笔记的原始面貌，译文也作相应处理。后续章节还会出现很多这种例证，不再逐一说明。——译者注

② 库切：《内陆深处》书稿，1974年12月2日。

③ 库切：《白色写作：论南非文学》，纽黑文，耶鲁大学出版社，1988年，第49页。（后文出自同一著作的引文，只在脚注中标出该著名称和引文出处页码，出版社、年份等信息不再另注。——括号内为译者注）

文而非一部小说。这时的"我"到底是谁还有些模棱两可——可以说既指库切本人也可以是玛格达：

> 如果对仆人搞太多的特殊主义，我就很容易乱了头绪，就像如果我把自己对这片土地别样的热情抛之脑后就会没了头绪一样（举两个例子，比如夜幕下蓝紫色尘埃里羊铃的别样之美，我大腿旁边河沙的别样热度）。仅仅为了表达我对这些别样性的反对，我就能把它们逐一唤醒——羊铃传递了一种预知的对沙漠田园景色的怀旧之情，这种情怀又表明我怀疑自己在这里是否还有未来。

这些别样性都有浑厚之音，是让我表达"反对抵抗"的仅有对象。其中的忏悔盖过了表现形式。上述叙述方式最终导致库切放弃了统一的情景设置，整部小说中没有一点现实主义的内容，没有任何背景能给我们勾勒出一个可信世界的轮廓。相反，我们看到的是按数字顺序标注的段落，每段话都是直接从玛格达扭曲的心灵里骤然迸发。库切曾经说过，这些标注数字的段落是"一种揭示（段落之间）未表之意的手段——以往的传统小说都把相互关联的连续情节看作是叙事的必备品，尤其是有关乡村生活的南非小说更是如此，但《内陆深处》却另辟蹊径"。①

虽然整部小说本来是要变成一幅勾勒精神世界的帆布油画，但其中也有反常之举——那些对话就是其中的另类，尤其是农场里主

---

① 库切：《双重视点》，第59—60页。库切接着说到这种方法源自电影和摄影技术。虽然小说并没有套用电影剧本的模式，但却参考了克里斯·马克和安杰伊·蒙克拍电影的实践经验。库切还写了一个《内陆深处》的剧本，但玛丽昂·亨泽尔并没有用它做《尘封的心》(Dust)的电影脚本。

仆间的语言交流。亨德里克到农场寻找工作的情节提供了极佳的例证。下面是1974年草稿中的一段话：

　　　　"Wat se soort werk soek jy ?"（你找什么样的工作?）

　　　　"Nee, werk, my baas."（啥都可以——只要是个活儿就行，主人。）

　　　　"Waar kom jy vandaan?"（你打哪儿来?）

　　　　"Van Armoede, my baas. Maar nou kom ek van baas kobus, baas, baas kobus baas het werk."（从阿莫埃德来的，主人。但我现在是从柯布斯主人那儿过来的，柯布斯主人说这儿的主人会给我活儿干的。）

　　　　"Werk jy vir baas Kobus?"（你给柯布斯主人干过活?）

　　　　"Nee my baas, ek werk nie vir baas Kobus nie, ek was by baas Kobus om werk te soek, toe sê baas Kobus baas het werk, toe kom ek."（没有，我没给柯布斯主人干过。我曾在那儿找过活儿，后来他说这儿的主人能有活儿给我。所以我就来了。）

　　　　"Wat se soort werk kan jy doen? Kan jy met skape werk?"（你能干什么样的活呢? 你能侍弄羊吗?）

　　　　"Nee, baas, skape ken ek, baas."（我知道咋喂羊的，主人。）[①]

　　这段对话是当时社会生活的真实再现。库切接着又转而叙述玛格达的内心独白："这流畅的对话让人听着多惬意。真希望我所有的生活都像这样，一问一答，一唱一和……男人们的谈话是那么

---

　　①库切：《内陆深处》，约翰内斯堡，瑞安出版社，1978年，第20页。括号内对应的翻译来自该书的英文版本，参照：库切：《内陆深处》，哈蒙兹沃思：企鹅出版社，1977年，第20页。

熨帖、那么安详，总围绕着有关共同目标的话题。我本该是个男人……"①

正是通过阿非利卡语的对话，库切才写出了小说中最具社会挑战性的部分，即使库切自己的英文翻译版本都难以望其项背。比如说，在玛格达被强暴之后，她希望亨德里克以后变得温柔体贴。她的诉求在阿非利卡语语境能体现出一种痛苦的折磨，这是英语表达难以企及的。库切还通过极富野性的玛格达来设想权力更迭之后的生活状态，但这种描写在小说最终版本里已被淡化。比如删除下面这段话就恰到好处，因为它所体现的煽动性已经不合时宜：

> 现在都好好给我听着，你们所有这些人。我有个好消息要宣布。你们都是自由人了。你们都是自由人了。我个人立刻给你们以自由。你们也没什么好担心的。你们的老主人已经死了。如果不相信，我可以请你到那间他的卧室去看看。是的，你没听错：进到他的卧室，你房子里，你从来没进过的房子，现在也只敢把帽子拿在手里从后门溜进来——作为自由人走进来，看看他死后躺在哪里，看看他死后躺着的地方。进来看看我给你们和你们的孩子做了什么好事。我给了你们自由。我把你们的主人灭了。
>
> 但是在你们欢呼庆祝前，再听我多说一句：你们要明白，主人死亡的消息很快就会传到其他农场。②

当人与人的社会关系让玛格达感觉无望后，她开始求助上帝，

---

① 库切：《内陆深处》，第21页。
② 库切：《内陆深处》书稿，1974年12月29日。

把希望寄托在一种形而上的垂直关系上——先把草原上的石头漆成白色，然后用其拼成自创的西班牙语单词。其实卡鲁地区为了某些实用目的也保留了同样的习俗，比如命名村庄名字之类的事情，当然不是用石头去摆成西班牙语单词。

　　尽管玛格达心怀形而上的渴望，并在行动上挑衅传统，但她还是根植于那个让她癫狂的卡鲁，"我和这被遗忘世界的凄美共同腐化成一堆白骨"。她选择"死在这石化的花园，在那些紧闭的大门背后，挨着我父亲的骨骸，在一个回响着赞美诗的地方——我本来可以写那些圣歌，但却没有动笔，因为（我认为）这事太简单了"。①库切后续还会为卡鲁谱写哀歌，像《耻》《夏日》和《依然》都是卡鲁绝唱的延续，而玛格达复杂难解的卡鲁之爱却是他一直挥之不去的。

　　库切的祖父格特掌管鸟儿喷泉农场时以农业耕种为主，这种景象在《迈克尔·K的生活和时代》里也有迹可循，因为小说中的K就是一个园丁。K从事的园艺工作的确不仅仅是干活拿钱的雇佣劳动，更是一种生活方式和存在原则——"他想，这是因为我是个园丁，因为这是我的天性。"②当迈克尔·K的园艺工作升华为一种赎罪般的存在方式，它也就被解读成政治解放运动之外的另一种选择——纳丁·戈迪默对这部作品的类似评论让库切付出了沉重代价。③

　　当年买下鸟儿喷泉农场的祖父让荒漠变成了绿洲，而K的园艺

　　①库切：《内陆深处》，第138页。
　　②库切：《迈克尔·K的生活和时代》，第81页。
　　③纳丁·戈迪默：《园艺的念头》（The Idea of Gardening），纽约书评，1984年2月2日，第3、6页。（后文出自同一著作的引文，将只在脚注中标出该著名称和引文出处页码，出版社、年份等信息不再另注。——括号内为译者注）

工作就是源自库切对农场这段历史的半回忆半想象。小说体现卡鲁存在的这层意味也同等重要，因为它的地质特征已然渗透到了《迈克尔·K的生活和时代》中。当K躲进大山，逃避官兵们的追捕时，他曾反思周围的地势对自己的影响。K将自己在开普敦工作时潮湿平坦的韦恩堡公园（Wynberg Park）和崎岖多山的卡鲁两相对比，他认为：

> 我想要的不再是红色和棕色，而是黄色和红色；不再是潮湿，而是干燥；不再是黑暗，而是光明；不再是松软，而是坚硬。他想到，如果说世上有两种人，那么我正在变成另一类人。他想到，如果我被割伤后伸出手腕看着伤口，鲜血不会从我的身体中喷涌而出，而是慢慢渗流，渗流一会儿便干结痊愈。我每天都在变得更萎缩、更坚硬、更干瘪。我坐在山洞口，双膝托着下巴，眺望平原。如果注定死在这里，一天之内我就会被山风吹干，而我的全尸将得以保存，就像那些困死在沙海荒漠中的人一样。①

《迈克尔·K的生活和时代》描写的卡鲁地貌特征不仅仅是小说的场景，更是K自我认知的一部分。K作为自由之躯最明显的一些特质，诸如飘忽不定、自给自足和随遇而安，都在描写斯瓦特山脉时一五一十地体现了出来。在下面这段草稿中，我们可以看到库切在刻画K的这些品行时，循序渐进，步步为营：

---

① 库切：《迈克尔·K的生活和时代》，第92、93页。

卡鲁斯瓦特山脉（Swartberg Mountains）的岩层。

　　我想我已经到了凭一己之力所能到的最远地方，为了不成为别人的累赘，为了避免被时代的骚动所吞没。没人有理由穿越这些草原，攀登这些高山，~~细细搜寻~~翻遍这些岩石来寻找我，~~把我拉回拥抱我，~~把我重新拉回社会的怀抱。没有官员手头有足够的时间去梳理他们的~~名单记录~~ 发现我~~迈克尔·K~~已经逃走，派直升飞机和带着警犬和警察去追捕我，追到天涯海角，把我押回来接受逃跑（escape）、逃逸（flight）、逃避（evasion）和缺席的指控。我一而再、再而三地逃离，直到逃到山峦的最高处，那里已经无处可去，除非直上天堂。现在我终于与时间面对面。①

_____

①库切：《迈克尔·K的生活和时代》书稿，1981年7月13日。

相对库切小说中的其他人物，K更能体现在历史噩梦中的生存能力。因此可以说，库切写《迈克尔·K的生活和时代》的时候，卡鲁已经成为他创作力基石不可或缺的一部分，成为他诗学中的重要因素。

第五章 "焚书之火"
——写作路上的审查制度

完成《幽暗之地》之后，库切在着手写《内陆深处》之前还写过一部夭折的小说——《焚书之火》(*The Burning of the Books*)。研究这部未竟之作有助于我们更多地了解库切跟审查制度的关系。①

1972年10月，库切在开普敦大学做讲师的第一年即将结束，学校教务处的负责人给各系主任发出通知，要求他们上交一份报告评估国家的审查制度对学校学术活动的影响。报告最终会由南非的大学校长委员会汇总并形成一份评估说明——该委员会至少在名义上是一个负责调查侵害学术自由行为的机构。②

当时的英文系主任大卫·吉勒姆给库切手写了一个便条，请他提供一份名单，列出他认为哪些书目是研究和教学的必备之物但又在查禁之列。库切做了极其细致彻底的调查，在认真研究这类信息的标准资料《雅各布森违禁文献索引》(*Jacobsen' s Index of Objectionable Literature*)之后，他交给吉勒姆一份极有条理的详细报告。

---

① 卡尼梅耶尔、赫尔曼·威腾伯格、皮特·麦克唐纳都对此做过相应的论述，在此深表感谢。本书从之前没有公布的草稿来解读库切和审查制度的关系，跟上述学者的观点各有侧重。

② 大学校长委员会(the Committee of University Principals)，又称大学主管校长联盟(South African Universities Vice-Chancellors Association)，是代表南非各大学的联合机构。2005年该委员会和技术大学校长委员会(the Committee of Technikon Principals)合并为南非高等教育协会(Higher Education South Africa)；2015年改名南非大学联盟(Universities South Africa)。——译者注

他在报告的开头解释说，"我接受了（这项）枯燥而又让人沮丧的任务"，因为"我不想让自己无意间成为罪人"，因为"我想弄清楚自己在阅读和教学中有哪些界限不能逾越"。他建议："下面是我列出的简洁版书目名单，（你）可能会有兴趣翻着看看，了解下审查人员如何把我们的生活变得贫瘠单调。"①正在写《越南计划》的库切虽然没说过他最关心的就是审查制度会怎样影响自己的写作生涯，但既然他在报告上花费了大量心血，前述的看法就不言而喻了。

报告列举了被禁的作家和书目，按照"美国文学""英国文学""南非文学"和"世界文学"分门别类。在学生选修"二十世纪美国小说"时需要阅读的作家作品中，他列举了威廉·福克纳的《圣殿》（*Sanctuary*）、纳萨尼尔·韦斯特的《寂寞芳心小姐》（*Miss Lonelyhearts*）和《蝗灾之日》（*The Day of the Locust*）、詹姆斯·法雷尔的《斯塔兹·朗尼根三部曲》（*the Studs Lonigan trilogy*）、理查德·怀特的《土生子》（*Native Son*）、弗拉基米尔·纳博科夫的《洛丽塔》（*Lolita*）和《爱达》/《爱欲》（*Ada*）。在美国当代作家中，他特别强调了加里·斯奈德的《大地家族》（*Earth House Hold*）、诺曼·梅勒的《美国梦》（*An American Dream*）和《我们为什么在越南》（*Why Are We in Vietnam?*）、詹姆斯·鲍德温的《另一个国家》（*Another Country*）、伯纳德·马拉默德的（《店员》（*The Assistant*）、约瑟夫·海勒的《第二十二条军规》（*Catch-22*）和约翰·巴斯的《大路尽头》（*The End of the Road*）。他还附上一个阅读背景材料名单，其中的书目在南非都无法见到，包括经常被禁的一些作者：诺曼·梅勒（Norman Mailer）（四本）、威廉·巴勒斯（William Burroughs）（五

---

① 库切：给大卫·吉勒姆的信，1972年10月27日。

本）、亨利·米勒（五本）、詹姆斯·鲍德温（五本）、约翰·厄普代克（四本）、杰克·凯鲁亚克（Jack Kerouac）（三本）、约翰·奥哈拉（John O'Hara）（五本）、R.V.卡西尔（R.V. Cassill）（五本）、戈尔·维达尔（Gore Vidal）（两本）和其他21位作家。

　　库切所列英美两国作家的详略情况清晰地表露出他曾在美国受教育的痕迹。在英国文学方面，他只提到了约翰·克莱兰德（John Cleland）的《欢场女人回忆录》（*Memoirs of a Woman of Pleasure*）、D.H.劳伦斯的《查泰莱夫人的情人》（*Lady Chatterley's Lover*）和12位其他英国作家包括克里斯多福·伊舍伍、多丽丝·莱辛、金斯利·艾米斯（Kingsley Amis）和亚伦·西利托（Alan Sillitoe），也没有列出他们被查禁的次数。这是让有亲英倾向的吉勒姆明白美国文学应在南非大学中占有一席之地的机会，他说："我认识到当局查禁的当代美国严肃作家作品数量过多，这严重削弱了我们在20世纪美国小说领域可能开设的任何课程的完整性。"考虑到中篇《越南计划》的来源，在南非大规模查禁美国小说对库切而言就像砍掉了他的左膀右臂。

　　被查禁的南非作家名单包括艾斯基亚·姆法勒勒的《非洲形象》（*The African Image*）和《漫游者》（*The Wanderers*）、理查德·赖夫的《非洲之歌》（*African Songs*）和《非常时刻》（*Emergency*）、亚历克斯·拉·古玛的《夜晚散步》（*A Walk in the Night*）、《三股绳》（*And a Threefold Cord*）和《石头之国》（*The Stone Country*）、博洛克·莫迪赛恩的《把我归罪于历史》（*Blame Me on History*）、彼得·阿伯拉罕姆斯的《夜深沉》（*A Night of Their Own*）、《自由的故事》（*Tell Freedom*）和《为乌杜诺而愤怒》（*A Wreath for Udomo*）、阿尔弗莱德·哈钦森的《通往建安之路》（*Road to Ghana*）。有作品被查禁的

白人作家包括C.J.德赖弗的《革命挽歌》(*Elegy for a Revolutionary*)、大卫·利顿的《该死的白人》(*The Goddam White Man*)和《牢笼的自由》(*The Freedom of the Cage*)和纳丁·戈迪默的《资产阶级的末日》(*The Late Bourgeois World*)和《陌生人的世界》(*A World of Strangers*)。

世界文学部分的名单区分了过世和在世的作家，其中有13位被政府宣布为不良分子的过世作家包括尼古拉·果戈理(Nikolai Gogol)、萨德侯爵(Marquis de Sade)、马克西姆·高尔基、阿尔弗莱德·雅里(Alfred Jarry)、巴勃罗·聂鲁达和让·热内(Jean Genet)和15位在世的作家其中有费尔南多·阿拉巴尔(Fernando Arrabal)、阿兰·霍格里耶(Alain Robbe-Grillet)、伊塔罗·卡尔维诺、卡洛斯·富恩特斯(Carlos Fuentes)、米哈伊尔·肖洛霍夫。

上述名单实在是令人灰心沮丧，所以库切在报告的总论中指责南非出版物监管中心(Publications Control Board)愚蠢至极也就不足为奇。他做出这样的结论是基于以下三个原因。第一，出版物监管中心的工作原则是"如果我看不懂这个著作，那就把它列为禁书"（果戈理《钦差大臣》的俄文版被禁，但是英文翻译版却安然无恙；聂鲁达《漫歌》的法语版是禁书，但西班牙文原版和英文版都不在此列）；第二，"如果我以前查禁过该作家的著作，那么他的每一本新书都可以不用看而直接被打入冷宫"。基于这个理由，詹姆斯·法雷尔有15部小说被禁，受此影响的还有理查德·怀特、伯纳德·马拉默德(Bernard Malamud)、玛丽·麦卡锡(Mary McCarthy)和R.V.卡西尔(R.V. Cassill)；第三，该中心查禁图书的另一个依据是书籍的推介广告，而全然不管书的内容。最令人发指的例子就是对待加里·斯奈德(Gary Snyder)所著的《大地家族》(*Earth House Hold*)的态度，审查者"明显没有搞明白斯奈德的革命其实只是指新石器革命而已"。①

库切的立场在南非讲英语的自由派人士中间相当普遍，而且持这种立场的人都备受尊敬，至少可以追溯到约翰·弥尔顿身上。弥尔顿曾说过，作为一种引导社会风气的方式，无论审查制度建立在多么崇高的理想之上，但因为审查员都是些愚钝之徒（无知、傲慢、工作懒怠，只考虑钱），他们没有阅读书目的选择权，只能被动踏上"无聊厌倦的工作之旅"，这些都会让审查制度的宏伟目标化为乌有。②

当时南非流传着很多都市奇谈，其中一则是说审查者仅仅因为《黑骏马》（*Black Beauty*）这个书名，就把安娜·塞维尔（Anna Sewell）这部儿童文学作品列为禁书。《黑骏马》遭查禁的幕后故事更有意思：一批书籍空运到约翰内斯堡机场后，检查人员发现虽然它们整齐干净的防尘外皮上都写着《黑骏马》字样，但里面却是中国的《毛主席语录》。不知是谁想把毛泽东的书偷偷运进种族隔离的南非，但借用这个书名真是失策。海关的主事官员决定不再浪费手下人的时间去一一核实每本书，直接全部扣押，禁止入港。③这个传言的具体细节后来被泄露给了新闻媒体，经报道之后就变成了种族隔离政府荒诞愚蠢的一个佐证。

---

① 因为加里·斯奈德的《大地家族》在宣传广告中出现了"革命"（revolution）一词，南非的图书审查机构就以此为由把它列为禁书。其实斯奈德的书只是认为人类文明自新石器时代以来就日渐式微，进而提倡学习原始文化中自然和人之间的和谐关系，与"革命"无半点瓜葛。——译者注

② 约翰·弥尔顿（John Milton）：《论出版自由》（*Areopagitica*），J.C. 萨福克编，伦敦，大学指南出版社，1968年，第88页；库切：《冒犯：审查制度论文集》（*Giving Offense*: *Essays on Censorship*），芝加哥：芝加哥大学出版社，1996年，第10页。（后文出自同一著作的引文，只在脚注中标出该著名称和引文出处页码，出版社、年份等信息不再另注。——括号内为译者注）

③ 做出这个决定的是乔乔·雅克布斯，他是这个海关主事官员的儿子。这是我2012年12月10日与他电子邮件交流后得知的信息。

1973年10月，《幽暗之地》已经在排版印刷，即将发行。此时库切也开始着手写他的第二部小说，在选择主题时他想起了自己写的有关审查制度的报告。虽然《焚书之火》整整写了一年，但是随后他又放弃了这部小说去撰写《内陆深处》。《焚书之火》的基调跟《幽暗之地》颇有几分相似，都有些礼崩乐坏的气氛。从某种意义上说，设想开普敦渐次展开的革命形势为后来的《等待野蛮人》和《迈克尔·K的生活和时代》打下了基础。

《焚书之火》写了一个年轻人从事审查工作，跟母亲住在同一套公寓里。他把自己看成是一只寄居在开普敦某个角落的蟑螂，而城里的人们也都异化成了其他奇怪的生物。小说采取一种自我超脱的叙述基调，模仿了威廉·巴洛兹（William Burroughs）的风格（巴洛兹又模仿的卡夫卡）。这个人每天离开办公室到港口的一个小屋，房子周围满是电线、风沙和破塑料，荒凉至极。他就负责在那里焚毁从各大学图书馆运来的成卡车的书。那些能通过审核的书，他就盖上"goedgekeur"（已检验）的章子。[1] 故事的背景是警察镇压一次起义之后，虽然当局严密监控，但零星的暴力事件仍然此起彼伏，革命之火还在酝酿。于是镇压一路升级，直到有一天焚烧的对象从书籍变成了尸体——这呼应了海因里希·海涅的观点（因为《耻》中焚化尸体的主题首先源自这里，所以大卫·卢里焚化死狗暗指纳粹大屠杀）。[2] 故事的主人公是他那个时代消极旁观者的代表，不但是类似

---

① goedgekeur 是荷兰语。——译者注
② 海因里希·海涅（Heinrich Heine，1797—1856），德国19世纪最重要的浪漫主义诗人和新闻工作者之一。他在1821年创作的戏剧《阿尔曼索》中指出焚烧书籍最终会走向焚烧人的躯体。不想一语成谶，100多年后的纳粹德国先是焚烧对其统治不利的书籍，进而制造了骇人听闻的种族大屠杀（Holocaust）。——译者注

忒瑞西阿斯或普鲁弗洛克式的人物①，而且也像《二十二条军规》里那个真正了解战争走向的炮兵下士。②

尽管小说的地理背景相当明确，但是库切认为作品没有强化地点意识，这令他倍感不安。他在草稿中写道："身份概念和地点意识似乎搅在了一起"，"也就是说，深刻了解到自己的身份和所从事职业的人却对'他'在什么地方不太敏感"。库切担心如果他给某个地方取名字时不用引号（比如达尔顿或者赫斯顿这些在《幽暗之地》中出现的地名），他"就会感觉自己像个装模作样的冒名顶替者或者一个试着写小说的年轻后生"。他设想"通过虚构一个地点完成一次伟大的解放——比如打造一个星系或者我从未见过的布宜诺斯艾利斯。还有一种可能就是看谁的地点描写驾驭得好，然后从他那里'提取'自己需要的背景——巴尔扎克笔下的巴黎就是个例子"。③

在第二部小说《内陆深处》重返卡鲁之后，库切还是颇费心思地在《等待野蛮人》中虚构了一个故事环境，尝试了下"解放"的感觉。《等待野蛮人》中严刑折磨的场景在《焚书之火》中也能找到先例：在"秘密警察"那部分中，主人公透过装着铁条的窗户看到隔壁办公室一幕幕诸如电击睾丸和强暴之类的虐待场面。④

《焚书之火》的草稿再次表明库切还是没有在自己追求何种小说风格的基本问题上找到满意的答案。他写道："小说本身是件严肃的

---

①忒瑞西阿斯（Tiresias）是古希腊神话中的盲人先知，艾略特在《荒原》（The Waste Land）中利用这个典故将其塑造成了一位旁观者的角色。普鲁弗洛克（Prufrock）是艾略特《普鲁弗洛克的情歌》（The Love Song of J. Alfred Prufrock）的主人公，也是一位旁观者，他描述的现实景象体现了艾略特对历史和现实的忧虑。《二十二条军规》中的主人公约翰塞连陷入"第二十二条军规"的荒谬逻辑中，映射当时整个美国社会的病态和荒诞。——译者注

②库切：《焚书之火》手稿，1973年10月20日。

③同上，1973年10月19日。

④库切：《焚书之火》手稿，1974年6月30日。

事，它不容许下列先决条件的存在：（1）写作的欲望；（2）要写的东西；（3）要说的东西。应该有这样一类小说，它们不考虑写作的任务要求、主题和手段。"随后他又剔除了明显不适用的原则："（1）没有主题的小说；（2）唯一的主题就是漠视主题本身概念的小说；（3）主题仅仅为了表达对主题漠视的小说。"他偶拾的一种写作方式贯穿了他的写作生涯："（4）改写另一部小说的可能性（《红与黑》）①，或者是否可以改写后融进自己的写作主题中。"

他在笔记里说改写的步骤操作起来要更简单一些。如果原小说是像寓言神话那样概要式的文本，是"非常依赖于动作起承转合的东西，这就可以探索它的各种可能性（鲸鱼吞掉了约拿，鲸鱼没有吞掉约拿……）。②《小径分叉的花园》（博尔赫斯）。《幽会之所》（*The House of Assignation*）（霍格里耶）。中国小说"。③他对"提纲式"的结构最感兴趣，因为这种结构"有可能衍生各种各样的插曲，可能还有戏仿式的片段。插曲：一个女孩走进西格蒙德·弗洛伊德的房间，向弗洛伊德描述了自己的病症。他开始诊断。插曲……或许之后的某个阶段这些插曲开始混在一起。它们的关系开始变得明明白白（但是又如何提前知道它们之间会有关系？）"。④

库切改写其他小说的例子包括《内陆深处》（施赖纳的《一个非洲农场的故事》）、《福》（*Foe*）[笛福的《鲁宾孙漂流记》和《罗克萨娜》（*Roxana*）]、《彼得堡的大师》[陀思妥耶夫斯基的《群魔》（*The*

---

① 原文此处为《红与黑》的法语名称 Le Rouge et le Noir。——译者注
② 约拿和鲸鱼的故事出自《圣经》的《约拿书》。耶和华为了惩罚不听从自己意旨的约拿，安排一条鲸鱼把约拿吃掉；约拿在鲸鱼腹中待了三天三夜，一直向耶和华祈祷，最终又被鲸鱼吐了出来。——译者注
③ 库切：《焚书之火》手稿，1973年10月20日。
④ 同上。

Possessed)]。所谓插曲模式就是推倒原来的叙事，再从不同的角度去重新解读。他很快就在《内陆深处》把这种技巧付诸实践：父亲带了一个新娘回家，接着又偷偷地跟黑人帮工的新娘搞在一起，等等。公理化的叙事方法无疑契合了库切身上数学家的特质。

尽管《焚书之火》大胆地把脉时代症结，库切最终还是放弃了这部小说，因为他意识到自己找不到统领全书的焦点："这背后肯定有个神话故事。""当我想到一个类似《尤利西斯》和《莫洛伊》(*Molloy*)这种故事类型的情节时，它们表现出的漫游、考验和冒险让我感到各种可能性。但是另一方面，当想起那个坐着审查书籍的男人，我就感到无比沮丧。"[1]

《焚书之火》草稿最后标注的更新日期是1974年10月。一个月之后，库切迈出了惊人的一步——申请做一名审查员。是什么促使他做出这样的选择？

多年之后，库切在跟皮特·麦克唐纳的来往信件中解释说，自己当时是想揭穿审查员的虚伪面目。招聘公告欢迎"资质合格的人员"申请，库切把它看作是"认同南非政府所持世界观的标志"。[2]这可以算作他嘲弄政府的举动吗？或许是，但库切的解释却不足以服人。因为他放弃相关主题的小说之后，很快就递交了做审查员的申请，所以按道理应该是他认为如果自己被聘任，不管工作有多令人反感，这个职位可能还是对写作有帮助，他也就不会中断之前的

---

①库切：《焚书之火》手稿，1974年6月18日。
②皮特·麦克唐纳(Peter McDonald)：《文学警察：种族隔离制度下的书报审查及其文化影响》(*The Literature Police: Apartheid Censorship and Its Cultural Consequences*)，牛津：牛津大学出版社，2009年，第63页。

小说。这样解释好像更能讲得通。如果除此之外他还有更隐蔽的想法，或者不单纯功利性地认同"亲身体验可能也是非常好的研究素材"这样的观点，库切的举动就显示了他为了艺术创作去体验生活的决心——冒着自由派人士对他大加贬斥的危险，即使背负骂名也在所不惜。

1974年11月，《开普守卫者》刊登了一个极具讽刺意义的标题——"招聘审查员"①，说保守派人士康妮·穆尔德博士（Dr Connie Mulder）领导的内政部欢迎有识之士加盟他们备受认可的审查机构。11月23号，库切给内政部秘书处寄了封信，一本正经地索要相关的表格。②他按时提交了申请，随后收到一封标注1975年3月17号的回信，告知他申请失败，也没有解释原因。③我们现在设想库切申请成功后会怎样开展工作没有任何意义，因为按照当时的形势，他的愿望只是天栗马角。

安德烈·布林克（André Brink）的《凝望黑暗》（*Kennis van die Aand*）成为第一本被禁的阿非利卡语小说。吉米·克鲁格（Jimmy Kruger）领导的调查委员会此后展开了系列调研，促使1974年的《议会法案》（*Act of Parliament*）决议成立出版物理事会（Directorate of Publications），总部设在开普敦，取代现有的出版物监管中心。为了体现更广泛的代表性，新机构采取权力下放的组织架构，赋予各小组委员会更多的决策权，并在比勒陀利亚设立一个出版物上诉委员

---

①《开普守卫者》（*Cape Argus*），南非的英文日报，创办于1857年，总部设在开普敦，读者主要是中上阶层人士和受过良好教育、经济宽裕及在国内有一定影响的人士。"招聘审查员"英文为"Censors Wanted"，该标题又可以理解为"通缉审查员"，所以作者这里说它具有讽刺意义。——译者注

②库切：寄给内政部秘书处的信，1974年11月23日。

③库切：寄给内政部的信，1975年3月17日。

会(Publications Appeal Board)。库切申请的正是这些小组委员会招人补缺的职位。但是面对阿非利卡教会和国家安全机构层层重压,新机构比之前的监管中心更严厉苛责,它奉行"基督教的人生观",把"普通人的标准"作为衡量尺度,"而代表这些社区的就是遵循基督教信条的普通公民,他们思想高尚、遵纪守法、文明开化"。[①]

麦克唐纳指出,这个机构采取的显然是一种反精英主义的方式,没有给予文学任何特殊地位。实际上,主管出版物上诉委员会的J.A.H. 史乃蒙(J.A.H. Snyman)法官一再强调理事会只关心"读物",而且法案规定"委员会成员的任命'只依据申请者教育学的背景和资质',这也就意味着'他们采用的是教育学家的方式,而非文人那套东西'"。[②]如果库切自认有语言学和文学的博士学位,而且通晓英语、阿非利卡语和好几种欧洲语言,因此就有资格进入委员会内部去揭露他们的真实面目,那他就错了。

到头来这套新体制其实更关心政府的安全,而不是文学作品所传递的道德寓意,不管它们是国内出版社印制的还是从国外运抵南非各港口和机场的(虽然它们一直关注淫秽物品)。从1975年4月开始运转算起,出版物理事会的时代是审查制度历史上最具政治压迫性的日子,提交审查的书籍数量一路飙升。这首先要归功于明察秋毫的警察,他们包揽了1978年2520份提案的50%;再就是海关官员,他们贡献了其中的32%。[③]尽管史乃蒙对文坛的精英分子不屑一顾,查禁体制一边倒地管控政治煽动言论,但是负责详查文学出版物的小组委员会确实吸收了一些作家和学者——作家大多数是阿非利卡人,学者要么

---

①麦克唐纳:《文学警察》,第60、61页。
②同上,第61页。
③同上。

跟保守派的教育机构保持社会联系，要么就是隶属关系。

1978年又发生了一起阿非利卡作家的小说被禁事件，艾迪安·勒鲁（Etienne Leroux）的《玛格斯弗奈廷》（*Magersfonetin, O Magersfonetin*）被列入黑名单。[①]此后经过很长时间的吵吵闹闹，审查体制又重新开始将矛头对准文学作品，为此还成立了一个特别顾问小组。碰巧的是，小组成员大部分都是已经在这个体制内但没有特殊地位的人。正是由H. 范德尔维·舒尔茨（H. van der Merwe Scholtz）教授担任主席的这个小组做出了左右库切小说出版命运的决定，让他1976年以后的早期作品免受查禁之苦。1980年，比勒陀利亚大学的刑法学教授J.C.W.范·鲁彦（J.C.W. van Rooyen）接替史乃蒙的出版物上诉委员会主席一职，出版物评判标准的新时代随之而来：不再依赖"思想高尚"的普通民众，而是转向了最有可能阅读书籍的人群。虽然评判小组的成分略显复杂，也免不了有各种矛盾和争议，但范·鲁彦推行的管理体制还是给南非当时的文化生态带来了一定的自由度。因此，比起他的同胞安德烈·布林克和纳丁·戈迪默，出道稍晚的库切并未再遭受苛刻的审查。

1974年，库切正写《焚书之火》的时候，《幽暗之地》已付梓出版；也正是在这一时期，他主动跟审查机构套近乎，想成为一名职业的审查员。《幽暗之地》躲过了审查制度的恢恢天网，或许因为该书的包装设计和市场推广都让人感觉它无关种族隔离政府的利害，或许因为1974年当局正在重新评估整个审查体系。不管怎样，他放弃《焚书之火》之后便全身心投入《内陆深处》。而小说轮廓初现

---

①玛格斯弗奈廷（Magersfonetin）是第二次布尔战争中一次战役的地点。——译者注

后，他又变得有点担心。1975年6月27号，他在给《内陆深处》的出版商瑞安出版社的皮特·兰德尔信中说道：

> 我正在写一部长篇小说，可以想见，如果在南非出版就有可能因为以下一两个原因被查禁：（1）有损良好的种族关系；（2）涉及淫秽的描写等。
>
> 假定瑞安出版社有意出版这本书，而我也没有异议，您是否打算把小说样稿提交给出版物监管委员会审查？如果他们要求删减，您准备怎么办？如果您原则上不打算向出版物监管委员会提交任何样稿，还是否愿意去出版一本极有可能招致官方反对的书，尽管您个人认可它的文学价值？这些考虑因素在多大程度上会影响您决定出版形式和印刷尺寸等问题？小说被禁的后果对于海外出版和销售的影响（应该是有益的结果）在多大程度上会被您参考？换句话讲，如此冒险的出版行为在多大程度上应该提前拿到海外出版商的协议以便保险？（这些选择无可避免地要面临一个道德两难的困境。）
>
> 这些问题仅是用来和您探讨的。所以请放心，我没有其他意思，只是想了解下出版社的经济承受能力。①

实际上，他远没有像信中所提及的那样写完书稿，像跨种族性关系这样最具震撼力的场景都还没落笔，而这些东西正是审查者最感兴趣的地方。虽然库切的信是在预测今后会遇到的困难，但从草稿看他好像依然义无反顾。

---

① 库切：给皮特·兰德尔（Peter Randall）的信，1975年6月27日。

早在1975年六七月份，库切在写完第二部小说之前就一直在考虑很多相关因素，而审查制度只是这张关系网中的一环，其他的还包括像出版后的经济利益、他在国内外读者群的地位等问题。他向兰德尔提出在海外出版的想法时极其谨慎，暗示跟海外出版商签订协议可能是防范小说在国内被禁的有利之举。他曾经就《幽暗之地》咨询过伦敦和纽约的出版商，看他们是否感兴趣，但这些尝试都无疾而终。最理想的就是能在英国和美国出版，同时也有南非版本，而且最好是本地出版商代理，或者至少国际出版商在南非发行时加上版本说明。说白了就是按区域出让版权，这样理论上各方皆大欢喜。但是正如《内陆深处》的出版过程所揭示的，20世纪70年代中期南非出版市场的情况远比库切想象的要扑朔迷离。

　　库切让兰德尔考虑的那些选择最后被证明都行不通，形势变得更复杂棘手。瑞安是一个地道的非商业性本地出版社，而且带有反对派色彩，所以如果瑞安认定一本书足够有分量，它就会冒险出版。接受《内陆深处》的伦敦出版商塞克和沃伯格既不愿意放弃他们在南非的版权，也不愿意冒着遭禁的危险在南非发行小说。库切遇到了一个"第二十二条军规"般的困境，于是便有了他跟塞克和沃伯格出版社之间过程曲折的谈判。后者面临库切在信中所说的"道德两难"：既要深思熟虑，不能在政治上剑走偏锋；又要保证出版利润。

　　除了经济原因和道德困扰之外，还有另一个因素需要讨论——语言。这部小说刚开始打草稿时，库切就决定不再全部用英文写作，而是把其中的对话段落改成阿非利卡语。无论从审美角度还是伦理立场来看，这都是个正确的决定。因为这部小说要勾勒主仆关系的纠葛，刻画他们之间的隔阂和亲密，这些特征只有用阿非利卡语才能恰如其分地展现出来。他在撰写草稿阶段养成了一个习惯：

先用阿非利卡语写出对话文本，然后等第一遍修改草稿时再在笔记本的背面加上英语翻译。他一直坚持这种做法，也顾不上考虑要为不同读者群准备相应版本的事，或许他认为英文版本和双语版本同时发行并非难事。但是在实际操作过程中（当然只是刚开始有这种情况），塞克和沃伯格出版社想鱼和熊掌兼得：既要英语单语本的版权，又要南非市场的发行权。当英语版和双语版的草稿都写完之后，库切就给西莉亚·卡奇普尔（Celia Catchpole）写信讨论两个版本的优劣（后者供职于已和塞克达成协议的伦敦代理商穆雷·勃林格）。他偏爱哪种写作方案在信中表露无遗：

> 除了我给您发送的小说样本之外，我还有另外一个版本……其中所有对话都是用阿非利卡语写的，大概占到总字数的10%。比起阿非利卡书面语，我用的都是土话。两者之间的关系就好比美国英语书面语跟福克纳所用的南方落魄白人及穷困黑人的语言。在誊写这些对话的英文版时，我找不到一种既无区域特征又带有传统乡土气息的文体类型，所以只好翻译成毫无特色的口头英语。由于上述原因，再加上其他因素，尽管混合版或者叫双语版除了南非之外明显再没有合适的地方发行，但是相较于英文版本，我还是更喜欢前者。[1]

塞克和沃伯格出版社最终满足了库切的愿望，同意瑞安发行南非境内的双语版，前提是只能等它的英文版在南非销售九个月后，瑞安才能行动。塞克还提了附加条件：瑞安不仅要还原所有的阿非利

---

[1] 库切：给西莉亚·卡奇普尔的信，1976年5月31日。或者参照：卡尼梅耶尔，《约翰·马克斯韦尔·库切的写作人生》，第288页。

卡语对话，而且得重新排版整部小说，否则他们就要求一定比例的赔偿。

尽管从同行角度来看，塞克和沃伯格出版社的汤姆·罗森塔尔（Tom Rosenthal）这样做都是出于正常的商业考虑，但他的要求却带有一丝殖民色彩，所以接受史蒂芬·沃森采访的库切反思这件事时略带悲伤也在情理之中，"可以说我们面临一个殖民的境遇，我们的文学作品运到西方的中心大都市，然后再重新出口给我们，但已是身价暴涨。这个说法既适用于我，也适用于这个国家今天几乎所有的作家"。[①] 库切感觉好像如果要在海外发行就必须放弃国内市场。于是他身体力行，在出版后面四部小说时主动抵制上述模式，努力帮助瑞安保住南非的发行权。等到《迈克尔·K的生活和时代》出版的时候，罗森塔尔告诉瑞安出版社，鉴于出版的利润情况，塞克和沃伯格有必要拿到南非市场的发行权。库切得知此事之后，随即表示要给罗森塔尔打电话，要"把罗氏那套道德说辞再扔给他"。[②]

或许塞克的经济状况没那么糟糕，但它面对审查制度所采取的行动却不尽如人意。瑞安和其他"异己"出版社如金牛、阿德唐克和大卫·菲利普都拼着那点可怜的家底，力争能出版重要的书籍。但出版物监管中心、出版物理事会和上诉委员会这些机构前赴后继，一直如阴云般笼罩着它们，所以出版图书对它们而言就变成了兵在

[①] 史蒂芬·沃森（Stephen Watson）：《发言：J.M. 库切》（*Speaking: J.M. Coetzee*），《说话》（*Speak*），第1卷第3期，1978年，第24页。

[②] 安德鲁·范德威利斯（Andrew van der Vlies）：《〈内陆深处〉：库切反田园写作在国内外的境遇》[*In (or From) the Heart of the Country: Local and Global Lives on Coetzee's Anti-pastoral*]，载《南非的出版、文本和书籍文化》（*Print, Text and Book Cultures in South Africa*），安德鲁·范德威利斯编，约翰内斯堡，金山大学出版社，2012年，第178—179页。范德威利斯在文中引用了他2006年对迈克·柯克伍德的一个访谈。

其颈的事情。①它们必须反应机敏，出版书籍的时候得悄无声息而且动作麻利，对政治敏感书籍要避开高调张扬的商业发行渠道，转而动用和私人书店的关系。

当瑞安还在进行《内陆深处》双语版本发行准备工作的时候，塞克和沃伯格出版社的艾莉森·萨缪尔给南非各大报纸邮寄了两篇英国的评论文章和一个宣传广告，希望在第一批两百本英文版登陆南非市场之前就先期舆论造势，以便小说能大卖。这些大张旗鼓的宣传反倒突出了一个事实——他们正在发行一本审查者感兴趣的书，却忽略了瑞安的复杂情况。媒体自然愿意奉上轰动性的报道，其中《周末世界》(Weekend World)有篇文章宣称库切描写"跨越种族界限的性关系"的小说有助于"号召废除《违反道德惩罚法》(Immorality Act)和《禁止跨族婚姻法》(Mixed Marriages Act)"。②这种做法的目的很明确，而且赫尔曼·威腾伯格也对此做了合理的总结：塞克和沃伯格出版社明显是想引起轰动效应，以便提高他们推出的国际版本销量，还可以顺势占领道德制高点。③

鉴于这种情况，皮特·兰德尔和库切迅速开始想办法减少损失，商讨预案以应对看似迫在眉睫的查禁。万一审查人员不允许书中出现跨种族性关系的描写，瑞安发行时就把这些情节删除，在原文处留白，这样读者也能知道小说是被缩减过的。反对派的报纸为了应付当局审查他们对警察行动的报道时就采取过这种做法。因为小说是

---

①麦克唐纳对此曾做过颇具启发性的描述，包括当时瑞安、阿德唐克和大卫·菲利普几家出版社的原则和策略，以及他们一直回避审查者的努力（《文学警察》，第132—157页）。

②赫尔曼·威腾伯格(Hermann Wittenberg)：《审查者的污点：库切和〈内陆深处〉的出版过程》(The Taint of the Censor: J.M. Coetzee and the Making of "In the Heart of the Country")，《南非英语》(English in Africa)，第35卷第2期，2008年，第142页。

③同上，第142页。

由266节编号的段落组成，所以这种结构非常有利于操作上述折中方案。库切建议删除三段与性暴力有关的描述：第206节（处理之后会留下43行空白）、第209节（32行空白）和第221节（4行空白）。即使做过删减，读者还是能从上下文判断出省略的内容。所以库切和兰德决定按兵不动，先等当局对塞克的版本做出反应之后再行跟进。

小说最终通过了审查，未删减的瑞安双语版得以交付刊印。因为塞克的版本在南非卖得很好，所以瑞安将首印数从一千本降到了七百本。小说出版之前还节外生枝：先是排版出现重大失误，弄丢了所有标明节数的数字，只得从头再来；更糟糕的是兰德尔收到了政府的禁令，这就意味着他必须辞去瑞安常务经理和主编的职位。但兰德尔并不是因《内陆深处》惹祸上身，应该是由于他参与"种族社会基督教研习计划"所致，而瑞安出版社是该组织的一个分支。曾在纳塔尔大学德班校区当过讲师的迈克·柯克伍德（Mike Kirkwood）接替兰德尔担任瑞安的主编（该校区曾在1975年冒天下之大不韪把《幽暗之地》列为必读书目，而当时这部小说还没通过当局审核）。柯克伍德创办了著名的《扒车客》（*Staffrider*）杂志，后来又陆续推出一系列与该杂志相关的文学书籍，同时继续出版社会史和社会学读物，令人钦佩不已。柯克伍德和库切的密切合作关系一直持续到1986年，当时《福》已经顺利出版，瑞安推出了自己设计封面的南非版本，伦敦的塞克和沃伯格也在海外发行了他们的版本。

审查者对《内陆深处》网开一面的幕后故事非常值得一说。跟大多数人一样，库切也认为审查人员都是一身黑色西服的呆板官僚。随着审查制度档案材料的公开，我们会发现这种成见有失公允。皮特·麦克唐纳曾指出，审核《内陆深处》的委员会就是由两名来自大学的学者和一个知名作家组成的: 退休的闪米特语教授F.C. 芬什姆(F.C. Fensham)和前面提到过的H.范德尔维·舒尔茨教授, 后者是开普敦大学的阿非利卡语教授, 也是库切邻近系部的同事; 而另一名成员作家安娜·M. 洛(Anna M. Louw), 库切则与她在社交场合碰过面。这三位读者对小说的文学特色赞赏有加, 所以在报告中对性场景和当时违法的性关系叙事轻描淡写, 以便一致推荐其通过审查。

洛甚至还把她的审查报告改写成了一篇书评, 盛赞这部小说是南非的"年度书籍", 并投给了开普敦的阿非利卡语《公民报》。显然库切对文章的来龙去脉毫不知情, 还把这篇评价塞克版本的文章发给瑞安做宣传之用。正如威腾伯格所说:"审查者支持的声音巧妙融进了需要严加审判的对象, 这虽然是无心插柳, 却形成了一个打压和支持并存的怪异暗圈。"① 审查人员深知自己文学守护人的角色, 但同时又要为国家利益服务。他们用普世的审美标准在极权体系内工作, 打破了开明人士对审查制度工作机制的成见, 这在种族隔离时代极具讽刺意味。②

库切在小说出版之前和伦敦与约翰内斯堡出版商的谈判也颇具戏剧性。为了避免小说因被查禁致使出版社蒙受经济损失, 库切建议把《内陆深处》的样稿提前交给出版物理事会审核。但兰德尔并不赞同这个提议, 他认为对于瑞安出版的书来说, 这样做无异于同审查制度勾结共谋。塞克和沃伯格方面, 艾莉森·萨缪尔和汤姆·罗森塔尔也不太接受库切的建议。

---

①赫尔曼·威腾伯格:《审查者的污点: 库切和〈内陆深处〉的出版过程》,《南非英语》, 第35卷第2期, 2008年, 第144页。
②麦克唐纳《文学警察》里有对审查机构历史的权威描述。对于库切跟审查人士周旋的细节请参照该书第303—320页。

那么库切又是怎么想的？他在信中跟萨缪尔讨论过在南非出版这部小说的策略（后者迅速把这些商讨的问题都交给罗森塔尔全权处理），而且言辞激烈。库切指出，如果作家和出版商都宁可自我封杀也不愿意冒险尝试，那当权者就再愿意不过了。审查人员不愿轻易查禁文学书籍，因为"报纸上总有些不顺耳的吵闹争论，吵闹争论的规模大小取决于作家的新闻价值"（库切肯定是想起了查禁安德烈·布林克和艾迪安·勒鲁引起的争辩）。他告诉萨缪尔，无论是英语报纸还是阿非利卡语报纸，"在反对查禁严肃文学的问题上都相当团结的"。他还补充说，自我审查（self-censorship）"让塞克和我的道德立场都站不住脚"。他质疑塞克的发行商海涅曼公司给他们的建议，因为海涅曼在南非出版物市场主营教材业务，所以这家公司的意见不足为信。[1]他重申了自己坚持"要让小说刊印前出现在审查人员的案头"，而且"如果你们不打算做（这件事），我就自己动手"。[2]

罗森塔尔虽然在回信中安慰库切，但坚持认为塞克的立场并不是自我审查，仅是出于经济原因的审慎考虑。在他们看来，既然这部小说涉及异族联姻——"共和国内终极的道德罪行"，那么把它交给理事会审核肯定不是明智之举。为了佐证自己的观点，他还列举了他们出版詹姆斯·米契纳（James Michener）《漂泊者》（*The Drifters*）的经验教训。总体而言，米契纳的作品在南非卖得很好，但因为《漂泊者》有描写异族恋情的情节，他们就把小说交给"审查机构的年轻孩子，寄希望于他们会因小说太长而感到乏味，不会读到那些有伤风化的情节"。但他们的如意算盘最终落空，小说也被查

---

[1] 相对于严肃的文学书籍而言，南非种族隔离政府对教材的管控更为严格，而以此为主营业务的海涅曼公司自然对主动送审书籍的态度更加保守，所以库切才说他们的意见不足为信。——译者注

[2] 库切：给艾莉森·萨缪尔的信，1977年5月26日。

禁。可是后来的情况柳暗花明，因为随着柯基平装本漂洋过海运到
国内后销量不错①，而当局却没有注意此事，禁令也就随之失效。

尽管罗森塔尔努力劝阻库切，但他在信的结尾写道，如果库切
认为确有必要，他们就把书提交给审查理事会。他自己当然更倾向
于让人先写书评，希望在宣传之后能有一定的销量或者读者订购。②
虽然塞克最终采取了这个方案，但库切之前还曾用一个更具体的例
子来说明审查制度存在矛盾和漏洞——委员会通过了布林克（Brink）
的《风中一瞬》('n Oomblik in Die Wind)，而该小说就涉及跨种族性
行为。库切在回信中反驳了罗森塔尔，有些话听起来还是很严厉：

> 最后，我必须说，如果这本书既没有被查禁但在南非又买
> 不到，而同时又没有任何行动来改变僵局，我是无法接受这种
> 状况的。如果这本书无法在唯一能体现它全部价值的国度出
> 版，我至少能安慰自己我已尽心，对此也无能为力。③

这封信写完一周后，库切走了一步出其不意的棋。通过写《帕
比·侬吉娜的漫漫人生》(Poppie Nongena)而闻名于世的作家艾尔
莎·朱伯特，他跟朱伯特的丈夫克拉斯·斯泰特勒（Klaas Steytler）
取得联系，并让后者看了《内陆深处》的打印样稿，而斯泰特勒"既
是出版社主编又是出版物理事会其中一个审查小组（审查员办公室）
的成员"。"斯泰特勒先生认为这本书可以通过审查并在南非出版，
建议尽快把样稿提交给理事会，还建议我们迅速行动以免让理事会

---

① 柯基（Corgi）英国大型的平装书品牌和出版商，以柯基狗命名，始创于1953年。——译者注
② 库切：来自汤姆·罗森塔尔的信，1977年6月1日。
③ 库切：来自汤姆·罗森塔尔的信，1977年6月8日。

觉得有压力，否则就达不到预期目的。"库切劝罗森塔尔尽快让他们的南非代理商安排送审事宜，并补充道："如果您决定不送，我就绝不同意刊印。"①

罗森塔尔后来勉强同意把书送给理事会审查。他那时的态度看起来比以前缓和了许多，还在1977年6月20号指示他们驻南非的代表按照库切的建议安排送审。② 但一周之后，他再三思量又改变了原来的决定。在6月28号给库切的信中他说自己仍然倾向于"采用世上最稳妥的做法"：他不再打算把书提交给审查人员，而是决定在第一批200本到达南非后，再把赠阅本运过去，希望这些书都能顺利卖掉，而且书店也还愿意继续订购。"最稳妥"的选择自然是在审查人员发现之前尽量多卖些书，但罗森塔尔感觉很难做到既盈利赚钱又能在良心上过得去："我发现在南非出版销售书籍的整个过程都很让人痛苦，挤占瑞安的利润实在不地道，当然瑞安肯定会给你支付合适的版税。"③

但是仅过了不到两周时间，事情的发展就超出了罗森塔尔的控制——那200本书被扣押在约翰内斯堡机场。海关介入后便把书送到了审查理事会，而这正是他之前所反对的。"恐怕那些审查机构的年轻孩子已经对《内陆深处》产生了怀疑，"他在7月19号写道："书已经被扣押在港口，没人知道以后会发生什么事。"④

应该如何评价在当局介入前罗森塔尔和库切对这件事不同的处理方式？罗森塔尔说的"审查机构的年轻孩子"很值得玩味。在给库切的信中，罗森塔尔推荐他看一下汤姆·夏普尔（Tom Sharpe）的

---

① 库切：给汤姆·罗森塔尔的信，1977年6月14日。
② 库切：汤姆·罗森塔尔给蒂姆·曼德森的信，1977年6月20日。
③ 库切：来自汤姆·罗森塔尔的信，1977年6月28日。
④ 同上，1977年7月19日。

小说，尤其是《狂欢聚会》（*Riotous Assembly*）和《裸露》（*Indecent Exposure*）。① 夏普尔嘲讽种族隔离体制的笔调极具特色——用他的话说，那些官员都是滑稽的小丑。俩人初期的往来信件中还没涉及什么业务内容，更多的是交流个人看法。相比较而言，库切的处理方式就很讲策略，他在提到"斯泰特勒先生"的帮助时毫无讽刺挖苦的意思。这是不是一种妥协？从某种意义上来看，似乎的确如此；但如果从另一种角度解读，这就是不入虎穴焉得虎子的例证。申请做审查员、主动向相关机构提交作品而非纠缠于自我审查、按照所谓的内部消息行事，库切这一系列动作都是他与"兽"共舞的证明，冒着随时会被反咬一口的危险跟他们保持亲密关系。库切似乎刚回国就接受了现实——在南非生存就意味着要跟这些恶魔打交道，但这并没有阻碍他去做自己认为最要紧的事情。

范·鲁彦（Van Rooyen）时代的审查制度变得开明了些。官方修改了审查标准，不再靠普通民众凭空想象的说法，而是以最有可能阅读书籍的消费者给出的评价为依据。估计出版物理事会的工作人员肯定听说过库切是研究美国文学的学者，所以他们请库切帮忙评判威廉·巴勒斯的（William Burroughs）《红色夜幕下的城市》（*Cities of the Red Night*）。这应该是阿非利卡语文学学者给他发的请求，因为他们感觉巴勒斯已经超越了自己的知识范围。我们现在了解的真实情况也证实了上述推测。库切同意帮忙，他想既然已经身陷其中，如果自己的意见能帮助一部小说通过审查，这总比以小说被禁为代价来换取他洁身自好的操守更可取。虽然库切评价这本书的过

---

① 库切：来自汤姆·罗森塔尔的信，1977年7月20日。

程不难理解，但他跟理事会书信往来的语气值得深思。

在有关巴勒斯的报告中，他发现自己没法总结小说的内容。因为这部作品"刻意采用现代主义和先锋派的叙事结构，并没有沿寻某一条叙述线索"，所以"为了方便起见，可以把它看作一系列相互交织的奇思怪想——这些幻想围绕着生化毒品展开，表现了对全球心理控制和政治霸权的多疑和恐惧"。他在报告中写道，虽然有些同性性生活的描写可以看作比较猥亵的情节，但"我认为这本书并不会产生不良影响"，因为小说"既非性事之作也非淫秽之书"。如果说这本书传递了某种人生态度的话，那就是"一种绝望和厌恶"。巴勒斯的人生愿景必然会带来上述结果。他认为在一个物质化的世界里"可以为所欲为"（借用陀思妥耶夫斯基的话）①，人与人之间相互攻讦利用。他还说决定人价值观的只不过是"大脑中的生物电传感信号"，这种思想使他一度吸毒成瘾。

但库切后面的评价峰回路转。尽管巴勒斯被公认是位伟大的作家，有人说"可能是20世纪50年代美国重要的小说作家"，而库切并不认可这种观点，"因为他在过去的25年里一直在重复自己。"库切之所以给出这种论断是由于在《焚书之火》以后他在自己的作品里根本用不上巴勒斯的观点。作为"文学警察"的审查员自认为是在捍卫审美价值，这无疑也解释了了解巴勒斯名气的他们不愿意轻易地查禁这部小说的原因。简而言之，库切给他们提供的参考意见就是：虽然作品并没有传递普世价值，但也不必把它列入黑名单。

虽然在报告里他一直表现得很合作，但最后结尾处却回绝了报酬的事："我没法说服自己去相信出版监管体制的可取之处，所以不

---

①陀思妥耶夫斯基在《卡拉马佐夫兄弟》中有这样一句话：既然没有上帝，你就可以为所欲为（Without God，everything is permitted.）。——译者注

想成为其中的一分子。"① 他后来收到了一封相关官员的回复（碰巧是位叫A. 库切的教授）。写信人态度友好，对他提交的报告表示感谢，还补充说"我当然能理解你不愿融入出版监管体系的立场，虽然我对此事有不同的看法"。②

　　20世纪80年代时的库切认为审查制度虽然是政府手中的管控工具，但绝不仅仅如此，它更是一种心血来潮的冲动，一种下意识的习惯性动作，已经开始影响并污染整个文化。基于以上的认识，他写了一系列的相关文章，后来汇编成文集《冒犯》。库切在文章中并没有评论审查制度的好坏利弊，而是去揭露它的愚蠢以及"这种愚蠢的能动性——所谓的能动性决定了有关审查制度的争论不会越来越尖锐，不会更具结论性，反而变得越发无聊，却场面热闹，无休无止"。③ 争论折射出的焦躁不安是审查制度自我谴责的一种形式。持续了将近20年的争论在种族隔离制度气数将尽时再度恶化：原定出席图书节的萨尔曼·拉什迪没有来，尽管有纳丁·戈迪默作为替补，但公众却并不买账。

　　本来萨尔曼·拉什迪已接受邀请出席开普敦的一个图书节，他将和库切一起作为布克奖获奖作家谈论审查制度。1988年10月31号，剧场座无虚席，挤满了因种族隔离下抵制外来文化政策而急盼文学名士的南非观众。因为当时文化管控已经开始逐渐放松，所以拉什迪才能成功被邀。但最后和库切一起走上台的竟然不是拉什迪，换成了戈迪默，后者实际上是去解释拉什迪未能成行的原因。

---

① 库切：给A. 库切教授的信（出版物理事会），1982年11月29日。
② 库切：A. 库切的回信，1982年12月16日。
③ 库切：《双重视点》，第299页。

这成了当晚的轰动新闻。《撒旦诗篇》于9月26号现身伦敦的书店，随即在印度和其他地方就被查禁。小说的摘要传真到开普敦后，当地穆斯林领袖用暴力威胁会议的组织者即南非作家大会和《每周邮报》取消拉什迪的访问，组织者迫于压力，答应他们的要求并撤回了邀请。

说起上述的紧张状况，库切认为拉什迪当然知道写这部小说意味着什么后果，可能也有人提醒过他访问南非的风险，比如顽固守旧的警方会任由黑人少数民族宗教派别在旁边发动袭击而坐视不管。但是组织方不该以屈从于原教旨主义者的要求为代价来跟他们达成统一战线，否则组织者实际上是纵容了一种新的审查形式，违反了《撒旦诗篇》和组织者自己的重要原则——写作多样性的本质。这条原则正是形形色色的原教旨主义者竭力打压的东西，因为这些人坚持认为，如果有他们本教教义认可的一本权威书籍，那么除此之外他们就不再需要其他著作。

他尽力强调这个问题是泛指所有的原教旨主义："我们都了解南非的宗教教旨主义情况，我们历史上的加尔文教派原教旨主义是一股彻头彻尾的愚昧势力。"[1]他还指出虽然人们聚集到这里并不是来讨论审查制度的，但是在重新给文字审查建章立制的这个盛事里——一个打着民主旗号却难觅民主踪迹的盛事，在场的每个人都会被卷入其中。

库切坦言他能理解南非作家大会和《每周邮报》这样做也是出于善意和好心。它们的确担心拉什迪的人身安全，但由于政治上的幼稚，它们冒着得罪拉什迪的风险，也没动用外交手段斡旋协调。更

---

[1] 卡尼梅耶尔:《约翰·马克斯韦尔·库切的写作人生》，第660页。

没人想过告诉拉什迪："我们会竭尽所能，用绵薄之力来保证您的安全。我们没法请求警察的帮助，请您理解。"[1] 以上这些情况库切都可以接受，但他质疑作家联盟向民众描述的事件始末：

> 除非另有情况能说服我，我现在相信，而且以后也仍然相信，他们是在一个烟雾缭绕的房间内达成了某种平衡，某种还债的要求，某种妥协、交易或处理方案：为了反种族隔离联盟的团结，尤其是为了让联盟中穆斯林的日子好过一些，他们决定不再邀请拉什迪来南非。[2]

穆斯林原教旨主义者的"好意"成了跟当局斗争的筹码。当局很快就查禁了这本小说，以显示自己是少数民族利益的保护者。

令库切感觉意外的是，他发现自己的一番话正合观众的口味，他们起立鼓掌，以示认同。但随后风云突变，也确认了之前那些威胁的严重性。两年之后，库切说："现在回想起来，戈迪默的谨慎是对的，我错了。"[3]

戈迪默那天晚上所做的就是描述了她参与的谈判过程。回首过往，尽管总体而言是戈迪默澄清了事实，他们并没有在烟雾缭绕的房间里达成某种协议，但在这场风波最激烈的时刻，库切的超脱立场显得更有操守，而且从当时的内部讨论情况看，戈迪默的思想认识已经被其他人腐蚀。25年后，面对另一种监察体系，我们可以旧事重提——鉴于目前的执政党非洲人国民大会想重新推行出版审查

---

① 卡尼梅耶尔：《约翰·马克斯韦尔·库切的写作人生》，第659页。
② 同上，第659页。
③ 库切：《双重视点》，第298页。

制度，或许库切当年警示的潜在危险是有先见之明的。按照这个观点，别人也没法指责他干预审查制度是事后诸葛。但也有评论对这件事表达了不同的看法：库切在出版自己小说的时候愿意屈尊就卑，跟审查制度达成协议，而对反种族隔离联盟在20世纪80年代萨缪尔·拉什迪到访南非问题上做出的妥协就持保留意见，这两种态度前后相悖。

　　1996年，库切出版《冒犯：审查制度论文集》，其中收录了他12篇相关文章。虽然这些文章相互之间没有太多关联，但都是以南非审查制度相关法律的变革背景为出发点。书中讨论了书籍审查法律的体制、变革以及影响，梳理了这个制度下安德烈·布林克和布莱顿·布莱顿巴赫①遭遇的命运。库切具有国际化的学术视野，研究了包括色情文学和D.H.劳伦斯、奥西普·曼德尔施塔姆②、亚历山大·索尔仁尼琴③、兹比格涅夫·赫伯特④等作家。其中最具自传性质、最能体现库切观点的是一篇讨论在愚蠢的争论里选择立场会遭遇两难性的文章。他在文章里搬出了德西德里乌斯·伊拉斯谟（Desiderius Erasmus），通过论述这位中世纪人文思想家的事例来表达自己的核心观点。这个选择十分奇怪，他的《愚人颂》（*The Praise of Folly*）给库切如何应付白痴遍布的环境树立了榜样，或者说是提供了反面教材。
　　按照麦克唐纳的观点，库切整个《冒犯》文集中的论述都是"反

①布莱顿·布莱顿巴赫（Breyten Breytenbach，1939— ），南非著名诗人、作家。——译者注
②奥西普·曼德尔施塔姆（Osip Mandelstam，1891—1938），前苏联诗人、评论家，阿克梅派最著名的诗人之一。——译者注
③亚历山大·索尔仁尼琴（Alexander Solzhenitsyn,1918—2008），前苏联和俄罗斯时期的杰出作家，诺贝尔文学奖获得者，俄罗斯科学院院士。——译者注
④兹比格涅夫·赫伯特（Zbigniew Herbert，1924—1998），波兰诗人、剧作家。——译者注

理性主义者"的做法，库切没有摆出实例来对抗审查制度，因为他知道这方面的文献已经汗牛充栋，所以便试图"理解一种自己不会产生本能怜悯感的激情，这种激情会在压制异见和审查书籍中损耗殆尽"。耐人寻味的是，他希望"从历史和社会学角度弄明白为什么自己对那种激情没有丝毫怜悯之心"。[①]

　　"历史和社会学角度"强调了一个奇怪的现象：库切写这本书的动力就在于他想要探究与审查制度共处或者活在它的阴影里对于人的心智、情感及心理意味着什么，对于作家的写作生活又会有什么影响，除此之外，再无其他。在《冒犯》中，库切想克服困扰他早期写作生涯的一个问题，因为这个变化无常的问题一直让他惴惴不安。但是这本揭了种族隔离时代审查制度老底的书出版之后却让他更加困惑，即便书本身并没有给库切造成人身威胁。

　　在讨论伊拉斯谟的那篇文章中，库切沉思公共知识分子在理智让位于恶习蔓延的暴力时代应该何去何从。他在文中反思道，当所有盛行的观点都无法被信任，当忧虑在这种环境下成功只能以放弃原则为代价的人都开始自我怀疑时，形成自己的观点是多么不易。库切在文中论述了《愚人颂》里的莫利亚，因为他钦佩伊拉斯谟用心打造的暗喻和论证风格，而这种叙事方式已经超越了当时文化自持的严肃观点。他在莫利亚富含性别特征的嘲弄中看到了潜力：

　　　　表明立场意味着什么？有没有一种不是立场的立场，一种不知不觉就能了解、不亲眼所见就能感知……的立场？《愚人颂》明确表现了这种"立场"，它先谨慎地消除了自己的戒备，把自己

---

① 库切：《冒犯》，第 vii 页。

的阳具打造成女性适合的尺寸，绕开权力的游戏，绕开政治。①

　　文章意在针对审查制度发动一场反政治式的论战。这是一个作家的心声，一个虽然身处斗争的风口浪尖，却不用直面这个体制，同时又感觉自身被玷污的作家。正如他所说："我认为能有本书在南非被查禁是一种荣誉"，这种荣誉他"从来没得到过，坦诚地说，也不配拥有"。除了因为"生不逢时"错过了审查制度最黑暗的时代，"我的写作方式极度委婉含蓄，太过高高在上，不接地气，所以也就不足以被看作是对现存体制的威胁"。②

　　这也解释了为什么《冒犯》所收录文章的论证角度更多地采用心理分析而非政治批判。他说跟戈迪默意见不合使他"心神不宁"。后来经过反思他又追问："为什么一提审查制度就想不出一点有趣的事情？难道一讨论审查制度就属于政治话题？"③用讽刺剧来对抗政治已经算是另类，但这些文章中竟然还出现了弗洛伊德，因为库切认为弗洛伊德对偏执症的反思跟自己的论证相关。④《冒犯》主要关注创意写作人士的心理状态，他们内心"各种欲望"的能动性，以及要把这些欲望调教服帖为创作服务需要用到的十八般兵器——"讨好取悦、依顺满足、挑战质疑、强行索要、拉拢恳求、饱以给养，甚至……置之死地"。⑤而此处突显的问题是审查员把他自己（当然是男性）横插在作家满是欲望的主体和他渴望的客体之间：

---

　　①库切：《冒犯》，第99、100页。
　　②库切：《双重视点》，第298页。
　　③同上，第298页。
　　④库切：《冒犯》，第37、38页。
　　⑤同上，第38页。

> 在审查制度下工作就像要跟一个不爱你的人亲近一样，你跟他不想有任何亲密动作，但他非要贴近你。审查员是个专门来搅局的读者，抱着一种当时流行的吹毛求疵心态，满眼挑剔地看你的文字；这是个强行干涉作家写作私人事务的家伙，他强行赶走作家心爱或亲密的读者。[1]

我们已经在库切的行动中见证了他如何实践与"兽"共舞的想法，而上面这段话则显示这个念头慢慢融进了他的骨子里，最后形成一种潜意识。但奇怪的是从《内陆深处》的草稿看不出这个不受欢迎的"知己"影响了库切的写作，也就是说草稿中并没有为了规避审查而做明显的删减。相反，那些性场景的描写（包括玛格达和亨德里克的那段）都是浓墨重彩，后面紧接着饱含痛苦的对话所演绎的种族隔阂环境中的性心理包袱。

难道库切已被审查制度所鼓吹的逆反心理支配？也就是说，难道他因为反常心理的作祟要硬闯制度的禁区？尽管有这个可能，但读者并没有因此就指责库切的做法师出无名。他没有用哪怕是最微妙的方式迎合对作品吹毛求疵的审查者，而是在写作中把这种人虚构化。比如《彼得堡的大师》里的警长马克西莫夫就是这类角色，他和小说虚构的作者陀思妥耶夫斯基展开了一场斗智斗勇的紧张讨论，围绕托翁继子巴维尔枯燥而血腥的死亡事件各执一词。

用上述方式把叙事中的闯入者带来的威胁外在化，让这种威胁从属于小说的表现形式，这是库切的一贯风格。而虚构人物伊丽莎白·科斯特洛则是这种做法的延伸。随着要求库切表现出公众知识

---

[1] 库切：《冒犯》，第38页。

分子担当的呼声越来越高（有关审查制度的讨论为表明库切的立场起了一个关键作用，或许是唯一的关键作用），库切开始把目光瞄向小说，或者说他发掘小说的能量来重新争取主动。科斯特洛的故事是场木偶戏，但确切地说科斯特洛并不是口技艺人摆弄的玩具娃娃，因为它并非简单地替库切发声，而是一个神秘的玩偶。库切通过它来回应社会对公共知识分子的角色期望，把这些期望融于自己玄妙的叙事方式中，偶尔还不计后果。

第六章 写作的革命
——《等待野蛮人》

> 所有的事情都互相关联，他自言自语道："当国家的正义秩序坍塌的时候，它在人民心里也就土崩瓦解了。"①

在分析20世纪70年代末南非形势时，库切认为偏执狂和审查制度如影随形。②为了研究这个问题的来龙去脉，他在《冒犯》中引用了弗洛伊德的观点，后者认为偏执狂是力比多疏离外部世界的一种形式。③弗洛伊德在他的一本书中讨论了法官史瑞伯的偏执狂案例——这位法官先生写了一本自传，描述身患偏执狂的他整天妄想世界末日。

1976年索维托学生起义之后④，南非当局的言行明显打上了偏执狂的烙印。彼得·威廉·波塔（P. W. Botha）从国防部长升任总理，

---

① 库切：《等待野蛮人》书稿，1978年1月27日。

② 偏执狂（paranoia），指一种受极度焦虑和恐惧影响的思维方式，主要表现为非理性和妄想。——译者注

③ 西格蒙德·弗洛伊德：《史瑞伯：偏执狂案例的精神分析》（*Psychoanalytic Notes on an Autobiographical Ac-count of a Case of Paranoia*，1911），詹姆斯·斯特雷奇（James Strachey），安吉拉·瑞恰兹（Angela Richards）编，《企鹅出版社弗洛伊德图书库》（*The Pelican Freud Library*），哈蒙兹沃思：企鹅图书，1979年，第213—215页。库切在《冒犯》一书的第198页引用了该观点。——原注

比多（libido），也称性冲动，是弗洛伊德精神分析理论的重要概念。弗洛伊德认为力比多是人类性心理的一种能量，它为各种本能冲动及欲望提供力量，进而成为人整个精神活动的基础和源泉。这里的"性"不是生理学和解剖学概念的性，而是指一种广义的肉体能力。——译者注

④ 索维托起义（Soweto uprising），指1976年6月16日南非黑人青年在索维托发起的一系列反对南非国民党及其种族隔离政策的抗议活动。——译者注

官方的态度也随之变化——他们认为反对势力正在掀起一场针对南非和西方基督教文明的"全面进攻",而且军事打击和政治颠覆齐头并进。也正是在这个时期,审查机构得以扩编壮大。

库切曾写道:"从心理史学的角度看,种族隔离后期,南非白人的力比多疏离外部世界,表现在他们无力憧憬未来,也不再想去把控未来。"[1]尽管这种现象并不明显,可能连库切自己也有点雾里看花,但是这句评论透露出一丝内省的意味。库切在自己的创作生涯中经历过上述心理史学上的状态,确切地说他设想过经历革命战争洗礼之后的南非会是什么样子,但是后来他却发现自己无法把这种想法诉诸笔端。

库切原本打算创作一部革命主题的小说,但最后写出来的却是一个关于设想未来时遭遇失败、欲望受挫的故事——《等待野蛮人》。在下一部小说《迈克尔·K的生活和时代》中,他将继续这个没完成的计划,把开普敦想象成一个被革命形势笼罩的城市,但他又没按套路出牌,而是浓墨重彩地刻画了K这个奇怪的自由分子。

偏执狂是《等待野蛮人》中那个帝国的基本状态。虽然偏执狂并非行政长官这个角色的心理驱动力,但是力比多的消退和欲望的丧失,在人物刻画和情节建构上确实起了一定作用。库切在《焚书之火》书稿随附的笔记中写道:"自从我回到南非之后(1971年),我对革命的态度越来越模棱两可[2],随之而来的就是我对当作家的热情也已经消退。"[3]

在此之前他还写过:"从《幽暗之地》到现在的这段时间,我对政

---

①库切:《冒犯》,第198—199页。

②库切在草稿中表达"革命"的意思时用的"the Revolution"一词,暗示20世纪60年代后期革命运动不仅在南非这样的国家风起云涌,而且西方世界的年轻一代也颇受其影响。——译者注

③库切:《焚书之火》笔记,1974年11月4日。

治变得毫无兴趣。《焚书之火》背后的革命计划并没有让我亢奋。现在我认为《幽》是美国1965—1971年激情政治的产物。[1]写《幽》时我成了个讽刺作家：我之所以挖苦嘲讽，并不是出于道德信念的需要，而是那些事鼓动了我，这也正是我担心自己失控的原因。现在我好像变得很超脱。"[2]

同样在1974年，他也说过："虽然人对自己所处的（那个）位置迷惑不解，但已经逆来顺受。我是在（贝克特）《莫洛伊》的开头部分吗？或者从另一方面说我在《鲁滨孙漂流记》里？"[3]当他身处布法罗的时候，像南非这样的地方对他而言并不是一个问题；但现如今当他回到开普敦，这个不是问题的问题反而成了症结所在。换个角度说，他没法把地点和自己想写的那类小说有机地联系起来。他说："纵观南非那些虚构作品出现的所有放纵行为［弑父杀母、离经叛道、种族通婚、甚至heimwee（思乡、怀旧）］[4]，如果没有一个中心，这些事件根本没法独立存在。"[5]因为库切在写《内陆深处》之前就表达过类似的忧虑，所以可以说《内陆深处》实现了作者此处宣称的不可能完成的全部目标。小说中的玛格达把这些大大小小的事情都经历了一遍——从弑父杀母、离经叛道，到种族通婚和思乡怀旧，同时彻底解构了存在主义。

由此可见，库切1974年提出的疑问到1977年有了答案，《内陆深处》就是解密的钥匙。尽管这样，当开始写《等待野蛮人》的时候，

---

①库切在笔记中提到幽暗之地的时候，用字母D来代替，因此译文也相应简化处理为《幽》。
——译者注
②库切：《焚书之火》笔记，1974年6月28日。
③同上，1974年10月21日。
④Heimwee 为荷兰语，英文意思为 homesickness or nostalgia。方括号内为本书作者后来加的英文注释 ——译者注
⑤库切：《焚书之火》笔记，1974年12月31日。

他在《内陆深处》之前遭遇的困惑又再度现身，地点和意识之间的关系还远没有解决——当然意识才是他关注的焦点。

读者能预测到这种张力将催生一种缺乏历史特定性、没有明确地点概念的偏远之地，具体而言就是《等待野蛮人》的故事背景。按照美国评论者的说法，他们很疑惑为什么这部小说没有回应20世纪70年代南非紧迫的现实问题。尽管评论界的惯常做法就是给小说套上一个相匹配的现实背景，比如美国的莫哈维沙漠或者南非的北开普敦省①，但库切明确表示《等待野蛮人》描写的环境在现实中是没有的。

他随后坦言，其实真正的挑战不是去描述一个未知的地貌，而是如何从零开始构建这样一个地方。不同于前两部小说中的卡鲁，"如何处理《等待野蛮人》中的地貌景色对我的想象力是一大挑战"。②实际上，卡鲁在这种构建中的确起了参考作用（本文后续部分再论述这一点）。问题的关键是理清《等待野蛮人》中遥不可及的地点背景，如何解决了作者南非写作的困惑以及这种方式适用的原因。

1977年7月11日，库切在笔记本上概述了小说的基本想法，由此开始写《等待野蛮人》。到9月20日之后，这部小说的写作几乎成为他每天的必修课。他明白《内陆深处》被扣压在约翰内斯堡的机场，审查机构正在商量是否要查禁这部小说。鉴于当时的形势，很容易推测《等待野蛮人》虚无缥缈的地点背景是库切为了躲避审查制度而采取的一种策略。但这个结论完全是主观臆想，因为库切刚开始时给这部小说设定了一个明显的开普敦背景。实际上，他这次冒着可能被查禁的危险（《内陆深处》涉及了跨种族的两性关系，所以这是

---

①莫哈维沙漠（Mojave Desert）位于美国西南部，在南加利福尼亚州东南部，横跨犹他州、内华达州南部及亚利桑那州西北部地区。——译者注

②库切：《双重视点》，第142页。

11/7/77.　The time: The middle of a revolutionary war in S Africa (the war remains throughout in the background). The place: an island transit camp for aliens waiting for transport out of the country — Robben Island, the prison now a tired hotel, with a launch bringing out supplies daily. Planes are not flying (no refuelling facilities, the north too dangerous). The man + the woman meet. Both hold British passports and are returning to Britain (where they have no roots). The man is 50, an academic working on a translated edition of a narrative of the fall of Constantinople. The woman is 21/22, she has left her husband (or he is dead).

They make love in an upstairs cell. This becomes some kind of home to them.

写于1977年7月《等待野蛮人》的第一页笔记。

它遭禁的最明显之处，而原因也就仅限于此），开始打造一个后种族隔离时代的南非故事，其中的罗本岛也不再是关押纳尔逊·曼德拉（Nelson Mandela）和其他革命同志的牢狱之所，而是变成了白人难民等待联合国特许船只的登乘地点，他们要逃离病入膏肓的共和国。草稿开头是这样写的：

> 透过警卫室开着的窗户，曼诺思·米利斯注视着难民步履艰难地走在从码头一直延伸到监狱大门的路上从码头到。那艘送他们上岛的汽艇已经在返回大陆的途中。很明显，船员和他们摆渡的乘客从不交谈，否则就没人会到这儿来。[1]

上面这段话是自然主义的叙事风格，以不厌其烦地罗列凋敝衰败的细节为特点，这一传统可以追溯到埃米尔·左拉[2]，而库切的开普敦老乡亚历克斯·拉·古玛也曾用同样的笔调描述过这座城市。[3]库切在一篇评论中对亚历克斯·拉·古玛不乏溢美之词。[4]在库切笔下，监狱成了中转站：

> 杂草、荨麻、蓟、苜蓿长满了院子，有的都从路面的石板中冒了出来。老鼠在走廊里乱窜。抽水马桶已经干了，留下一圈圈的锈迹。唯一能听到的声音就是海鸥鸟的啼叫声。窗台上落了一层风干的鸽子粪便。黄昏时分，海鸥扑腾地飞进了院子里。那个守门人在自己的小屋里自斟自饮，昏然睡去。[5]

这段描写是自然主义的十八般武艺大集合，充斥着它的衰败基

---

① 库切：《等待野蛮人》书稿，1977年9月20日。
② 埃米尔·左拉（Émile Zola, 1840—1902），法国19世纪最重要的作家之一，自然主义文学的代表人物。——译者注
③ 亚历克斯·拉·古玛（Alex La Guma, 1925—1985），南非20世纪知名小说家。——译者注
④ 库切：《双重视点》，第142页。
⑤ 库切：《等待野蛮人》书稿，1977年9月20日。

20/9/77

From the open window of the guardroom Mansur Mitis watched the refugees trudge up the road from the jetty to the that led from the jetty to the ~~prison~~ gates. The launch that had brought them was already half-way back to the mainland. It scudded over the gray seas. It was plain that the crew were not talking to the people they ferried. Otherwise who would come.

The prison in which they lived had not been used since a year before the war. Grass, nettles, thistles, clover had grown in the courtyard, splitting the flagstones. Mice had run in the corridors. In the toilet bowls the water had dried up, leaving rings of rust. The only sound had been the cry of ~~seagulls~~ birds. Pigeonshit caked the window-ledges. Gulls swooped into the courtyard at dusk. In his lodge the watchman drank himself to sleep.

Then in the second year of the ~~war~~ emergency, ~~they had begun to~~ after the first great flood of refugees had dwindled, the prison had been reopened as an embarkation ~~for~~ station for the indecisive, for those who had hung on hoping that everything would be all right yet, who were now at last frightened enough to cut their ties with the sinking/dying white republic and flee to wherever accidents of birth or parentage entitled them to go. In dribs and drabs, on Tuesday and Friday mornings when the offices opened, they ~~passed~~ stood in line to pass through the emigration checkpoints at the harbor gates, boarded the Robben Island launch, and were ferried out to the huge sandstone prison cubes

U.N.
to wait for the charter ships to save them.
The charter ships had taken out half a million European nationals in the first year

《等待野蛮人》草稿的第一页。

调。尽管出版的小说仍然离不开写实手法——其实这就是现实主义，只不过没有明确提到开普敦而已，但由自然主义风格转向《等待野蛮人》完全虚构的地貌景色是个巨大的飞跃。

　　自然主义最后证明在小说中行不通。按照这种风格写了几周之后，库切又在各部分内容上标注了"放弃"的字样，尽管其中的叙事元素仍然保留到了后续的版本中。草稿中的曼诺思·米利斯一度被设定为一个40岁的希腊人，之前做过教古代史老师的他，正在写一本有关君士坦丁堡陷落的书，而他眼下的工作是协助开普敦码头的乘客登上"巨蟒号"轮船。[①]但因为联合国和新政府就谁承担燃油费用的问题争执不下，这艘船一直没能驶出码头。米利斯的故事最耐读的部分是他对历史的反思：他坚信只有当人不再把主体或自我想象成历史中心的时候，才能写出最精彩的史实篇章。库切在探索内部流放的作用[②]，而且发现它可能会让人摆脱束缚——行政长官后来的某些愿望已经在这里埋下了伏笔。

　　上述情节的早期版本讲述了一个忧郁的爱情故事，重点是描写一场革命使人释放了各种被压抑的欲望，他们变得好斗而茫然。米利斯身上有罗伯特·穆齐尔（Robert Musil）的影子，前者"被共和国末日泛起的浮渣怂恿，成了一个不安分的探索者。按照字面的意思，这是一本'世纪末'的书。"[③]米利斯在此版本中变成了个50岁的人，而他感兴趣的是21、22岁的女人，这些女人抛弃了丈夫或者丈夫已经去世（《耻》的某些情节构架在此处第一次出现，比如上年纪的男士和年轻女子的情爱关系，他放弃了像研究拜伦歌剧这样的相关

　　[①]君士坦丁堡陷落（the fall of Constantinople）指1453年奥斯曼帝国在苏丹穆罕默德二世领导之下，对拜占庭帝国首都君士坦丁堡所作的一次征服。——译者注
　　[②]内部流放（internal exile），作者这里指米利斯因为某种负面因素而被迫离开出生地，但是还在他所属的国家范围内流亡。《等待野蛮人》中的行政长官对他所属的帝国征剿蛮人的行动颇有微辞，还因为恻隐之心把蛮族女孩送回她的部落，回来之后又被乔尔上校抓起来严刑审讯，但他始终都没有离开小说中的帝国。——译者注
　　[③]库切：《等待野蛮人》笔记，1977年7月25日。

学术计划）。米利斯和他的情侣对性爱欲罢不能却又失望至极；他们把从前的牢房当作临时的安乐窝，但她又开始在性事上躲着他；在帮助她恢复意识的时候，米利斯变得施虐成瘾，最后她自行了断，结束生命。叙述的焦点是烦躁不安的性欲和米利斯身上多次暗示的厌女症。①

　　这种性行为有时成了"多相变态"②，即弗洛伊德描述尚未进入青春期的情欲生活状态。米利斯后来做过情欲缠绵的性梦，但并没有实质的两性行为。③行政长官和蛮族女孩儿的关系便肇始于此，具体说就是前者为后者洗脚的行为，当然其中还有很多其他含义可以发掘。库切当时正在看杰齐·科辛基的《色彩缤纷的鸟》。④这是一本以第二次世界大战为背景的流浪汉小说，读后让人心生不安。在草稿的高潮之处，库切设想米利斯会变成一个"埋葬死尸的人"——这一描写源自库切在《焚书之火》中设定的场景，而且还为《耻》埋下了伏笔。

　　库切只找到了一种叙述腔调和语气，一个简单的情景，并非完整的故事情节，所以叙事卡在了它本身体现的僵局上。草稿能破茧成蝶，呈现出我们最后看到的小说模样，这有赖于第五稿（版本E）的关键事件，那节的标题是《逝者处理》（*Disposal of the Dead*）。随着写作深入，库切也在考虑合适的书名——小说先后叫过《流放》《叛变者》《边界卫士》和《野蛮人》。虽然书名最终是来自康斯坦

---

①厌女症（misogyny），指对女性的厌恶和憎恨。——译者注

②多相变态（polymorphous perversity），指人从婴儿期到5岁左右时，通过非正常的性途径获取快感的心理状态。该词源自弗洛伊德，原文此处出于语法角度考虑用的"polymorphous perverse"。——译者注

③库切：《等待野蛮人》笔记，1977年9月4日。

④杰齐·科辛基（Jerzi Kosiński，1933—1991），美籍波兰作家，代表作《色彩缤纷的鸟》（*The Painted Bird*）。——译者注

丁·诺斯·卡瓦菲斯的同名诗《等待野蛮人》，但库切刚开始并没有受卡瓦菲斯的影响。所以这里就很难排除一种推论，即"逝者处理"背后闪现着艾略特的影子，因为《荒原》第一部分的名字就是《逝者葬仪》(*the Burial of the Dead*)。库切用"处理"一词来替换"葬仪"，表明他对事件的态度比艾略特更干脆彻底。库切充分利用自己的诗学资源，极尽所能去阐明这样一个观点：白人统治的南非正在自取灭亡。同艾略特的诗歌一样，小说也会用季节的更迭来标注社会秩序的瓦解。库切一直想从开头部分的自然主义中为叙事之门寻求一把更赋诗性的钥匙。

库切后来意识到早期的草稿进展缓慢，"写了22页之后还是没有起色。除非按照《内陆深处》的方式把整个故事改成一个充满意识性的剧本，否则就是白费心血。但一想到又要再重复那种高强度的歇斯底里模式，我就对写作没了一点憧憬。这种风格一次就够了"。他告诉自己，草稿欠缺的就是"塑造一个值得信赖的心爱之'<u>你</u>'"，但他不知道如何在用第三人称书写现实主义的同时又兼顾这一点。[1]有了上述想法一周之后，他的写作还是毫无起色："我根本没兴趣讲故事，反而是讲故事的过程让我挺好奇。作为一个活在世上的'他'，这个曼米让我心生厌倦。[2]一想到要'创造'一个他能四处活动的幻觉背景，我就感到沮丧。可见写作的特点之一就是让人筋疲力尽。"

虽然他另起炉灶，在叙事中加上了一个"我"，但关键还是把米利斯变成一个守卫，让他驻扎在某个边境、边防哨所或者堡垒。这一转换的催化剂是罗伯特·邓肯那首壮丽的诗歌——《边境守卫之

---

①库切：《等待野蛮人》笔记，1977年10月10日。
②曼米，曼诺思·米利斯的简称。原文此处为MM，用首字母代替了人物的全名Manos Milis，译文也做相应的简称处理。——译者注

歌》①，它开头是这样写的：

> 在战争的雨棚下，带着雄狮的男人
>
> 流失信念，如同他曾流泪。
>
> 言语的声音在期盼——
>
> 一个蛮族主人在理智的边缘。②

尽管离成稿还有很长的路要走，此番改动却是《等待野蛮人》写作过程中的重要一环，小说从此步步为营，向最终的方向逐渐迈进。库切故意保持背景的模糊性，"有时是亚马逊的丛林（比如阿基尔）③，有时是在中亚（比如布扎蒂）④；以及其他可能的地方，比如南非、北美的殖民地、罗马帝国时代的欧洲"。但他补充道："这个地方被敌人围困了。虽然他们尽职尽责，但还是被人遗忘，没有得到任何支援。"⑤

为了解决小说从刚开始就一直缺乏叙述动力的问题，他想"给这个故事中的'你'拟定一个'计划'。'你'（她）可以尝试各种角色：犯人、战俘营的女性、住院的病友"。他接着写道，一旦这个"你"的身份确定，接下来的问题就是给她"在肉体上、在言语里"找一

---

① 罗伯特·邓肯（Robert Duncan,1919—1988），美国黑山派诗人，是洛杉矶"文艺复兴"的重要人物。——译者注

② 罗伯特·邓肯：《边境卫士之歌》，载《第一个十年：1940—1950诗选》，伦敦，支点出版社，1968年，第135页。

③ 库切在这里参考了维纳尔·赫尔佐格（Werner Herzog）导演的电影《阿基尔——上帝的愤怒》（*Aguirre: Wrath of God*）。《阿基尔——上帝的愤怒》讲述了西班牙军人洛普·德·阿基尔带领一群西班牙征服者，沿南美奥里诺科河寻找传说中的黄金城。——译者注

④ 库切在这里参考了迪诺·布扎蒂（Dino Buzzati）的小说《鞑靼人沙漠》（*Il deserto dei Tartari*）。迪诺·布扎蒂（1906—1972），意大利作家、记者、剧作家和画家。——译者注

⑤ 库切：《等待野蛮人》笔记，1977年11月6日。

个"家"。①如果不给这个"你"找到可能的落脚之地，小说就没法再写下去。她就是古希腊传说中的阿里阿德涅②，专门操心如何打败守卫，但故事在哪个"洞穴"里上演还是未解之谜。

谜底很快就水落石出。库切斟酌上述材料的那几周，南非大地因为另一场政治灾难而地动山摇：黑人觉醒运动领袖史蒂夫·比科在拘押期间意外死亡，当局随后展开了死因调查。③因为问询是在公开法庭进行，各大媒体尤其是自由派的《开普时报》抓住机会进行了不厌其详地报道。库切把相关新闻做成剪报，紧密关注事件的发展。

比科遭受的拷问折磨和蹊跷死亡，给库切展示了弥诺陶洛斯的洞穴，这就是他正在找的"欲望的落脚之地"，他只有在这里才能够发掘自己笔下的人物对"她"的迷恋——首都警察特工的恐怖统治把安静的边陲小镇变得面目全非。小说以看似矛盾的相向轨迹同步展开：既是一种远离——把背景设定在不明确的历史时刻和不明确的帝国，同时又回归到它癫狂的自我毁灭时期所呈现的种族隔离暴力。草稿中虽然没有具体表现这种状态的时刻，但是充满不确定性的反复实验过程却有迹可循。

1977年圣诞节，库切写道："我笔下流淌的完全是一个不真实的世界。不管它是什么内容，这部小说本应该是一百年前就写过的。

---

① 库切：《等待野蛮人》笔记，1977年11月6日。

② 阿里阿德涅（Ariadne），古希腊神话人物，为克里特国王弥诺斯与帕西淮之女。她爱上了雅典英雄忒修斯，帮助他杀死了被弥诺斯囚禁在迷宫中的人身牛头妖怪弥诺陶洛斯（Minotaur），然后又用代达罗斯给的一条线帮助忒修斯走出了弥诺陶洛斯的洞穴（lair）。——译者注

③ 本书原文此处使用了inquest一词。该词指普通法系（英美法系）的一种司法调查手段，尤其指用来确认当事人意外死亡的原因。译文视汉语语境分别译为"死因调查""死因调查问询"或"问询"。——译者注

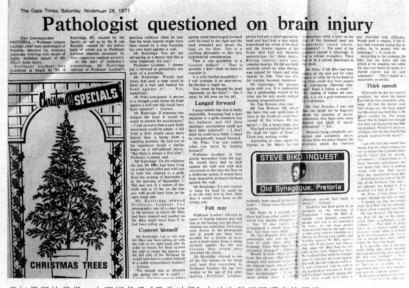

库切保留的剪报，上面记载了《开普时报》有关比科死因调查的报道。

异国风情，仅此而已。小说的形式对我而言根本构不成压力，因此也就谈不上我对形式的感情投入。这本书直接取材于西方故事：长矛民族和印第安人。"①两天之后，他又重拾信心："事情进展顺利，我终于找到了自己想要的形式，难以置信。"②

为了使自己新发现的场景真实生动，库切开始研究蒙古的地理特征，查找该地区诸如地形、人名、气候、动植物、农业、饮食等方面的信息。尽管他收集了大量的相关论文和笔记，但他也时常在草稿中表示不确定这样做的效果——库切说的不确定其实指他不知道自己是否应该描写一个完全真实的环境背景。他草稿中提到，一

①库切：《等待野蛮人》笔记，1977年12月25日。
②同上，1977年12月27日。

直想把场景拉回到非洲南部，尤其是西南非洲①，还考虑过是否加进去一些阿非利卡语的名字，来塑造一种多背景的奇妙组合，以此来突出其虚构性，但是这些想法都被一一否定了。

找到行政长官的声音是小说形式上的一个重大发现，或许还是最关键的一个。这种声音在1977年12月4日的书信体草稿中表现得最为明显，在写给一名帝国中枢官员的信中，行政长官安慰官员，说后者听到野蛮人即将起义的传言是子虚乌有。在同一天写的第二封信中，这个官员就不再是米利斯，变成了一个无名氏（"X"）。他报告了有个叫扎尔吉泰的小部落酋长，虽然此人有帝国的封印，但是构不成威胁。后面的草稿中还会出现扎尔吉泰、奥洛特和巴图以及"库姆塔格沙漠的峡谷"。②

这个叙事声音是如何把库切从一直以来费时费力的工作中解放出来的？首先，从写作技巧来说，从第三人称叙述转到第一人称，使库切能强调他追求的流畅情感，还可以尽情尝试各种用来表现意识的外在形式和文本类型。其次，从库切的社会地位来看，虽然他原打算描写革命风暴之后的开普敦生活，但是他没有途径去体验这种叙述所需的自然主义细节。他在笔记中也提到了这一点："当一个人生活充实、能全力以赴写小说的时候，他会'转化'（正如他们所说），利用所有的一切。我的生活单调乏味，也就只能写一本单调乏味的书。"③要想出色地完成第一类小说，就需要更密切地接触变革

---

①西南非洲（South West Africa）指纳米比亚共和国在1915年至1990年间的正式名称。该地区1884年至1915年为德国的殖民地，第一次世界大战爆发后，南非路易·博塔内阁占领西南非洲，结束德国殖民统治。1919年，国际联盟将西南非洲交给南非进行委任统治，直到1990年3月21日纳米比亚独立为止。——译者注

②扎尔吉泰（Jargetai）、奥洛特（Ölöt）和巴图（Batu）是库切考虑在小说中使用的人名。库姆塔格沙漠（the Kum-tagh desert）是中国第六大沙漠，地处塔里木盆地罗布泊洼地南缘。——译者注

③库切：《等待野蛮人》笔记，1977年10月6日。

时代街头的各色人群，了解他们的性格特点、阴谋诡计、雄心壮志和对生活的失望。库切并没有如此广泛的社会接触面，所以他能写的仅是一部关于地域移位（displacement）的心理剧。但他脑海里又没有剧本的自然主义背景，因此只能去创造一个新的。

他之前所营造的叙事背景在某种意义上就是自己熟悉的环境，一直都在革命的近端徘徊而没有涉及革命之后。新背景转向一个历史意义模糊、具有摩尼教二元论色彩的寓意之地[①]，这契合了库切的一贯观点——殖民历史身陷无可救药的道德危机。约翰曾在《青春》里说："黑人和白人间有一道固定的鸿沟"；像他这样的人"是以最站不住脚的借口待在这片土地上，待在南非的土地上"（该观点在《耻》中又再度出现）。[②]这种道德悲观主义离《等待野蛮人》中神秘的分裂世界只有一步之遥了。

库切营造的小说背景引起了海外评论者的共鸣，这些人对南非也怀有复杂的感情。小说出版后不久，皮特·刘易斯在《泰晤士文学副刊》发表了一篇评论，分析比较库切的风格和阿伦·佩顿的现实主义，"库切造就了一种具有象征意义甚至寓言性质的小说模式——不回避南非活生生的现实梦魇，勾勒隐藏于社会问题背后的精神病理学特征，借此来定位特殊状态下的原型"。[③]刘易斯的这个评价公正客观，合情合理。

叙事焦点的转移，使得库切能够充分发掘自己的资源潜力，包

---

①摩尼教（Manichaeism），由西元3世纪中叶波斯先知摩尼（Mani）创立，是一种将琐罗亚斯德教（Zoroastrianism）与基督教、佛教混合而成的哲学体系，属于典型的波斯诺斯底二元论。它吸收了琐罗亚斯德教的善恶二元论思想、基督教的耶稣崇拜、佛教的轮回观念、马吉安主义对于旧约的否定、犹太教的天使概念，以及诺斯底主义的"灵知"思想，创造了二宗三际论体系。——译者注

②库切：《青春》，第17页。

③皮特·刘易斯：《暴政的种类》，《泰晤士文学副刊》，1980年11月7日。

括他矛盾情感的载体——卡鲁。"尽量把沙漠描写得像卡鲁"[1]，当叙事步入正轨后，他在笔记中如是写道。草稿中也的确有很多卡鲁式的镜头，比如下面这段："夏季疾驰而过"，那片"果园已经被秋实压弯了枝头……繁星缀满天空，我们就在世界的屋脊。我半夜醒来，发现自己躺在璀璨星光之下"。[2]如此哀婉动人的词句，加上对乡村的这种爱，都源自作家在鸟儿喷泉农场度过部分童年时光的经历；后来物是人非，他又认为农场所代表的生活方式正在变成昨日黄花。写《幽暗之地》之前，库切读过开普北部地区科伊部落和纳马部落的民族志，以及他们和荷兰早期殖民者的交往记录，这些材料在草稿中也有体现；《等待野蛮人》抹去的是那些贴着具体民族标签的流行殖民话语，但保留了18世纪开普殖民地不同种族间，巨大的文化差异和互相冲突的生活方式。

史蒂夫·比科之死有着深厚的社会背景。20世纪70年代初，政府部署安全机构对黑人觉醒运动进行残酷打压，导致1976年索维托起义爆发。1977年年中，起义被彻底镇压，调查这次运动组织基础的行动随之全面铺开。

1977年10月，数十个左翼组织被查禁，其中多数跟黑人觉醒运动有牵连，而比科在此之前已经被捕。9月12日，被警方拘留的比科去世，11月14日启动了比科的死因调查问询。国际媒体对该事件的跟踪报道，促使美国国会128位议员签署了一封致南非政府的联名信，强烈要求南非当局同意他们委派一个美国小组，去审查涉及政治犯和无审讯羁押的相关法律。

---

① 库切：《等待野蛮人》笔记，1979年2月23日。
② 库切：《等待野蛮人》书稿，1978年3月13日。

　　比科之死在小说中的分量举足轻重，但又并非显而易见。"尽管
这不是完全真实可信，"库切写道："但是我必须把小说跟比科事件的
联系说清楚，把比科事件触发的小说灵感讲明白。结尾处来一个大
规模的审判场景，把所有的原告都放到被告席上。"①虽然这个审判
场景一直没有出现，但是乔尔上校和他的侍从在小说结尾处确实都
饱经摧残。很明显，政治语境已经被作者翻译成小说情节：安全部门
的分遣队对蛮族部落实施的清剿行动（该部门其实是南非的国家安
全局，小说中借用了沙皇俄国时期对本国安全机构的称谓——第三
局），滥施酷刑的审讯室，还有这些措施对以行政长官为代表的自由
主义者良知的践踏。

　　但库切为何又暗示说承认这些场景源于比科事件又"不是完全
真实可信"？无疑是因为他把这些情节都已融进了一个基本要素齐
全的结构里，所以要想给小说插上腾飞的翅膀，他就得描写欲望，
或者寓欲望于生活。这项工程需要一个难以捉摸的"你"、一个女性
的"你"才能完成。在把政治事件引入小说并虚构化之后，这个"你"
变成了一个蛮族女孩儿：一个被乔尔上校折磨致残、眼睛半失明的受
害者，一个被行政长官带进自己房间的年轻姑娘——米利斯之前想
象的多相变态性行为也找到了空间载体，这个地方不但饱含情感韵
味，而且还被赋予了文化气息。这些情节的出现对库切而言可谓是
雪中送炭，寻找"欲望的落脚之地"的问题也迎刃而解。

　　库切为《等待野蛮人》调配的这款鸡尾酒醇厚绵长，它集性癖
好、受虐之躯、文化差异和摇摇欲坠的政权为一体。或许正因如此，
他对所写的东西就没有十足把握："这个荒唐可笑的故事很难让人相

---

　　①库切:《等待野蛮人》笔记，1978年7月25日。

信，所以我唯一的希望就是能对小说来个大变身。"他直觉地认为"这个男主角的性癖好最好跟折磨拷打联系起来"；他应该传递一种观念，声明这个躯体没有"特权空间"；这个男主角"挨过审讯室发生的一切时，情节必须更有冲突性"。他还认为这个男人应该经历痛苦："他在自己的组织里，野蛮人进攻导致他受伤。为什么不这样写?"①

小说出版6年之后，库切在一篇名为《走进暗室》(*Into the Dark Chamber*)的文章中写道："1980年我发表了一部小说《等待野蛮人》，来分析拷问室如何影响一个良知之士的生活。"②从这句话看，他对小说主题的认识已经洞若观火，而且他同样意识到，必须以寓意深度和审美效果为指导，对直接反映现实的事件进行再加工，重新安排语境实现虚构化后，这些事件才能成为文学作品。库切在上述文章中的反思也证实了这一点。按照他的分析，酷刑折磨之所以对南非作家构成一种"黑色的魅力"，有两个原因：第一点很明显，即审讯室是独裁主义和其受害者广义关系的缩影。第二点更侧重从小说的角度看待问题。"南非小说家是这样一群人：他们遭受难以忍受的查禁，虽然露宿在一扇紧闭的大门前，却要通过文字呈现自己无权观看的场景，书写其中各色演员的故事和他们如何进到大门之内。"换句话讲，制度的暴行让小说家的工作面临特殊的挑战，他们需要思考如何去再现这种残暴，但又不机械性地复制："如何跳出国家制定的条条框框，如何建立自己的权威，如何以自己的方式想象酷刑折磨和死亡。"③

为了应对上述挑衅，库切在接下来的一年半里反复修改这部

---

①库切：《等待野蛮人》笔记，1978年2月19日。
②库切：《双重视点》，第363页。
③同上，第363、364页。

分。1978年年末，小说写了将近一年之后，他又开始大量阅读各种书籍，还把碰到的主题和引证的材料做了笔记：关于墓地和相关的仪式，关于死亡和绝望（克尔凯郭尔、亨利·詹姆斯和鲍里斯·帕斯捷尔纳克关于自杀的书）[①]，关于艺术（此处引用了福楼拜的话作为格言："以前人们认为只有甘蔗能产糖，而如今从任何东西中几乎都能提炼出糖：诗歌也是一样的道理。"），关于快乐（罗兰·巴尔特），关于密宗（奥克塔维奥·帕斯）[②]，关于空间（亨利·柏格森）[③]，关于声音（沃尔特·翁）[④]，关于《包法利夫人》（利奥·贝尔萨尼）[⑤]，关于做梦（弗洛伊德）。沃尔特·翁的话也被引作格言："野蛮人经常变成他们所袭击文化……的守护人。"他读了保罗·利科[⑥]关于身份认同的著作，西蒙娜·波伏娃关于女人"穿衣打扮"的意义，乔治·斯坦纳[⑦]对翻译学侵入理论（invasion）的一些大胆设想。西蒙娜·韦伊[⑧]的警句——"罪恶潜伏在我们身上，我们必须自己来担当"不但在草稿里

[①] 克尔凯郭尔（Kierkegaard, 1813—1855），丹麦神学家、哲学家及作家，被称为"存在主义之父"；亨利·詹姆斯（Henry James, 1843—1916），美国作家，19世纪现实主义文学的重要代表；鲍里斯·帕斯捷尔纳克（Boris Pasternak, 1890—1960），俄罗斯诗人、小说家，代表作《日瓦格医生》。——译者注

[②] 奥克塔维奥·帕斯（Octavio Paz, 1914—1998），墨西哥作家、外交官，被认为是西班牙语界最伟大的作家之一，其诗歌创作深受东方密宗影响。——译者注

[③] 亨利·柏格森（Henri Bergson, 1859—1941），法国哲学家，1927年获诺贝尔文学奖，以优美的文笔和丰富的想象力著称。——译者注

[④] 沃尔特·翁（Walter Ong, 1912—2003），美国圣路易斯大学教授，媒介环境学第二代核心人物，他在《口语文化与书面文化：语词的技术化》中提出了口语文化和书面文化的两极性概念。——译者注

[⑤] 利奥·贝尔萨尼（Leo Bersani, 1931— ），美国文学理论家，1992年当选美国人文与科学院院士。曾为洛威尔·拜尔翻译的英文版《包法利夫人》写过前言。——译者注

[⑥] 保罗·利科（Paul Ricoeur, 1913—2005），法国著名哲学家，当代最重要的解释学家之一。——译者注

[⑦] 乔治·斯坦纳（George Steiner, 1929— ），美国著名文艺批评大师与翻译理论家，当代杰出的人文主义知识分子。——译者注

[⑧] 西蒙娜·韦伊（Simone Weil, 1909—1943），法籍犹太人，宗教思想家和社会活动家。——译者注

出现，还一直保留到出版的小说中。①

虽然库切1979年6月1日完成了小说的打印稿，但还在此基础上继续手工修改。后续草稿的大部分修改和录入工作，都是在外出旅行期间完成的。他1979年1月到5月在得州大学奥斯汀分校语言学系，随后的6月份到8月份又到了加州大学伯克利分校语言学系。②库切认为自己这段独处的时间颇有成果。③因为他想借开普敦大学提供的学术休假机会来提高语言学素养，所以上述行程的目的也都是为了学术交流。他在奥斯汀分校参加了劳里·卡图南开设的句法学研讨班，努力学习之后写出了三篇论文：一篇是关于被动语态的修辞学阐释；另一篇论述无施动者的被动句；最后一篇讨论艾萨克·牛顿为了写出"通俗易懂的科学语言"而做的努力。

有人质疑库切的语言学研究和手头写的小说没有太大关系，他对此表示异议："或许我写的某些东西是为了转移自己的注意力，消遣放松，对所涉及内容之外的学科领域也没什么意义，但至少我们应该允许这种可能性的存在。"他所说的"消遣放松"，就是指上述几篇论文，而不是正在写的小说。他继续说："这可能也暴露一个事实——我花了些时间（或许是太多时间？）做的事让我远离这个纷扰而伟大的世界。"④他对潜心撰写句法学论文的事进行了自我批判，认为这是一种不务正业。如果按照公认的标准衡量，这些论文都相当深奥，而且也没有影响他的写作——小说仍然在沿着南非政治道德的相关主题和叙事线索继续推进。

旅行显然为库切剥离《等待野蛮人》的南非语境提供了便利条

---

① 库切：笔记本，1978年9月27日。
② 库切：给汉斯·泽尔的信，1979年5月8日。
③ 库切：《双重视点》，第141页。
④ 同上，第142页。

件，因为他耳旁不再天天充斥着现实主义者的大声疾呼。他继续撰写讨论南非文学的相关文章，包括为《文字审查索引》写的一篇有关《扒车客》的文章①；还有一篇评论迈克尔·韦德研究戈迪默的文章发表在《非洲文学研究》，他在文中总结说戈迪默认定白人统治下的南非前景黯淡，她态度的坚决超出了韦德的预期。戈迪默对社会局势的预测呼应了这部小说逐渐呈现的忧虑情结。

　　库切孤家寡人的这些日子也必定影响了他的作品。虽然跟菲利帕仍然有婚姻关系，但他9个月没回家，这暗示其家庭生活已今非昔比。除了夫妻感情，两个十来岁的孩子必定是他无法割舍的牵挂，因为小说就是献给他们的礼物。早在1978年，他就把对孩子的关心编织成了笔记中的缕缕文字："我对孩子未来的关心触动了自己。小说中的一个人物要为他们而死，我本能地感觉得这样写。这个人（X，后来成了行政长官）——当他看到故事中像自己孩子一样的小女孩受到威胁时，他是否不再逆来顺受，不再安于现状？"②小说结尾描写镇上的孩子在广场堆一个雪人玩儿，这其实是库切的感伤之笔，因为故事里的孩子在库切的现实生活中的确有对应之人。

　　行政长官是一个茕茕孑立的男性角色，只能靠那点考古的爱好和反思历史打发日子，除此之外就无所事事。库切也正在经历同样的遭遇。他1978年描述的倦怠状态在旅行期间变得愈发强烈："长期以来，我极度压抑。这种心理先是由外力导致，后来又内化成一种自我感觉，所以我现在处于无欲无求的状态。也就是说，我连思考无欲无求状态的欲望都没有了。如果死亡算'兴趣'的话，'无欲无

---

①《文字审查索引》（*Index on Censorship*）是一个推广表达自由活动的出版组织，也发行同名的季刊，总部位于伦敦。《扒车客》（*Staffrider*）指南非的一份文学期刊，它是黑人觉醒运动的主要文化阵地，创刊于1978年，1996年停刊。——译者注

②库切：《等待野蛮人》笔记，1978年9月18日。

求'的人就这一个爱好。哀莫大于心死。"并且"你不可能在欲望缺席的状态下写出一本书，即使这是关于欲望缺席的书。这个叙事只能慢慢展开，像做一场调查，如解决一个问题。'欲望是个无解的问题'。"①无休止的审问却得不出任何结论——这也是《等待野蛮人》固有的一种叙述语气。

库切讨论现实生活中的酷刑折磨给作家带来的挑战，其实是暗指写作容易受暴力的色诱。②《等待野蛮人》动笔之前他并没有声明上述立场，而是在写作过程中发现了这种倾向，因为草稿涉及了酷刑的地方，比如折磨乔尔上校抓回来的一老一少两个囚犯的情节，他让年长的犯人当着男孩的面被屠杀。行刑者想杀鸡儆猴，认为天真的孩子受到惊吓会脱口说出一些野蛮人的真实意图。草稿中的屠戮场景令人大倒胃口：先用剑捅死年长男子，然后再砍去他的头颅。这种赤裸裸的暴力堪比我们在《幽暗之地》中所读到的场面。

既然如此，库切何时汲取了《走进暗室》总结的经验教训（即如何表现酷刑折磨而又不一再重复施暴者和受害人的权力关系）？从行政长官这个人物的塑造过程中，似乎能找到答案：在小说的定稿里，先是行政长官逐渐意识到周围发生的一切，再通过他的视角来展现上述残忍至极的事件。通过这种方式，酷刑就被看成一个道德问题，对那些强大而令人惊恐的势力而言尤其如此。

---

①库切：《等待野蛮人》笔记，1978年2月21日。
②暴力的色诱，原文此处为the pornography of violence。正如色情描写是为了满足人们的窥阴癖和虐待癖一样，暴力描写有时也会用夸张的手段去满足人们的某种心理癖好。中文可译为"暴力的情色特性""暴力的情色表现欲"等，这里根据语境译成"暴力的色诱"。据考证，该词是哥伦比亚大学乌干达籍教授马哈默德·马姆达尼（Mahmood Mamdani）在他2009年出版的著作《救世主和幸存者：达尔富尔、政治和反恐战争》（*Saviors and Survivors: Darfur, Politics, and the War on Terror*）中首次提出。——译者注

　　小说情节发展有两个关键因素：第一是首都安全部队的到来；第二是行政长官跟蛮族女孩的关系。乔尔和他手下到达驻地后，递交的犯人死亡报告跟调查问询中描述的比科之死毫无二致，而调查委员会主席最终宣布不追究任何人的责任。这种推诿之词在发表的小说里改头换面：

　　　　在审讯过程中，囚犯的供词明显前后矛盾。这些漏洞百出的供词被揭穿后，囚犯恼羞成怒，攻击调查案件的长官。随后，双方扭打在一起，囚犯重重地撞在墙上。经抢救无效死亡。①

　　比科之死调查结果的细节在上述段落的第一稿中有更明显的暗示，尤其是受害人死于脑损伤的事实：

　　　　"上校，我听说其中一个囚犯在审讯时死掉了。这是怎么回事？"

　　　　"哦，就是的，这是几天前的事情了。我们在审讯他的时候，拿出一份他之前的供词，跟他当时所说的前后矛盾。他暴跳如雷，开始攻击我们。我们四个人——我、B上校和两个助手，一起动手才把他制服。双方扭打在一起。在打斗过程中，他的头部接触到了墙壁。我知道这就是死亡的原因。脑损伤。"

　　这段话写于1977年12月23号，也就是比科之死调查问询的一个月后；库切利用了剪报新闻的细节，小说的写作也进入白热化阶

---

　　① 库切：《等待野蛮人》，哈蒙兹沃思：企鹅出版社，1980年，第6页。（后文出自同一著作的引文，只在脚注中标出该著名称和引文出处页码，出版社、年份等信息不再另注。——括号内为译者注）

段。他在随后的修改中隐去了脑部受伤的描述，但保留了审讯官的闪烁其词。虽然史蒂夫·比科猛扑向施暴者的细节也保留了下来，但已经换了新的语境：年长的受害人成了蛮族女孩儿的父亲；行政长官有如下的看法：正是父亲看到女儿目睹自己遭受的磨难和屈辱，他才怒不可遏。①可见库切将这种哀悯同情转移到了亲子关系中。

库切在处理行政长官和女孩儿关系的过程中找到了展现欲望的途径，但是比科事件带来的结构变化让叙事重点转移到了发掘暴力对亲密关系的影响上。当行政长官发现不可能跟蛮族女子建立真正的互惠关系时，他就决定把女孩儿送回她的部族。他组织了一次远行，当到达目的地之后，让女孩儿自行决定去留，而后者选择逃出行政长官的手掌心，摆脱他的控制。尽管此次远行确实是出于个人目的，但回到驻地的行政长官却被指控里通外敌，因此受尽折磨，公开受辱。后来乔尔上校离开了那片狼藉的焦灼之地，留下它自行瓦解，只有那些孩子还能让人对另一种未来抱有希望。

库切成功虚构了小说的叙事背景，又发掘了酷刑背后巨大的阐释潜力，之后就开始集中描绘行政长官对女孩儿的关注。起初，我们都是通过他的种种误解才了解到女孩儿的情况：她一瘸一拐，行政长官猜测那是她小时候裹脚的缘故；她双膝跪地，面前放着个要饭的碗，他想知道女孩儿为何不盘腿坐着；她双脚裹着破毡布，他认为女孩儿没有鞋穿，凡此种种。但不久他便了解到真相，女孩儿是被所谓的"千杖法"（the thousand blows）敲打脚踝，因此致残。行政长官对她痴迷着魔，做过各种怪梦，还把她带回自己的房子，命令人伺候她，不让她再去沿街乞讨。库切刚开始采用了20世纪50年代

---

① 库切：《等待野蛮人》，哈蒙兹沃思：企鹅出版社，1980年，第80页。

南非文学常见的主仆关系模式，来刻画这一场景，比如女孩儿穿着他给的棉制束腰外衣，她用手抓着他给的食物吃，但他随后修改时又放弃了这些细节。

在行政长官的一再要求下，女孩儿脱掉"破烂没形的羊皮人字拖鞋"，解开了脚上的绷带、绳子，于是他开始给她洗脚。草稿中的这些情节有两处和已发表的版本大相径庭。首先是行政长官用当地方言跟女孩儿交流，库切此举能重塑阿非利卡语语境下的社会关系。其次，草稿中的性行为描写更加露骨。在定稿中，行政长官的筋疲力尽跟世俗之事(比如性高潮)没有任何关系；他的性兴奋反而有一种诗学寓意，好像他的疲倦劳累是两人关系的缺陷表现出的心理表征，或者是女孩没法满足行政长官形而上的需求。

……在为她擦洗的过程中，我越来越容易昏睡过去，就像被一把战斧击中，迷迷糊糊地倒在她身上，四肢张开，一两个小时后醒来感觉头昏眼花，神志不清，口渴难耐。这些无梦的片刻酣睡对我来说像是死亡，或像魔咒一般，那时我在时间之外，完全是一片空白。

我用嘴唇碰了碰她的前额。"他们把你怎样了？"我低声抱怨。我话语滞缓，由于疲惫不堪脚下已是摇摇晃晃。"你为什么不告诉我？"

她摇了摇头。晕眩马上又要向我袭来，我的手指按过她的臀部，感到她皮肤下面似有若无的纵横骨架。"我们能想象到的就是最糟糕的事情。"我咕哝了一句。不知她听没听到我的话，也没有任何反应。我打着哈欠瘫倒在沙发上，顺势把她拽到身旁。"告诉我到底发生了什么，"我想对她说，"别再故弄玄虚，痛苦就是痛苦而已。"但这些话却没能说出口。我胳膊搂着她，嘴唇凑在她的耳朵上，挣扎着想要张嘴，但眼前一黑。[1]

上述情节在草稿中刚出现时，并没有如此意味隽永的效果。对互惠性的渴求是草稿的首要任务，虽然这种重要性也延续到了出版的小说中，但表现手段已经不再依赖这样露骨的描写了。批评文章极为关注这些情节的寓意，在它的无联系性、怪异感和他者化等神秘特质上大加评论。从草稿来看，小说之所以具备这些特性，是文字修改和后期的策略性删节共同作用的结果——删减是创造过程的中心环节。

事件的转折点发生在行政长官观察到女孩儿"呆板无神，如同死鱼的眼睛"。原来有人曾经拿烧红的烙铁靠近女孩儿的脸，致使她双目失明。这一发现让他倍感不适，以致晚上想的都是"以前的时光"。"无论是她走进他房间的时候，还是她在屋里活动或者脱衣服的时候，他都满是猜疑地注视着她，希望能捕捉到她还是自由之身时的肢体动作；在她失明之前和但她做的一切都让人摸不着头脑，带着试探性和防御心理，就是一个被束缚的躯体表现的行动模式。"[2]从这一刻起，行政长官明白事情的发展将会脱离原来的轨迹。

虽然已发表的小说把行政长官重建俩人关系的努力都集中在那次远行上，但是库切在草稿中探索了这种努力在其他方面的可能性：他把X变成了那所前哨的指挥官，让他来履行行政长官的职责；当真正的行政长官来的时候，这位长官无意中透露首都方面想要把X调回的消息，这使得X萌生了把女孩儿送走的念头。然后作为指挥官的

---

[1] 库切：《等待野蛮人》，第31、32页。
[2] 库切：《等待野蛮人》书稿，1978年1月4日。

X试图说服这位新来的行政长官为自己举办一个准法律意义上的仪式，以便X把女孩认作女儿。但是他拒绝了。镇上的居民也大惑不解，他们虽然不反对X把女人带回公寓，但是要把这种事变成一种父女关系就有失体统。X考虑按照野蛮人的法律制度跟女孩儿结婚，因为遵照惯例，如果父亲过世，女孩在结婚前仍然是她伯父或者叔父的女儿；他希望野蛮族人能把这个结合看成是一场婚姻，他也因此就能更多地承担父亲的角色。该情节是库切从非洲的地方习俗（尤其是恩古尼人）借用并改编的。①虽然这些叙述在最终的版本中都被删掉了，但是库切在探索用一种跨文化的法律安排作为传统西式婚姻的替代品。这里又为后续小说提供了先例，给《耻》中露茜跟佩特鲁斯一夫多妻的婚姻埋下了伏笔。

　　至于行政长官和他飘忽的欲望，性的兴奋让位给了补偿的需要。"在某个地方，总有一个孩子在挨打"，库切此处再次参考了弗洛伊德的理论。②"我想起这个人，不管她多大，反正还是个孩子，她被带到这里，在父亲面前被弄瞎了眼睛。她看着父亲在自己面前遭受屈辱，明白父亲已经知道她看见了什么。"行政长官想要扮演父亲的角色，但"为时已晚，她对父亲不再有信任感。我想做点合适的事，我想做出补偿：我不会否认这种冲动的正当性，虽然它掺杂着更多可疑的动机"。当被扒光衣服的父亲满身伤痛地出现在她面前，当他们伤害她之后，"她已不再是完整意义上的人了，不再是我们的姐妹。

　　①库切：《等待野蛮人》书稿，1978年1月13日。
　　②西格蒙德·弗洛伊德：《挨打的孩子：性倒错起源的研究贡献》（A Child Is Being Beaten: A Contribution to the Study of Sexual Perversions），《国际心理分析》（International Journal of Psychoanalysis），1，第371—395页，http://www.psykoanalytisk-selskab.dk/data/archive/kand-litteratur/A-Child-is-Being-Beaten—A-Contribution-to-the-Study-of-the-Origin-of-Sexual-Perversions.pdf，2013年7月22日。

她那些怜悯之情已不复存在，那些心灵感触也荡然无存"。[1]

《等待野蛮人》的高潮部分，可以说是在遭受折磨的行政长官认为自己濒临死亡的那一刻。他被迫蒙住双眼爬梯子，脖子上还套着绞索，绞索的另一头系在树杈上。他一边往上爬，拉绳子的人一边把套索往紧里拽。当他爬到最高处，梯子就被推倒了。幸好他没有直接掉下去，才得免一死。那一刻，他脑海中极其清晰地浮现出野蛮人部落领袖的形象。他回忆道："我站在那个老人面前，迎着风撑开眼睑，等他开口说话……女孩儿的黑发按照蛮族流行的样式梳成长辫搭在肩后，她骑着马跟在老人身后，低着头，也在等他开口。我叹了口气。'真遗憾，'心想，'现在为时已晚。'"[2]行政长官很明显在这里身份错位了；预想的话还没说就被赋予了强烈的革命意味；欲望已经变得无关紧要。这段话起初的草稿能更详细地展现他的反思过程：

从我偶然撞见她坐在营房门口的那刻起，她就身陷撒谎的泥潭中难以自拔。她也是被一个自欺欺人的滑稽男人带着穿过了沙漠。和野蛮人相处我究竟想得到什么！我曾想借助通婚成为他们的一员，不是因为我渴望田园牧歌式的生活状态，而是想成为她身上那些印痕的主人，想听到她参加仪式时承认它们属于我。我怎么会认为她就这么傻？她自始至终都听从自己的内心，按照它的想法行事。从一开始她就认定我是个虚伪的骗子。谁知道呢，没准如果她懂我们的语言，就可能告诉我真相，告诉我自己的内心在想什么："带着青肿的眼眶去跟上校会合。找一个新鲜干净的身体。让他给你展示下如何把你的印迹

---

①库切:《等待野蛮人》，第80、81页。
②同上，第120、121页。

拓印在身体上。"①

　　如果说库切是成功把握后种族隔离叙事的作家，那么他描写种族政策结束之后的未来就聚焦在两个方面：刻画过渡状态下的心理特征和发掘亲密关系。这部小说原本是准备探究和革命一道而至的精神性欲疾病，后来成了描述暴力如何影响亲密关系的故事。库切为小说创造了一个可信的虚构世界，一个史无前例的叙事背景，足见他的想象力之丰富。

　　回首南非种族隔离制度废除后这段不长的历史，尽管有不尽如人意的地方，但总的来说还是一个巨大的进步。然而让人费解的是，后革命时期生活的波澜不惊却没有出现在库切的笔下。《耻》在这方面也没有多少改进，因为小说里充满了反乌托邦的革命理想，社会变革根本没法约束蠢蠢欲动的性欲望。和《等待野蛮人》早期的草稿一样，《耻》关注的也是"共和国末日的浮渣泛起"。由于历史原因，库切没法像但丁一样编出一本《新生》诗集，用诗意的想象去歌颂青梅竹马的爱情，他发现自己能写的就是关于穷途末路的故事，可以说在某种程度上他必定会这样想。《等待野蛮人》写了一年之后，他意识到这本书是关于"等待一个没有出现的欲望，虽然人正在等。《等待戈多》描述的是等待一个主题"。②

　　等待的心理状态也表现在这部小说倾向于隐藏它的本意。当结尾逐渐明朗时，库切在笔记中这样描述行政长官："他之所以困惑，关键就在于他从来没弄明白自己生活的象征意义，即使在生活的紧要关头也是如此。跟野蛮人的会面没有实质内容，也没有语言交流，警察

---

　　①库切：《等待野蛮人》书稿，1978年9月14日。
　　②同上，1978年10月24日。

也并非都是坏人，女孩儿拒绝向他透露自己的想法，最后野蛮人也没有来……<u>这是一部在表情达意时一直闪烁其词的小说。</u>"①

上述评论的意义之一在于，库切急切地想要确信自己写的现实主义小说体现了一定的文本自觉性。他曾考虑过给小说加上旁述②，并且读了雅克·德里达的《丧钟》（*Glas*）之后更坚定了这个想法（旁述就是他在《幽暗之地》里用过的文本分层结构，这一模式在《凶年纪事》中再度出现）。但他同时补充说："如果这个旁述仅是自我意识的另一种变相表达，或者是一些引文，那它就<u>不是</u>我想要的。不要文献出处，只需阐明其意。"③小说结尾处行政长官的回忆性段落就具备上述特性，而且这些描写跟全书的基调吻合，也都没有点明结论。

悬而不决（suspension）和含而不露（withheld meaning）是《等待野蛮人》的两个基本特色，这跟看似即将土崩瓦解的偏执狂社会状态息息相关。小说的时事性是它能在南非和海外获得成功的原因之一，同时也让库切在种族隔离制度苟延残喘之际，为祖国刮骨去毒。

---

①库切：《等待野蛮人》书稿，1979年2月19日。

②旁述（marginal commentary），指库切想在同一页小说添加另外的叙事声音，以凸显文本自觉性和元小说的特质。德里达的《丧钟》就是在同一页的左侧论黑格尔，右侧谈热奈特，所以库切读过这本书之后更坚定了原来的想法。——译者注

③库切：《等待野蛮人》书稿，1978年9月15日。

第七章　城郊的强盗①
——亡命天涯的迈克尔·K

　　入室盗窃是《迈克尔·K的生活和时代》折射的社会问题之一，同时也是困扰开普敦郊区的顽疾。1979年，库切大部分时间都在美国，直到9月份才回到隆德伯西的家里——在这个毗邻开普敦大学的地方②，频频发生的盗窃事件又重新走进了他的创作视野。10月份，他草拟了新小说的大纲③，讲述一个"有良知的自由派人士"某天回家后发现有人曾破门而入，把家里破坏得一塌糊涂，于是他便向当地公安机关报警。但跟警方打过几次交道之后，他感觉对方根本不在意这样的小偷小摸，他们更关注如何平息受压迫阶层的愤怒情绪。他没想到连法律制度都指望不上，自是难抑心中的愤怒，于是他径直前往黑人聚集的城镇张贴悬赏公告。满肚子气的他根本就不关心黑人社区污秽遍地的脏乱环境。他后来射杀了一个晚上闯进家来的擅入者，整个故事也进入高潮。他从此对暴力和秩序失控的生活习以为常，自己也卷入了"阶级斗争"中（他本身代表中产阶级）。

　　库切选择了德国作家海因里希·冯·克莱斯特1810年出版的浪

---

　　①原文题目为"Suburban Bandit"。本书作者之所以用强盗（bandit）一词来指代《迈尔克·K的生活和时代》的主人公，意在强调K的原型来源于海因里希·冯·克莱斯特1810年的浪漫小说《迈克尔·科尔哈斯》打家劫舍的同名主人公。——译者注

　　②隆德伯西（Rondebosch），开普敦市南部的一个郊区，开普敦大学的主校区坐落于此。——译者注

　　③库切：《迈克尔·K的生活和时代》笔记，1979年10月17日。

漫小说《迈克尔·科尔哈斯》(*Michael Kohlhaas*)作为故事的模板，并且他小说主人公的名字（迈克尔·K）也是源自这部作品。克莱斯特的小说讲了一个16世纪的马贩子科尔哈斯在去集市的路上被人拦住索要通行证，但他拿不出证件来，于是马匹也被没收充公。当然后面我们会知道，这其实是涉事的官员贪赃枉法，他根本不需要什么通行证。但科尔哈斯却因此成了亡命之徒，一心要夺回属于自己的财产，于是一路打杀抢劫，发动叛乱。后来竟然是马丁·路德劝说他放下屠刀[①]，并安排招安事宜。但事与愿违，连马丁·路德也无力改变科尔哈斯被送上审判台定罪的命运。虽然法庭承认他遭遇不公在先，但还是罪当致死。由此可见，《迈克尔·科尔哈斯》讲述的就是男主人公面对法律的失效和政府的无为，揭竿而起的故事，科尔哈斯也成了后启蒙时代纯粹自由思想的化身。

多数读者认为K这一角色背后闪现着弗兰茨·卡夫卡和他的作品《约瑟夫·K》(*Josef K.*)的影子。这种假设无疑是成立的，因为库切在草稿阶段琢磨过小说可能应该叫"约瑟夫·K的童年"(The Childhood of Josef K.)。[②]虽然尚不清楚他如何从《迈尔克·科尔哈斯》想到了《约瑟夫·K》，但可以肯定的是，库切对卡夫卡的了解让他选择了克莱斯特，因为卡夫卡是出了名的推崇《迈尔克·科尔哈斯》。其实，吸引库切的除了克莱斯特小说的主题，还有作品的流浪冒险特质。库切刚开始写《迈克尔·K的生活和时代》时，曾一度试图效仿克莱斯特的快节奏叙事模式。快节奏叙事模式也是库切钟情18世纪小说的另一个原因，而这种情怀将会在下一部小说《福》中开

---

①马丁·路德(Martin Luther, 1483—1546)，生于神圣罗马帝国(今德国)艾斯莱本，16世纪欧洲宗教改革倡导者，基督教新教路德宗创始人。——译者注
②库切:《迈克尔·K的生活和时代》笔记，1979年11月10日。

库切在笔记本上写的《迈克尔·K的生活和时代》的大纲。

花结果。在最开始创作《迈克尔·K的生活和时代》时，克莱斯特给库切的启发和他从卡夫卡那里吸收的养分一样举足轻重。因此，当被问及这部小说跟卡夫卡的关系时，库切的谨慎回答也就不足为奇：

他说自己"从不后悔"用字母K来命名小说的主人公，因为没人垄断这个词的使用权。[1]

《迈克尔·K的生活和时代》开始的草稿写了一个仇杀故事。因为有一种观点认为仇杀是南非小说的表现基础，库切对此很感兴趣，所以趁着《迈克尔·K的生活和时代》进展顺利时，他把阿伦·佩顿的名作《哭吧，我亲爱的祖国》（*The Beloved Country*）改写成了一个仇杀叙事的纲要。库切对佩顿小说的情节概括干瘪冷酷，会让那些熟悉佩顿自由派基督教立场的读者大吃一惊：

> 《哭吧，我亲爱的祖国》和仇杀。第一页就揭露白人祖上的罪行——抢夺黑人的良田。黑人之子带着世仇到城市后杀死了白人的儿子。终结仇杀的力量出现：（a）救世主；（b）法律（两者都明确地反对仇杀所奉行的逻辑）。贾维斯的赎罪之举算是做了补偿，或者没做。孙辈这一代人的问题。[2]

库切原本打算把《迈克尔·科尔哈斯》直接搬到《迈尔克·K的生活和时代》中：让他笔下的人物变成一位学者，致力于把克莱斯特的这部德语小说翻译成英文诗歌。这位学者发现，窃贼在家里肆意破坏时竟把自己打印出来的翻译稿用作手纸，立刻怒火中烧。虽然该情节体现了库切将文本根植于前人经典作品的惯例，但却很少像这样掺杂着对经典被嘲弄的忧虑。

1980年5月，在草稿已经写了8个月之后，小说的焦点已经不再围绕中产阶级知识分子迈克尔，而是转到走进故事中的一男一女两

---

① 库切：《双重视点》，第199页。
② 库切：《迈克尔·K的生活和时代》笔记，1982年6月9日。

个有色人种身上。但《迈克尔·K的生活和时代》的最终版本，去掉
了人物身上几乎所有的种族标记，仅有一次隐晦提及了迈尔克·K
的"CM"身份——谙熟种族隔离时代话语的读者能辨识出这代表"有
色人种男性"（coloured male）。这一男一女的关系在草稿里换了好多
次，先是两口子，后来成了奶奶带着孙子，再后来又变回了一对夫
妻，最后成了母子两人。两个角色刚开始时叫阿尔伯特和安妮，取
这样的名字跟库切的家族影响有关，因为上述两个称呼分别是他舅
爷爷和姨姥姥的名字。①这两位亲属都是文学爱好者：阿尔伯特是个
阿非利卡小说家；安妮因库切的《男孩》而被读者熟知，她把父亲巴
尔萨泽·杜·比尔（Balthazar du Biel's）德语版的宗教作品翻译成了
英语。

　　在草稿一个名为"安妮独白"（Monologue of Annie'）的版本中，
库切又把镜头拉回了革命之后的场景，这些描写曾在《焚书之火》和
《等待野蛮人》的草稿中出现过。一个男子整天弓着身子窝在书桌
前，想写一首以克莱斯特为题材的不朽诗歌，安妮则把她自己的文
稿念给这个人听。"旧日的时光"已经一去不复返。开普敦的海角镇
因为内乱而满目疮痍：到处是被随意丢弃的汽车，道路两旁的花草杂
乱不堪，各种动物横尸街头，马路和海滨大道人迹寥寥；电力供应
中断，流浪汉用劈碎的家具在洗手盆里生火；当铺被洗劫一空，小
贩沿街兜售乌龟，希望能换点吃的。②

　　虽然安妮对阿尔伯特以及艺术美化世界的能力一直信念笃定，
但她十分担心生病咳嗽的阿尔伯特。她的信念又跟周遭的凋敝格格
不入，让她更焦虑不已。她因阿尔伯特的沉默而愁眉不展，还引用

---

①舅爷爷和姨姥姥分别指库切外婆路易莎的哥哥（Albert）和姐姐（Annie）。——译者注
②库切：《迈克尔·K的生活和时代》笔记，1980年5月31日。

埃兹拉·庞德的话来形容他："因目睹荒废的生命而哀思如潮、静默不语。"①只要阿尔伯特一睡觉休息，她就急切地去看他写了什么东西。她决定带他去教会村庄根纳登达尔，在那他们可以靠种地为生，阿尔伯特也能恢复健康。②

至于这些情节最后如何变成了迈尔克·K亡命天涯的原创叙事，仍然是未解之谜。随着写作深入，库切发现他写的越多，故事变得越模糊。"在写了几天之后，我遇到一个问题：如果弄不清要在小说中出现的情节有什么历史背景，我就再没法继续写下去。到目前为止，我做的所有工作就是给那位女士和她沉默不语的伴侣画地为牢，让他们在海角镇的某个房间里活动。在他们的世界里，好像人们连日常生活都无法维持（表现在哪些方面？原因是什么？）。"③

库切没有选择革命之后的历史事实为模板，反而决定采用一种更模糊化的背景："我想要的是混乱无序：吉普车在夜里呼啸着穿街而过，到处是蓄意破坏、滥施死刑，恐惧无所不在，人们紧锁房门躲在家里，谣言四起。"④他后来设想了这样的政治背景：虽然西开普敦的非洲人流离失所，被迫离开家园，但还是有政策严格控制老百姓四处挪动。库切最终删去了所有的种族标签，保留了对人行动的控制性——所以K必须要有通行证才能离开城市。

除了要努力理顺小说的社会背景之外，小说的形式也是个亟待解决的问题："对于第四部小说，在形式上确实需要有些创新。疯疯癫癫地自言自语、尸体在封闭的卧室腐烂发臭等都不能再写了（指

---

①库切：《迈克尔·K的生活和时代》笔记，1980年6月6日。
②根纳登达尔（Ganadendal）意为"慈悲山谷"，位于开普敦以东130公里的一个村庄，原本是18世纪摩拉维亚向科伊人传道的地方。因为库切的母亲在毗邻该村的格雷顿有一块地，库切当时想把退休的父母安顿在那里，但最终未能如愿。
③库切：《迈克尔·K的生活和时代》笔记，1980年6月9日。
④同上。

《内陆深处》）。"①他反复考虑是否该加些图片，再配上夸张的指示箭头和胡写的标题，诸如"邮政总局、普莱茵大街、爆炸发生几秒钟前"。②虽然库切琢磨着把小说写成一个带剧照说明的电影剧本，但他迟迟没有行动，"我对着空空如也的稿纸一坐就是一小时，没任何进展"。③他再三掂量，考虑不把阿尔伯特和安妮写成有色人种，而让他们变为失去社会地位的落魄白人：阿尔伯特仍然翻译他的东西，安妮则拿着手枪保护他的安全，随时准备射杀那些入室抢劫的盗贼。④

结果证明上述办法也行不通，所以他又折回最开始的想法，去模仿克莱斯特的路子。但这次他碰到两个问题，一个是"精神层面"的，一个是"技术性"的。技术性问题很好理解，从他一直在犹豫故事发生的地点就能明显看出来："我没法把**MK**转化'成'一个让人都能认出来的现实情景［实际上我也不太了解这部小说（指克莱斯特的作品）］。"⑤精神层面的问题更有启发性，但也更棘手：

> 虽然我想从自己在**WfB**（等待野蛮人）的立场中得到些灵感，却没任何进展。我对专制暴政满腔怒火，仅仅是因为我认清了那些暴君，而不是因为我怜爱他们统治下的悲惨臣民（或者说"站在受害者的立场"）。我是个无可救药的精英主义者（甚至更糟糕）；而在目前的冲突中，知识分子精英和压迫者的物质利益是毫无差别的。我所有的小说都有个根本缺陷：我没法把立场

---

①库切：《迈克尔·K的生活和时代》笔记，1980年6月9日。
②同上。
③同上，1980年6月10日。
④同上，1980年6月4日。
⑤读者会猜想字母"MK"影射非洲人国民大会的武装组织Umkhonto we Sizwe（Umkhonto we Sizwe，祖鲁语，简称MK，英文意思是 Spear of the Nation，中文一般译成"民族之矛"。——括号内为译者注）。这个说法虽有可能，但两者的关系不大，因为当时库切手头参考的是克莱斯特的小说。

从压迫者转向被压迫的一方。这是我与世隔绝生活的后果？可能吧。①

"精神层面"问题的实质是政治身份的错位。他发现自己站在特权阶级的立场上，但想写出一个下层社会人物K的故事，这无疑是缘木求鱼。库切之所以把这种错位看成是"精神层面"的问题，是因为它事关欲望、同理心②和社会归属。他全力要化解的矛盾就是如何把《迈克尔·科尔哈斯》（*Michael Kohlhaas*）亡命之徒的故事和他这类人的愤慨联系在一起——所谓的"这类人"就是指既有自由派思想的白人中产阶级，同时又是那些犯罪活动的受害者。即使这个受害者说出"你们两家人都将大难临头"之类的话（就像K最终说过的一样）③，即使他变成一个心存不满的内部流放人士，这都不足以把他打造成一个游走于法律之外的逃亡者。库切说的"技术性"问题和他"精神层面"的纠结其实是一回事：如果他没法把克莱斯特的小说改写成当代南非语境下的作品，就等于说他太精英主义，放不下姿态去书写K的故事。由此可见，库切碰到的这个难题有推翻他整个写作计划的危险。

一般的作家在如此重压之下可能就会临阵退缩，但库切却写出了后来的《迈尔克·K的生活和时代》。这是一个逃犯亡命天涯的故事，主人公远在法律的触角之外。不管是法律意识本身，还是法律规

①库切：《迈克尔·K的生活和时代》笔记，1980年6月16日。
②同理心（empathy），指设身处地站在对方立场思考的一种方式，能够体会他人的情绪和想法，理解他人的立场和感受。——译者注
③"你们两家人都将大难临头"（A plague on both your houses），是莎士比亚《罗密欧和朱丽叶》中茂丘西奥（Mercutio）的台词。茂丘西奥被提伯尔特刺伤身亡，临死前用这句话指责罗密欧和朱丽叶两家人的世仇和争斗造成这个结果，而且他们两个家族以后也会招致更多的灾难。作者是想说明库切草稿中的主人公认为南非和广大受压迫的黑人群体，最后都会因为冲突而付出代价。——译者注

定的公民概念和公民责任，都无法阻止他逃跑的脚步。迈克尔·K是
库切塑造的一位反叛者，饱含着作者自己的某些性情和喜好。比如K
对母亲的强烈依恋、把农场当作想象的出生地、因推崇田园主义而重
自给自足轻商品贸易［指K的园艺工作，这一点我们还可以在《依然》
（*Nietverloren*）以及《耻》里面露茜栽培经营性的蔬菜花草进一步得到
印证、对于饮食的禁欲主义（K拒绝吃东西）、离群索居（K义无反顾
地逃出营地）］。关于K克制饮食的原型，虽然库切在草稿的后期提到
过卡夫卡的短篇《饥饿艺术家》，但笔记中先出现的是克努特·汉姆
生（Knut Hamsun）的小说《饥饿》（*Hunger*）。

迈克尔·科尔哈斯属于心怀不满的新兴中产阶级。虽然迈尔
克·K根本算不上中层社会的人，但他的秉性在某些方面有点像郊区
的市民。要想让这样一个角色在小说中体现非凡的感染力，库切就
必须把他写成一个超级逃犯（hyper-outlaw），让他抵消外界所有想了
解自己的尝试。最终承载K一系列言行举止的场域就是社会思想习惯
存在的地方，甚至是语言本身的蛰居之所。K必须要逾越所有常规的
社会标准，当然他不能超凡脱俗，要不然小说就成了神话故事，太
天马行空也就没有可信度。

在阿尔伯特版本的故事中，这个角色一直忙着手头的翻译。库
切写道："当路上有人问他是如何谋生的，他回答说自己是个诗人，
并朗诵了一部分翻译好的诗歌体《迈克尔·科尔哈斯》。他聊起这部
作品的时候，还把它当作审美的理想标准。"①这种矫揉造作的文艺
腔显然也不对路。所以当K完全摆脱知识分子的身份变成园丁之后，
上述描写也随之被放弃。

---

① 库切:《迈克尔·K的生活和时代》笔记，1980年6月18日。

虽然K的人物特征必须在现实主义层面合情合理，但是也不能变成像卡米斯克龙杀手那样纯粹的叛乱分子。[①]这个杀手的形象曾一度以备选模板出现在草稿中。而且吊诡的是，在小说的定稿里还能看见他的影子。卡米斯克龙杀手是个真实人物，库切保存了一份有关他的剪报，里面说他嗜杀成性，专门针对北开普敦省卡米斯克龙镇的白人下手。虽然库切也很想在作品中利用这个事件，但是他没法给K的意识合理地套上卡米斯克龙杀手这种底层社会人物的模子，阿索尔·富加德（Athol Fugard）的小说《阿飞》（*Tsotsi*），也面临同样的问题。[②]

小说成稿中对这件事的描述点到为止：当K在海角镇的公寓里读到有关卡米斯克龙杀手的新闻报道之后，他显得兴致勃勃。库切把相关细节纳入草稿之前，曾在笔记中写道："或许我们可以放弃让K在海角镇读MK（《迈克尔·科尔哈斯》）的念头，反而让他去读报纸上卡米斯克龙事件的头版新闻，再在报告中配上一张这个男人戴镣铐的彩色图片——虽然他浑身是血，但还感觉有点得意扬扬，一个警察拿着枪站在旁边。"[③]虽然《迈克尔·K的生活和时代》中对卡米斯克龙杀手的暗示让批评家们忙得不亦乐乎，但它很大程度上仅是这部小说原始想法的一点残存而已。

在几番尝试之后，库切决定从头再来。他在这次的故事情节里发挥了自己的长处：通过文本层面的悖论、不确定性和自觉虚构性去陌生化现实主义。库切必须以这些文本特征为基础来塑造K的抵抗性，小说也因此逐渐呈现出它应有的模样：一个有关安娜·K及她儿

---

① 卡米斯克龙（Kamieskroon）是南非卡米斯伯格市（Kamiesberg Local Municipality）的一个小乡镇。——译者注

② 小说原题目为《阿非利卡语》（*Tsotsi*），该词指黑人街区的流氓或恶徒，此处译文采用汉语对应的常见表达法"阿飞"。该小说被改编成同名电影于2005年上映，同年获得奥斯卡最佳外语片奖，中国大多将片名翻译成《黑帮暴徒》或《救赎》。——译者注

③ 库切：《迈克尔·K的生活和时代》笔记，1981年3月28日。

子迈克尔的自省故事；这对母子蜗居在海角镇某公寓建筑楼梯下的一个房间里，虽然门背后写着DANGER——GEVAAR——INGOZI（"危险"一词在三种当地主要语言的不同说法）①，但是因暴力反抗招致的危险正在变成更具文学性、更模棱两可的东西。②

　　库切此时感觉自己仍然困囿在手头的材料中，他写道："看起来唯一走出去的办法就是靠语言本身的力量。"③这种被限制的感觉来自两个方面。其一就是如何把《迈克尔·科尔哈斯》改写成适应南非语境故事的"技术性"问题，这个我们之前讨论过。因为愤怒和疏离是小说的出发点，所以关键是找到能赋予这两种情感可信度的阶级立场。一种解决方案就是把小说人物从中产阶级的知识分子换成一无所有的有色人种角色。第二个限制是形式上的羁绊：因为参考资料多跟克莱斯特有关，库切自然也就步入了现实主义的后尘。

　　但是他打算至少让这部小说对本身体现的现实主义保持自省，设想把它变成"一个对现实主义积极主动而又严格缜密的反思（强调部分为本书作者后加）"。④想到这里，他才略感欣慰。要实现上述目的，最起码要借鉴18世纪作家的叙事模式，学习笛福和菲尔丁（Fielding）虚构逼真小说的策略。虽然库切按照这个思路努力了一段时间，但讲述拖沓的自然主义故事对他而言太过单调乏味，他对这

---

①DANGER为英语，GEVAAR为阿非利卡语，INGOZI为祖鲁语。——译者注
②库切：《迈克尔·K的生活和时代》笔记，1980年6月19日。据考证，皮特·霍恩（Peter Horn）是目前唯一研究过《迈克尔·科尔哈斯》对《迈尔克·K的生活和时代》影响的学者。他指出既然克莱斯特认同资产阶级自由思想，库切采取了"一种极简主义的道德标准"，通过"以石头形象比喻人坚不可摧的顽强"来肯定这种自由。参照：皮特·霍恩，《迈尔克·K: 迈克尔·科尔哈斯的杂糅、戏仿和颠覆》，《当代写作》，第17卷第2期，2005年，第56—73页。
③库切：《迈克尔·K的生活和时代》笔记，1980年12月13日。
④同上，1980年12月9日。

种套路极不适应，有时甚至感到厌恶。他把迈克尔换成了9岁的小男孩儿，祖母念《迈尔克·科尔哈斯》给他听。因为男孩儿没有父亲，小家伙儿把小说中的人物当成了父亲的替代品。

库切这个阶段虚构迈尔克的生活时有点像《迈克尔·科尔哈斯》的路数，因为科尔哈斯此时依然是小说的主人公。他先是用自制的小推车带着祖母出城前往根纳登达尔，后来祖母又换成了母亲（目的是把母亲安顿在她童年记忆中的家里；阿尔伯特已经从草稿中消失），他在这个过程中变得越来越像被社会抛弃的人。他偷盗食物，充当男妓，但还能保持一种"善于分析问题的灵性和率直"。① 为了充实人物形象，库切研究总结了乔叟《女修道院院长的故事》（*The Prioress's Tale*）中的小男孩儿。他在笔记中还提到了华尔华兹的《不朽颂》，揣摩鲁道夫·斯坦纳的教育理念，记下华德福学校小学生吟唱的有关天使儿童的歌曲。② 所以K说过"上帝、天使和他（虚构）的英雄，迈尔克"。尽管库切曾考虑过君特·格拉斯的一部小说——"他的模版不能是《铁皮鼓》中的小家伙儿"，最终把它排除在外了。③

库切还是经常怒不可遏："把他写得再老一点，头脑再简单一点（getikt）。"getikt 是"愚蠢"一词的阿非利卡语口语。他指出，虽然关键情节是迈克尔一直试图"带着母亲逃离困城马弗京"（内战中的开普敦市）④，但情况并不乐观。这就像菲尔丁《汤姆·琼斯》（*Tom*

---

① 库切：《迈克尔·K的生活和时代》笔记，1980年10月21日。
② 库切的儿子尼古拉斯当时在开普敦的一家华德福学校开始接受正式教育。
③ 库切：《迈克尔·K的生活和时代》笔记，1980年10月21日。
④ 马弗京是南非西北省的首府。该市最初由英国殖民者命名为马弗京（Mafeking），1980年改名为梅富根（Mafikeng），2010年又改称Mahikeng。困城马弗京（the siege of Mafeking）是第二次布尔战争中英军最著名的行动。身处马弗京的罗伯特·贝登堡上校率领士兵抵抗住了布尔人从1899年10月开始长达217天的围困，该城市的成功解困是英军取得的关键性胜利，并让他们最终赢得了第二次布尔战争。——译者注

Jones）的中间部分，主人公遇到了一系列琐碎的事情。库切以克莱斯特的小说和卡米斯克龙事件为参考，想把故事情节尽力转向另一个发展轨道。"虽然这是自然主义"，他写道，但"让我们暂且先顺着这个思路走一走再看"。①

就是这样一路曲曲折折，草稿中的迈克尔才逐渐变成了园丁。他跟祖母一起动身前往根纳登达尔，路上遭遇阻拦，祖母在途中去世；官方设置的一个障碍让他心生怨恨，于是他便逃到格雷顿附近的群山之中，然后在格雷顿镇横冲直撞，滥施暴行。因为正处在战争时期，所以当局只对那些与政府为敌的人动真格的，而对迈克尔这样单纯的刑事犯罪还不是很在意。但他终究还是被送上了审判台，领罪伏法。

尽管此时的情节仍然和《迈克尔·科尔哈斯》有几分相似之处，但是我们所熟悉的那个叙事框架已经露出峥嵘。故事背景随之改变，从根纳登达尔切换到了卡鲁的阿尔伯特王子城。这一转变不仅是因为库切对后者有更深的感情基础，而且关键是 K 将彻底甩掉克莱斯特笔下反叛者形象——他不再是一个聚众闹事的煽动者，而成了清净淡泊的园丁。他将更远离司法的管辖范围，愈发不受司法的影响。对于这个阶段的库切而言，"基本问题"就是考虑小说的文学性，因为症结"已不在于如何书写这个故事，故事会顺理成章地展开叙述。这正是烦恼之处，得考虑如何给故事加上一种意识来引导它"。②

为了逾越传统的现实主义，库切又引入了一个新的叙述视角。这个叙述者最终变成《迈尔克·K的生活和时代》第二部分的卫生官

①库切：《迈克尔·K的生活和时代》笔记，1980年12月16日。
②同上。

员。笔记中有段话揭示了这个变化过程：

> 文本由两部分组成，可以称为A和B。A部分是K和他祖母的故事，B的篇幅要比A长得多，是展现（表明）A基石的段落集合，即这部分叙事风格和叙事顺序的基础[《迈克尔·马尔哈斯》（*Michael Kohlhaas*）、《美国悲剧》《土生子》和《吉米·布莱克史密斯之歌》]。①B部分还包含A的一些替代性细节，比如A是来自"内部的"。也可能还有<u>物质性的东西</u>，比如说明是在海角镇的证据，他们穿过的街道，等等（照片？）。最后，可能还有我在小说中存在的痕迹。②

库切之所以要再添加一个新的叙述者，是因为他决心不让自己身陷现实主义叙事（比如克莱斯特的流浪汉小说模式），而是找到一种能将自我意识融入文本的方式。他想写出对认识论的质疑，以反映自己跟小说及其形式之间的博弈过程。

这段话的最后那句"可能还有我在小说中存在的痕迹"颇具启发性。它进一步证实了一种观点：从库切正在写的这部作品来看，元小说是他的自传性暗示，或者说简单些，创作元小说对他而言就是书写自传的过程。在库切看来，自觉叙事的分量要比后现代那些把戏重得多。这种模式没有自我掩饰的倾向，叙事中的自我意识反而突

---

① 《美国悲剧》（*An American Tragedy*）是美国作家西奥多·德莱赛1925年发表的小说，是德莱赛文学成就最高的作品。《土生子》（*Native Son*）是非洲裔美国作家理查德·怀特1940年发表的小说。《吉米·布莱克史密斯之歌》（*The Chant of Jimmie Blacksmith*）是澳大利亚作家托马斯·基尼利的作品，获1972年布克奖提名，而托马斯·基尼利也是布克奖获奖小说《辛德勒名单》的作者，由这部作品改编成的同名电影为中国观众所熟知。——译者注

② 库切：《迈克尔·K的生活和时代》笔记，1980年12月19日。

出了最需要在哪些地方认清自己。

库切笔记中的内容很能说明问题，因为它揭示库切一直在为"获取意识"而焦虑。他写道："当K在山坡上时，折磨他的问题是：我怎么证明我的清白＝我怎么讲述我的故事＝我怎么找到一种声音＝我怎么在这本书里获取意识。"[①]"获取意识"意味着两件事：表明一个人能恰当地理解手头的材料；在写作过程中见证自己的存在。

《迈尔克·K的生活和时代》的成稿尘埃落定前还经历了其他好几次挫折和反复。迈克尔的年龄先是比原来大了很多（曾被写成"跟ItH中逃跑的亨德里克一般大的人"），[②]接着又变回成一个孩子，最后才确定为我们所读到的形象：聪明的傻子（wise simpleton），或者叫愚笨的贤士（idiot-sage），或者叫圣洁的愚人（holy-fool）。库切一度还试着把K说的话用阿非利卡语写出来：

> 他们走到房子跟前询问主人是否知道亚当斯家族。死一般沉寂。K开口说："My ouma was lank in Genadendal. Seker al veertig-vyftig jaar. Ons probeer nou om haar ou kennisse op te spoor. Ons is K - ⋯ Die K's het seker lankal vertrek of uitgesterf – my ouma het geskryf – maar daar was geen antwoord nie. Ons loop lang pad, van die Kaap af."[③]

---

①库切：《迈克尔·K的生活和时代》笔记，1981年1月21日。
②同上，1981年1月15日。此处指《内陆深处》（*ItH=In the Heart of the Country*）中的亨德里克。
③"我祖母曾经住在根纳登尔。大概是四五十年前的事了。我们现在来找她以前的老熟人，我们是K家族……K家族的人可能很久之前就离开此地或都死光了——我祖母这样写道——但却没有任何回复。我从遥远的开普敦一路走过来的。"参照：库切，《迈克尔·K的生活和时代》笔记，1980年1月11日。

但上述方案并不是解决之道，因为阿非利卡语体现的自然主义，只会让库切在现实主义中越陷越深，这正是他一直在尽力克服的问题。后来他干脆彻底抛开现实主义："我需要的就是把自己从写实模式中解脱出来！"[1]第二个叙述者的出现对实现这个目标至关重要，因为只有当引入这个叙述者之后，K才能变成神秘莫测的角色，才能悄悄地避开所有想抓捕他、弄懂他的尝试和努力。

库切花费了大量的时间和精力来发掘K的叙述声音。他通过使用多重的叙述声音，借助不同的叙述视角相互碰撞，最终解决了如何展现K的意识这个问题。评论家们已经注意到这部小说视角的微妙性：叙事角度在K和旁观者之间不断切换，又不知不觉地定位到了K的意识深处。叙述角度的不确定性在草稿中体现地更加明显，因为库切试过每一段文字都用引号开头，好像他在设想这声音并不是来自一个文本的叙事者，而是由一个仍未揭晓的角色说出的。他还曾按照电影剧本的模式来写这部小说，让大段的对话和旁白并行出现，用层级叙事去呈现无拘无束的自由感。

> 昨天有了重新构思这本书的点子，第一次感觉有点得意。新想法：把整部小说改成一个电影剧本，再加上（1）一些段落——假定这些话都来自背后的一本小说（在页面上用引号标明）；和（2）K的画外音——从他在医院的病床到故事的叙述者：只有读到在医院发生的一系列事件后，我们才能明白这样写的优势所在；可能还有（3）叙事者的旁白（这可以叫作"我的声音"）。[2]

---

① 库切：《迈克尔·K的生活和时代》笔记，1981年3月2日。
② 同上，1981年6月19日。

《迈克尔·K的生活和时代》草稿中记录的电影式写作手法。

上述技巧几乎以同样的模式应用到了下一部小说《福》中。多重声音之所以能让人有自由感，原因似乎在于库切能利用这些声音把K变成一个更飘忽不定的人——他的阈限更低，悄无声息地溜进溜出我们的视线。①阿尔伯特王子城医院的那位医生试图把K的故事探个究竟（这个境遇场景后来挪到了开普敦郊区肯纳尔沃思堡的一个康复营），而K却对他说："你没法把我的生活编成一本书。生活跟我刚刚擦肩而过。"②自此之后，K的生命意义就成了"否定法所得"说的那样：能定义事物的不在于它是什么，而在于它不是什么。③

最终，小说中出现的所有合理措施都没能弄清K的本质，甚至连他自己对此都无能为力。那位卫生官员对K的描述显示了旁观者的费解之处，也表达了库切的心声。这种费解是库切有意为之，因为只有如此，才能使得K的飘忽不定成为可能。正是K的这种品质让库切找到了他真正想要的主题：造反分子迈尔克·科尔哈斯最终实现完美转身，出落成一个技艺高超的"逃跑艺术家"。这种活页式的叙事模式成就了K——虽然他抗拒被人书写，但做了必要调整之后，这个人物角色就能更贴切地表现作家和写作素材的关系。

尽管K的人物特征已经成形，但库切还面临着其他棘手的事情——他必须处理《迈尔克·K的生活和时代》出版后随之而来的敏感性政治问题，即K和那些游击队员之间的关系，他们以群山为据点，四处活动。虽然小说一经出版就赢得了海外的好评，但国内有些评论家却坐立不安。最值得注意的就是纳丁·戈迪默发表在《纽约时报书评》的一篇文章，她指出"对于一切政治和革命手段的排斥随

---

①阈限（liminal），源自拉丁文"limen"（意为threshold，表极限），指"有间隙性的或者模棱两可的状态"。阈限是心理学名词，指外界引起有机体感觉的最小刺激量。这个定义揭示了人感觉系统的一种特性，即只有刺激达到一定量的时候才会引起感觉。作者此处指库切利用多重叙述手法让K对于周围发生的事越来越没反应，敏感度越来越低。——译者注
②库切：《迈克尔·K的生活和时代》笔记，1981年5月9日。
③"否定法所得"（apophatic）是一种神学概念，认为造物主是人类不可能正确认识的一个对象，所以只能通过否定法来判断造物主是怎样的一位上帝，与其说造物主是什么，不如说造物主不是什么。——译者注

着声声不息的蝉鸣把小说推向了高潮"。在戈迪默看来，这部小说的问题就在于K对反种族隔离斗争漠不关心，而库切"没有意识到那些不再把自己看成种族隔离受害者的人，曾经做过什么，正在做着什么，没有意识到他们坚信应该为自己做些什么"。[①]

正如我们看到的，库切在20年后仍然能感觉到这个批评的高明之处，因为他在《凶年纪事》的草稿中提到了戈迪默指责过他缺乏政治勇气。[②]现在回想起来，小说遭到批评的这种遗憾让人感觉更可惜，因为库切当时已经预测到作品会引起上述反应，而且在写作时还一度试图避免造成对抗的后果。这种本质上的对立，正是小说从一开始就致力去克服的，库切一直在考虑如何把克莱斯特笔下暴力的反叛分子，变成性格温和的内部流亡者迈尔克·K。如果K是像迈克尔·科尔哈斯那样的革命分子，也就很容易和选择武装反抗的人联合起来。但库切在写作过程中越来越远离这种模式，把K变成了一个迥然不同的角色。

从某种意义上说，K和迈克尔·科尔哈斯是志同道合的伙伴——他们都游走于法律管控之外，两个人都是宇宙公民，有彻底的自由之身，但科尔哈斯喜欢诉诸暴力，而K则没有这个倾向。为自由而斗争的主题更接近克莱斯特的写作模式，库切自己则不擅长这种风格，他因此也面临一种风险——使自己远离南非争取自由的斗争。库切在草稿中必须做出一个简单的决定，但又不可更改：是否让迈克尔加入游击队？如果迈克尔跟游击队走，这就跟他在小说中的形象矛盾；如果没跟着去，库切自己就会面临政治上懦弱无力的指责。库切像是在自我告诫："从开始写这本书时就一直有克莱斯特的影

---

①戈迪默：《做园艺的想法》，第6页。
②库切：《凶年纪事》书稿，2005年12月9、10日。

子。迈尔克·K是否要走进深山，开始扛枪作战？"①

　　库切还是更看重作品中的人物形象，这点可以从他的选择上可见一二。他仔细为K考虑各种理由，让K可以拒绝变成一个为自由而战的斗士。其中一个就是让K在目睹游击队的残暴之后自觉远离他们，但这个理由很快被否决了。②另一个是让K坚持职业信仰，认定自己就是一个园丁："很多人都认为应该去打仗，这样以后才能获得自由，做个园丁。这种想法从来不会消亡。我认为那儿至少应该一直有个园丁。为了赢得战争胜利，他不锄地也不种庄稼，但他应该能随便种花种草，因为土地需要翻松和播种。"③这个解释在出版的小说里依然可以看到。但库切还是拿不定主意，他写道，因为如果这的确是小说要传达的"信息"，那么自己就需要加以评论去证实它。解决的方案是K"走到地里去给那些人采摘吃的，但当他到了田间，却发现马正在啃食蔬菜的藤蔓。"④这个事件刚好说明K的天真和缺乏远见，也正是解释他政治清静无为的理由。

　　但是库切感觉上述理由好像又背叛了K，因此他又提出了另一种解决方案，用一个审判场景把K无政治原则的问题又抛给了指责他的人："最后：对K的审判——因为他包庇游击队员；这跟小说中的审问情景完全相同。"⑤小说没有一个描写审判高潮的宏大结尾，K反而还是活在指责之中，继续他的逃亡之旅，因此整个故事的权重也就都压在了K的看法上。因此，通过调转矛头反过来谴责那些有可能谴责他的人，库切解决了小说的无政治性。他从J.希利斯·米勒所著

①库切：《迈克尔·K的生活和时代》笔记，1981年8月8日。
②同上，1981年8月27日。
③同上，1981年9月8日。
④同上。
⑤同上，1981年9月12日。

《解构和批评》（*Deconstruction and Criticism*）的一篇文章里借用了宿主和寄生虫的暗喻，帮助他完成这次逆转。[①]原来被指责为寄生虫的 K，现在则变成了宿主。他身上不仅寄生着掠夺成性的南非当局，还承载着读者和批评家对库切的指责——他们认为这个作者患了"软骨病"。由此可见，库切在冒险利用小说的能动性为 K 和他自己提供庇护。

库切用一个元小说般的转折点来挑战小说自身的政治化——这又是一个体现作者在文本中自传倾向的时刻。库切十分明白 K 在某种意义上就是他思想的延续。他写道，K "没有跟游击队一起走，这件事的意义被拔高，成为他故事中的脱漏。这是 K 政治行为逻辑中的脱漏，也是我自己立场的脱漏。这是个无法逾越的分歧（跟那些舒服自在的自由派白人也有同样的分歧），最好的解决策略不是消灭它，而是让它以分歧的形式表现出来"。[②]

虽然 K 变成了作家回应政治抗争文化需求的一种方式，但是库切同样深知他这样塑造 K 并非权宜之计，也不是为了单纯迎合上述文化的喜好。"他最初设想的 K 是一个 18 世纪四处游晃的英雄式人物，可现在变成了逆来顺受的角色。他必须再找回自己的欲望。" [③]但库切还是感到不确定性带来的挫败感："那么这都是关于什么的？这仅是通过切断过去的社会关系和拒绝以后的社会关系来回避过去和未来。我把所有的辩护理由都推到了最后，但临了又不知道如何下手。"和《等待野蛮人》一样，这部小说也显现了内部流放的行事方式。或许《迈尔克·K 的生活和时代》就是关于受伤的人拒绝为自

---

①库切：《迈克尔·K 的生活和时代》笔记，1981 年 9 月 19 日。
②同上，1981 年 7 月 23 日。
③同上，1981 年 7 月 29 日。

己辩护，因为这是"个人的生活，个人的命运"。自传和元小说的特征又一次浮出水面："为什么采访我？为什么写关于我的故事？采访（者）和作家如何为自己辩护?"①

尽管库切明白K深深地眷恋着那片土地，但他不会把小说写成田园主义的辩护词。K"不会与歌颂南非liefde vir die bodem（土地之爱）的雄文融为一体"，也不会成为"疯狂的预言大师，游离于社会之外，凌驾于社会之上"。②库切感觉自己身处有象征价值的文化和体制之间，所以他得让K保持一种不确定的状态，在物质世界和文化意义上都无家可归。"K在有代表性的斯库拉（历史小说）和个性化的卡律布狄斯（现代小说）间挣扎③，背后还潜伏着美国浪漫主义小说中的孤胆英雄（纳蒂·班波④、哈克·费恩等）。"⑤意识到这一点之后，他忽然灵感迸发，想出了小说的题目。⑥《迈克尔·K的生活和时代》这个标题暗示库切急切地想要在小说中保留历史的代表性特征，即没有定冠词the的"生活和时代"，而他的方法是把这种书写模式跟现代主义的个性化对立起来。

正如他在《等待野蛮人》创作关键时期的做法一样，库切也在寻找这部小说最需要的资源。他研究了很多作品，想从中汲取营养以

---

① 库切：《迈克尔·K的生活和时代》笔记，1981年11月9日。
② 同上，1981年10月10日。
③ 斯库拉（Scylla）和卡律布狄斯（Charybdis）是希腊神话中的两只海妖，它们把守在西西里岛和意大利大陆之间的墨西拿海峡两侧。因为此处的海面非常狭窄，所以过往的船员只能选择靠近其中一方通过海峡。由此衍生出英语谚语Between Scylla and Charybdis，指人面对两种同样危险的事物时，必须选择其一的左右为难境况。库切在笔记中用此典故借指他在塑造K的人物形象时所面临的矛盾选择。——译者注
④ 纳蒂·班波（Natty Bumppo）是美国民族文学奠基人之一的詹姆斯·费尼莫·库柏《皮袜子故事集》（*Leatherstocking Tales*）的主人公；哈克·费恩（Huck Finn）是美国作家马克·吐温《哈克贝利·费恩历险记》的主人公。——译者注
⑤ 库切：《迈克尔·K的生活和时代》笔记，1981年11月18日。——原注
⑥ 小说题目第一次的出现是在1981年12月16日的笔记中。

破解难题：卡夫卡《致科学院的报告》（*Report to an Academy*）里的猿猴和他另外一部作品《饥饿艺术家》、陀思妥耶夫斯基笔下的圣愚形象、帕斯卡（Pascal）的《思想录》（*Pensées*）、尼采的《黎明》（*The Dawn*）、福楼拜的《一颗简单的心》（*Un Coeur simple*）和梅尔维尔的《抄写员巴特尔比》（*Bartleby the Scrivener*）。他还读了有关腭裂[K的残疾症状（K's condition）]、营养学和营养失调方面的医学文献，参考了马歇尔·萨林斯（Marshall Sahlins）讨论稀缺经济学的文章。有意思的是，他对德国存在主义神学家鲁道夫·布尔特曼的《历史和末世论》（*History and Eschatology*）、《新约神话学》（*Theology of the New Testament*）及其对约翰福音的评论饶有兴趣，所以对这些资料给予了更多的关注。布尔特曼指出耶稣存在的意义在于他的历史特定性和博爱上，库切对此评论道："耶稣的特殊时刻并非指'不是现在，而是以后'①，而是强调：用世界性的眼光来看，耶稣向人类昭示神谕的时间（所谓的"现在"）根本没法确定。"②因为布尔特曼深受海德格尔的影响，所以他认为福音书的目的是把神学当故事来传播，用实践经验来表达神圣的东西。③

　　尽管库切发现布尔特曼对他的写作有帮助，但K的超然并不带宗教色彩，而是具有暂时性和世俗性——他游离于普通的语言之外，这也是他的腭裂暗含的文学意味。库切逐步让K本身的价值既不显而易见也非暗藏内里，但他的行为传达的意味又是他生活的世界所无法参透的。K明显缺乏意义和内涵（或者说他主动把自身和这种价值

---

　　①特殊时刻，原文此处用的kairos一词，为古希腊语，意思是"时机、合适的时间"等。圣经中多次出现这个词。库切在这里指耶稣向人类昭示神谕的时刻（revelation）。——译者注

　　②库切：《迈克尔·K的生活和时代》笔记，没有标注记录日期。

　　③库切在《耶稣的童年》（2013）中对福音书的改写似乎又重新采用了这些笔记的内容。我们还可以由此想到《迈克尔·K的生活和时代》开始的题目就是"约瑟夫·K的童年"。

观剥离开来），这也正是他的优势所在。在下一部小说《福》中，星期五的沉默也有同样的效力。

《迈克尔·K的生活和时代》中的卫生官员对K的认识准确到位，他说："如果你听过'讽喻'这个词，你待在营地也就是这么回事。往最高深的层面讲，这算个讽喻——一种价值能够在某种体制里安营扎寨，但却没变成它的一个词儿，多么可耻、多么无礼的事情。"[1] 既然K挣脱了卫生官员善意的管控，无视他恰如其分的结论，所以我们看到的就是一个不断逃亡的K。

通过塑造这样一个强大的异类人物，库切成功克服了他先前遇到的困难——如果把这个角色放回培育他的文化土壤，他表达的是对艺术自由和心智自由的肯定（即使这种说法在本质上背离了小说要表达的意思）。但库切并没有就此打住，他还有一手：笔记上显示，小说最后一步是引用福克纳《喧哗与骚动》中迪尔西的话来收尾，即这位仆人阶层的代言人说过的"他们在苦熬"。[2]而《迈尔克·K的生活和时代》结尾就是K苦熬的情景：他想象自己回到了农场，为了从被士兵炸毁的井里取水喝，他必须把茶匙绑到绳子的一端放下去。这种描写在自然主义语境里是难以想象的，而在该小说中却成为让人刻骨铭心的生存场景。为了获得最佳的修辞效果，茶匙必须要"去字面化"来理解。[3]这也是库切大部分的小说所采用的模式：貌不惊人的开头之后便是毅然决然的去字面化过程。

---

① 库切：《迈克尔·K的生活和时代》，第228页。
② 库切：《迈克尔·K的生活和时代》笔记，1982年1月23日。
③ "去字面化"（deliteralize），作者在这里指库切努力剥离写作对象传统单一的含义，赋予它们多重意味。——译者注

第八章　克鲁索、笛福和星期五
——《福》

　　整部小说到底是关于什么的？我对这个女性人物没一点兴趣，她跟行政长官或迈克尔·K不同，后面两个角色有发掘的潜质，而她却没有。我绝不会造出一个自己的木偶。我什么时候才能进入角色？[①]

　　2003年12月7号，在宣读诺贝尔奖获奖演说《他和他的人》之前，库切在斯德哥尔摩瑞典科学院的接待室里回忆了自己儿时接触到《鲁滨孙漂流记》的事情，用丹尼尔·笛福的小说给演讲做了铺垫。大约在1948年到1949年间，八九岁的库切读到了这部作品，他当时看的应该只是根据克鲁索系列故事中的第一个改编而来的缩减版。几个月后，他在《儿童百科全书》碰到一个条目（这就是《童年》中提到亚瑟·米所编的书），大意是《鲁滨孙漂流记》是由一个叫丹尼尔·笛福的人写的，这位作家戴着假发，生活在伦敦。"虽然那套百科全书把这位男士当作《鲁滨孙漂流记》的作者，"库切说，"但这个讲不通，因为《鲁滨孙漂流记》的第一页就声明了鲁滨孙·克鲁索讲的是自己的故事。"那么谁是丹尼尔·笛福？或许是克鲁索从荒岛重返人类社会

[①] 库切：《福》书稿，1983年10月24日。

后用的假名?[1]

这场演讲用一个精练的寓言故事讲述了作者及其作品之间的关系。"他"是克鲁索,"他的人"是笛福。库切早在开场白中就把这些角色合并到了一起,狡黠地宣称他怎么也记不住这个故事的名字,不知道到底是《他和他的人》还是《他的人和他》[库切的演说词受豪尔赫·路易斯·博尔赫斯所著《博尔赫斯和我》(*Borges and I*)的影响,因为博尔赫斯的这篇文章就是关于一个作为作家的人和他自己的关系]。库切把克鲁索和笛福分别称为"他"和"他的人",特意把星期五排除在外,因为笛福笔下的"他的人"一直指星期五——物主代词暗示的是仆人身份,也可能是奴隶身份。虽然库切没有解释为何要把星期五排除在这个寓言故事之外,但这确实是他有意而为之,个中原因也逐渐会水落石出。

库切演讲前在瑞典科学院讲这段趣闻表明他跟克鲁索/笛福有很深的渊源。那时的库切是一个在社会和文化上都感到孤立的孩子,而这个荒岛故事恰好引起了他的共鸣。他在《夏日》的草稿中写道:

> 他问母亲(有些谴责的感觉)为什么要让自己铭记这样的观点:世界到处充满敌意,他应该努力学习给自己找个安乐窝,免受伤害打击。他忽然想起那些最让他着迷的儿童读物都是围绕栅栏和堡垒展开的,比如《金银岛》和《鲁滨孙漂流记》。[2]

上述爱好在库切身上逐渐生根发芽,成了他一生的追求。写《福》的时候,库切对18世纪小说的虚构报道和书信体格式心驰神

---

① 库切: 手写的《诺贝尔将获奖演说受奖词》(*Nobel Speech*)介绍, 未标日期。
② 库切:《夏日》书稿, 2004年5月18日。

往，就像他痴迷笛福的观点一样。诺贝尔奖获奖演说高度浓缩地体现了他对笛福作品的广泛了解，因为这篇获奖演说不仅涉及了鲁滨孙·克鲁索三部曲的内容（《人生和奇异的历险旅程》《更远的历险旅程》和《人生和奇异历险旅程之反思》），[①]还涵盖了《瘟疫年纪事》（*A Journal of the Plague Year*）和《英伦全岛之旅》（*A Tour Through the Whole Island of Great Britain*）。

《福》讲述了苏珊·巴顿的故事。她乘船去寻找走失的女儿，结果船只搁浅，她被丢到了巴伊亚海岸线的一个岛上，在那里遇见了笛福笔下的著名人物克鲁叟（Cruso）（库切在拼写克鲁索Crusoe 名字时省略了字母e）和星期五。在早期的草稿中，《福》不是关于母亲的故事，而是讲述笛福另一部作品《幸运夫人罗克萨娜》中女儿这一角色的遭遇。这位女儿名叫苏珊·巴顿，一直在寻找自己的母亲。后者为了出人头地、爬进上层社会甘做交际花，还断绝了跟苏珊的母女关系。在《福》写到一定阶段之后，库切重塑了人物角色，把苏珊改成了母亲的角色。苏珊的女儿是她和克鲁叟同居后生下的孩子；后来，女儿的出身就愈发模糊，反而成了苏珊和作者福之间争论的焦点，两个人为了苏珊故事的细节和意义争执不休。到最后我们也没能在《福》中找出苏珊的女儿到底发生了什么事，所以她的存在仅仅是给苏珊和福提供了讨论的话题焦点。虽然笔记本的记录显示库切在1982年《迈克尔·K的生活和时代》行将出版之际就勾勒出了《福》大致的

---

①笛福1719年发表《鲁滨孙漂流记》时，小说用的全名是《在约克出生的海员鲁滨孙·克鲁索有着奇异的人生和历险生涯：他是海难船上唯一的幸存者，在奥洛诺克河河口附近美国海岸线的荒岛上独居二十八年。还描述了他最终被海盗船救起的情况。》，一般简称为《人生和奇异的历险旅程》（*The Life and Strange Surprizing Adventures*）；同年笛福发表了小说的续集《更远的历险旅程》（*The Farther Adventures of Robinson Crusoe*）；第二年发表了该系列的最后一部小说《人生和奇异历险旅程之反思》（*Serious reflections during the life and surprising adventures of Robinson Crusoe*）。——译者注

情节线索，但他想根据罗克萨娜女儿的故事写一部小说的计划比上述时间还早好几年。这一愿望终于在1983年6月1号开始付诸行动。

在库切看来，笛福和克鲁索的悠久传统似乎一直能和作者身份的问题挂上钩，因此有助于讨论被现实主义小说雪藏的自传成分，研究作家创造一种双重生活的可能性。毫无疑问，《福》打算对此进行深入发掘——"福和苏珊同床而卧去了解她的故事；苏珊和福共枕同眠去亲近她的母亲。他已垂垂老矣，她还青春年少（这是要隐约出现福太太的故事吗？或许不是）。他们都在关注另外一个人：罗克萨娜。"①苏珊变成了福家里的一个仆人，偷看他写的《鲁宾孙漂流记》草稿，想弄清主人何时会开始专心写《罗克萨娜》。在一个已放弃的背景故事中，库切给出了苏珊去伺候福的另一种说法：她看了《鲁滨孙漂流记》之后，认为这是小说主人公克鲁索自己写的；她给书商留下了大量的信件，表示要去给他（克鲁索）当家庭佣工；她因此发现了笛福的身份，反而变成了他的仆人。

无须赘言，这些故事情节最后都被舍弃了。在最终的版本中，苏珊开始讲述她四处漂泊寻找女儿时如何到了克鲁叟生活的岛上，小说此时便出落成一个女性的故事，而这正是笛福自己所拒绝刻画的。苏珊的"女性漂流者"故事渐次展开，《福》的叙事基础也就此形成。

跟之前的小说相比，《福》的草稿构思明显流畅了许多，好像笛福的世界和18世纪叙事小说的杂糅风格非常适合库切。"这个声音不但在我心里说话，而且我又借助它来表达自我，它到底来自哪里？"他在笔记本中写道："它是从我清澈坚定的喉咙里发出的，它是

---

① 库切：《福》笔记，1982年12月18日。

通过洁净的嘴唇和舌头自然迸发的。好像我生于天际，一如20岁的少女，皮肤像婴儿般娇嫩，我太过清新脱俗，以至于那些想吃掉我的人都可能被宽恕……"库切借鉴了用触觉表达感知的简约风格，但同时还不忘记自我嘲讽，就像上述食人族的语言所暗示的一样。"我虽然感觉自己像个从天而降的小天使，但已经满腹话语，意欲倾吐。"[1]为了写苏珊的故事，库切读了威廉·布莱克的《天真之歌》，这也是他笔记中小天使的来源和出处。但是《天真之歌》的内容过于美好，以至于都不太真实。他开始担心自己怎么才能合理看待所写故事的阴暗面——大西洋奴隶贸易的凶狠残忍依然挥之不去，怎么正确处理这种简约风格所带来的自我意识：

> 笛福的世界属于18世纪早期，那时的世界清澈洁净。这个女人在布里斯托尔和巴伊亚之间往来不需要护照，航行途中也没有偏头疼的侵扰，每天清爽的微风都轻抚她的面颊，她眺望地平线的时候可以靠在缆绳上。那儿有橡木做的屏障，有人用自己的双手把它洗刷干净，刨平弄齐。进入这片天地，我不再假装知道在布里斯托尔和新世界之间定期往返对于商人意味着什么，或者假装知道这位已在巴西设立了贸易商行的先生在忙什么事情。我写作时使用的语言（我模仿的笛福的语言）没有自知的本领，没法明白这些商人和设备都参与到了测绘世界版图的事业中。用笛福的话讲，商人仅仅相当于坚固的帆船；如果我让自己顺从这个语言，就相当于放弃了反思我手头所写的小说意义何在。语言的干净简约也类似器皿的迟钝，缺少边角的

---

①库切:《福》笔记，1983年11月4日。

锋利。我让自己臣服于这种迟钝，好比一位摇来摇去的老妪在讲述几乎连她自己听不懂意思的故事，但她如此沉醉于（又一次）那些熟悉的音节在她嗓子里、在她舌头上、在她嘴唇边的感觉。我还要常在这个文本中奋勇挣扎，以便浮出水面呼吸，环视四周以确定自己的位置。看起来干净简约的语言实际上和大海一样晦涩沉重。这将是一个关于溺水、一再溺水却没有伤亡的故事（就是这些意思在左手页才能表达，也正是在左手页我才能呼吸，我才能思考）。①

于是出现了一个分层的文本，其中包括用书信体模式呈现的原始经历，这也正是我们所熟悉的《福》的叙事结构。"那么谁是丹尼尔·笛福，这种语言的作者？一方面（右边这一面）是一个生活在他自己世界的人，在他的语言里如鱼得水，我要去模仿借鉴；另一方面（左边这一面）还有一个角色，我把它当成能发掘出多重意义的不竭源泉，希望能释放这种多元性。"②

虽然18世纪小说实证主义的直白风格对库切很有吸引力，但它也代表一种无可挽回的天真无邪和怀旧模式，而后者又是他在写作中最想规避的。诸如此类的张力在库切最开始准备写自传时就可见踪影。他1987年开始写《童年》，到1993年时已经找到了一种内敛反讽的第三人称叙事角度，这也成为他自传体三部曲惯用的叙述模式。但从1993年开始，自传的写作计划被束之高阁整整一年。耽误的原因从草稿中可见一斑——他对这种情感太过超然。他写道：

---

① 库切：《福》笔记，1983年11月30日。
② 同上。

这个不会说出自己名字的<u>他</u>是谁？

他为什么不把这个故事写得充满生气？什么样的清教徒习俗让他对这些事物无动于衷：冬日湿漉漉的无风清晨，叶子上缀着滴滴露珠，薄雾笼罩大路，迎面开来的汽车靠着前灯打出微弱的光，轮胎下传来柔和的噢噢声；自行车上的男孩儿呼吸着空气，吞吐着薄雾，那天鹅绒般柔软的薄雾，为什么不和这个洋溢生活气息的男孩一起生活？①

库切一般不太随意使用浓墨重彩、质感丰富的实证性语言，但偶尔也会在诸如上述的描写段落中小试牛刀，好像他设想的18世纪世界也能让自己片刻陶醉。当把小说背景放在巴伊亚海岸线的岛屿不太现实的时候，他转移视线，换到了纳米比亚海岸线的岩石岛上；然后他又说服自己，把这个岛屿想象成位于开普敦以南的好望角自然保护区。②这样就能免去他描写熟知地形的困扰，可以尽情挥动想象的翅膀。

但"沉浸于"意象丰富的语言显然不是库切创作这部小说的初衷。"我对这本书的唯一期望就是假设它能推向一个高潮部分，也就是说它最后必须自证合理性（《迈克尔·K的生活和时代》在小说的中间部分做到了这一点）。③这就要撕掉所有的伪装，直达我内心深处。"④不管故事背景有多么遥不可及，或者说正是由于这个原因，他自己置身其中才是至关重要的："整个小说到底是关于什么的？我

---

①库切：《男孩》书稿，1993年9月17日。
②库切：《福》笔记，1983年10月24日和1984年4月5日。
③"自证合理性"指库切希望小说能有一个极具说服力的结论来体现它的作者身份，这其实是一种元小说的概念。同样地，《迈尔克·K的生活和时代》的第二部分通过引入医疗官员的叙述角度实现了上述目的。——译者注
④库切：《福》笔记，1983年10月18日。

对这个女性人物没一点兴趣，她跟行政长官或迈克尔·K不同，后面两个角色有发掘的潜质，而她却没有。我绝不会造出一个<u>自己</u>的木偶。我什么时候才能进入角色？"①

正如《迈克尔·K的生活和时代》碰到的情况一样，要解答上述问题，必然牵扯到在小说中加入更多的自我意识。那些看起来"干净简约"的语言实际上"像大海一样沉重晦涩"。所以，如果这不是"一个关于溺水、一再溺水却没有伤亡的故事"，那么他在小说中自我意识的主体就得和"我"一样，但要"没有任何伪装"。他写道：

> 我每写完一本小说，多添加意识层次的诱惑便随之延伸（增加长度）。每次我都（合理地）避开了这个计谋。如果说这些小说取得了什么成绩，那就是它们都把多层意识缩减成了（把多层意识投射到）单一意识。
>
> 现在我又坐在书桌前，试图给故事增加层次。我会想起"突破"，想起要写一本不因循守旧的书，就是这些词儿来一直指导着我的思维。但我不该采用这种思考方式。
>
> 另一方面，除了通过作者的意识，我再找不到其他方式能从乏味的伦敦回到现在。②

对于这一点，他还加了句——"陀思妥耶夫斯基的事例说明，意识并不是问题的解决之道。"不管怎样，他想表现的正是意识，尤其是作家的意识，这种意识会适时地用一系列叙事框架完成对《福》形式结构的塑造。小说以苏珊讲述她上岛之后的情景为开端，接着是她

---

① 库切：《福》笔记，1983年10月24日。
② 同上，1983年11月5日。

给福写信，然后过渡到她叙述福的故事，最后是像谜一般的结尾——无名的叙述者在搜寻代表克鲁索传统的遇难海船，结果在船中央发现星期五还奇迹般地活在水中，嘴里发出一种怪异的呻吟之语。

　　这个叙事结构就是库切在文献材料中自我寻求的表现。从这个叙事中可以得出一个结论：库切的搜寻在星期五身上有了结果。整个写作计划的棱角和灵活性以及库切的作家自我意识暴露最明显的地方都体现在星期五的身上。所以，库切很自然考虑过给这部作品取个简单的名字：《星期五》。①当然这并不是说星期五代表了库切的形象，而是指库切自愿地、几乎宿命般地在星期五身上挑战自己的极限。

　　星期五在《福》早期的草稿中是个动态多变的存在。他刚开始时远不是我们从出版的小说中了解到的那个神秘沉默的角色，性别特征也十分模糊。苏珊毫不怀疑星期五的性能力，她和星期五相互教对方自己的语言，星期五教她说"食人族的语言"。但是苏珊的努力成效不大，连星期五都说让她放弃这个念头：

　　　　他对我说："Ni-wa mu-a paku-wa!"意思是："别再说食人族的语言了！"他眼睛里好像闪过一丝怒火，我之前从来没见过他这么生气。他一把抓起我们舀水用的两个葫芦瓢，放到胸前假装是乳房，用假声模仿女人的腔调开始滔滔不绝。虽然我听不懂他说的词儿，但我知道那是食人族语言，后来我才逐渐明白他在重复我说过的一切——所有跟我们有关的那些名字——来嘲笑我。可他的话又面目全非，七扭八拐，我在这儿根本没法复述。②

　　　①库切：《福》笔记，1983年11月2日。
　　　②库切：《福》书稿，1983年7月25日。

通过模仿苏珊，星期五明确抵制她字正腔圆的说话方式和积极主动的性格。虽然这肯定对星期五在笛福小说中的地位有所改观，因为彼时的星期五仅仅是英国人不放在眼里的一个符号而已，但库切又对这个经过他多重变幻塑造出来的星期五充满了疑虑。他告诉自己，星期五的声音和身份——世界上所有星期五们的意义——已经在20世纪的文学中有多次代言和体现，尤其是在去殖民化的作品中，而他感觉自己并不是特别有资格去讲述这类故事，或者说有动力这样做。他并不想让小说变成"用过于单纯的道德观去为星期五开脱的辩护书……小说应该充满更强烈的激情，让星期五在跟克鲁叟/笛福的对弈中不止'赢一局'"。①

如果库切不是那个赋予星期五说话权利和救赎历史的作者，那么他又该如何处理这个角色？解决这个困境的办法就是让星期五丧失说话能力——他受到肢体伤害，舌头被割断。尽管小说里暗示凶手很有可能是克鲁叟，但草稿中说是食人族干的，后来又改成不知道是谁下的手。

星期五的身体残缺无疑是这部小说神秘性的核心。他的失语让苏珊所有尽心竭力的表述都成了值得怀疑的独白，因为她没法恰当地描述自己和星期五在一起的时间，无论是他们一起在岛上还是返回英格兰之后。当然，这并不是说作品仿佛要提供一种视角去代替苏珊的说法，我们因此可以去窥视星期五的内心世界。事实上，除了最后一部分外，小说的叙事角度和苏珊个人的看法感受并无二致。多数批评家在论述《福》的这个特征时都认可下列观点：星期五的沉默代表殖民主义对黑人和被殖民者声音及身份的否定。这种解

---

① 库切：《福》书稿，1983年12月16日。

For answer Crusoe mentioned Friday close and motioned to him to open his mouth. ~~Friday gaped~~ Friday opened his mouth. 'Look,' said Crusoe to me: 'look in there'. But I could see nothing save a black hole and some very white teeth. 'La-la-la,' said Crusoe — 'Go on, Friday, say la-la-la'. 'Ha-ha-ha' said Friday from the back of his throat. 'Do you see now?' said Crusoe to me — 'He has no tongue'. And gripping Friday by his woolly hair he pushed his face forward and held his jaws open. 'Say la-la-la,' he said. 'Ha-ha-ha' gasped Friday. 'Take him away,' I said to Crusoe. Crusoe released the black man. 'They cut out his tongue,' he said to me. 'That is why he ~~cannot~~ can no longer utter the words of his heart. They cut out his tongue because the tongue is a delicacy among them, and because they wished to spare themselves his screams. I saved his life, but I did not come early enough to save his tongue.' He turned to Friday. ~~Bed,~~ 'Wash ~~Sleep,~~ Friday,' he said; and Friday ~~slunk~~ took up our utensils and slunk off to the little rock-basin where we did our washing.

苏珊·巴顿得知星期五的舌头被割掉了。

读把文本看成是表现殖民残暴性的寓言故事，为库切的写作提供了
有力的辩护。但库切实际的想法远比上述观点复杂得多。他写道：

> 星期五和岛上的其他居民一样常住此地。星期五威胁说变
> 成什么样的人或者要干什么事却都未付诸实践（谋杀克鲁叟，强
> 暴苏珊，显示自己是个岛上的暴君和食人族的国王；或者变成
> 殖民主义无声的受害者）。他的黑暗在场从来没有在故事背景中

隐去，他的在场裹挟着残暴的历史显现；虽然情况不仅如此，虽然不仅是为了唤醒良知，他却从未表现出任何意义。

虽然星期五是故事的中心，但我好像没能给他构思出任何角色。我对星期五到底有多少兴趣？夺走了他的舌头（暗示是克鲁叟割掉的，不是我干的），我就再不给他替他自己言说的机会：因为我无法想象星期五可能会说的事情将在文本中占据怎样的地位。在笛福的小说里，星期五回答的"<u>是</u>"随处可见；现在已经不可能再去幻想那个"是"；星期五在后来的文本里一直能说"<u>不</u>"，这不仅有陈词滥调之嫌（就像我们这个时代的小说里一再上演的情景），而且失有破坏性（谋杀、强暴、嗜血的暴政）。<u>黑人文化认同</u>的消亡对我而言是一种缺憾，也是南非面临的缺憾：南非的未来不是像西方社会所鄙视的那种生活状态。①

因此，星期五的沉默不单单是库切给殖民主义下的论断，也是宣布后殖民民族主义失败的判决。这种失败让库切无法履行作家的使命，因为他认为这是失败的历史，而他又没有意愿或者权利去弥补缺失的愿景。下面这段话显示了库切在《双重视点》中是如何表达上述困境的：

坦率地讲，在南非不可能否定苦难的权威性，也无法否认身体的权威性。这种不可能并非由于逻辑的原因，并非由于道德的缘故……而是由于政治的阻梗和权力的干预。再开诚布公地说，并不是人给予了遭受磨难的身体这种权威性，而是遭受

①库切：《福》书稿，1983年12月1日。

　　磨难的躯体自己具备了这种权威性，那是他的力量所在。换句话讲，他的力量是无可否认的。①

　　问题在于星期五代表了苦难，是简单纯粹的苦难化身，也是受害者。星期五是个巨大的创伤，他的在场代表了一种绝对需求。②对于库切这样的作家而言，他的社会地位和背景并没有给他提供一个坚定的立场去表达、谴责这种需求，或者让他承担改良它的责任。通过星期五这样一个有身体残缺的角色，库切流露出（白人）作家无能为力的感觉，这种感觉会让他今后遭遇另一种伤痛——动物的苦难。这一点在《耻》里有涉及，《伊丽莎白·科斯特洛》的部分章节也谈到了这个话题。

　　《福》秉承了库切一贯的写作风格，其虚构的故事环境与南非社会对作家的迫切要求相去甚远：

　　　　他们（"他们"）想让我做个现实主义者，具体说就是他们让我写关于南非以及那个国家社会关系的小说。他们从大众媒体随便了解些东西，就以此为标准评判我的作品。如果两者有相通之处，他们说这就是"真实的"。至于其余的内容，他们根本读不下去，也不会去读。

　　他还在后面加了一句："我总觉得从对立的立场写作最顺手。"③

----

　　①库切：《双重视点》，第248页。
　　②绝对需求（categorical demand）是一种责任要求，指个体要去做按道理应该做的事，不管个体是否愿意。作者此处指的是因为小说中出现了星期五，所以库切必须探索这个角色承受的苦难，但库切的成长背景和社会地位又没有给他提供一个坚实的平台来表达这种需求。——译者注
　　③库切：《福》笔记，1984年3月17日。

正如我们所见，库切之前写《迈克尔·K的生活和时代》时感觉会被人指摘，这种情绪在《福》中也没得到缓解。他在一段对话中说道，福指责苏珊说她私下里很得意星期五没有舌头，因为这样她就可以宣称没人知道星期五想要什么东西，但很明显如果星期五能讲话，他几乎肯定会说"我想要自由"。苏珊回答："你的意思是我为了不听见星期五说话，所以切掉了他的舌头。"接着便找理由回应这个指控："如果没人听奴隶主的话，他活该没有舌头。"[①]她是这样自我辩解的：

> 星期五要的不仅仅是自由，或者说星期五所谓的自由不是自由这个词能涵盖的。如果星期五有舌头，如果他真有了舌头，如果他有天使的舌头，如果星期五坐在上帝宝座旁的天使中间，他就会说出<u>自由</u>这个词到底是什么意思。但对于认清星期五真正欲望的人虽然这种话说出来很可怕，虽然我真诚地希望星期五的舌头失而复得，但比起没有舌头去说清他真实愿望的星期五，有了舌头的星期五也强不到哪里去。[②]

由此可见，星期五的欲望和他的自由不仅超越了苏珊的话语所能涵盖的范围，而且超越了词语本身，超越了所有的领悟，就连星期五自己对此也莫可名状。这将是苏珊和福之间最后一次对话。库切写道："因此，我认为它解决了小说之前遇到的问题。"[③]解决方案

[①] 苏珊的这个理由在逻辑上是不成立的。因为笔记中前面说的是她质疑福的指责，想声明不是自己切了星期五的舌头，但紧接着又来了一句"如果没人听奴隶主的话，他活该没有舌头"。但这只是《福》笔记的内容，苏珊缺乏说服力的理由说明库切正在探索如何让她讲述自己的故事，出版的小说中就没有这样明显的逻辑问题。——译者注
[②] 库切：《福》笔记，1985年10月4日。
[③] 库切：《福》笔记，1985年10月4日。

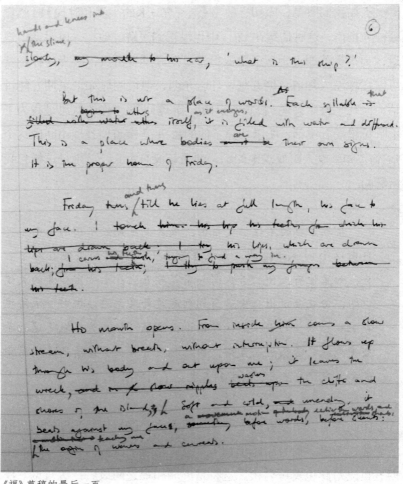

《福》草稿的最后一页。

可以总结为：虽然星期五的欲望真实存在，而且也显而易见，但并非语言所能把握。因此，小说的结尾就必须体现超出语言理解本身的追求。

《福》精彩的最后一章正是上述追求的写照：一个叙述者潜入海

底的沉船(这位叙述者既是叙事主体,也是库切在小说中的在场,即他之前写的那个"我"。后面这一点到该阶段已经可以明显看出来),结果发现了星期五,从他嘴里流出"一道缓缓的细流,没有一丝气息,不受任何阻碍",它"冲刷着悬崖和岛屿岸边,流向南北,流到天涯海角"。①《福》以苏珊的故事开头,讲述这个漂流在笛福世界里的女人侥幸活了下来,又因诉说不幸遭遇而声名狼藉;结尾处是作者新领悟的启发——尽管他想尽力去描述星期五,但却发现星期五的故事并不是他能讲的。虽然历史把现实主义的表现手段强塞给了库切,但这个结尾高度阐明了这种手段的局限性。

库切又一次跟时间面对面——直面他的作者身份必须历经的时代。

---

①库切:《福》,约翰内斯堡,瑞安出版社,1986年,第157页。(后文出自同一著作的引文,只在脚注中标出该著名称和引文出处页码,出版社、年份等信息不再另注。——括号内为译者注)

第九章 母亲
——《铁器时代》

尊敬的国王和王后陛下、尊敬的皇室成员、女士们先生们、各位尊贵的来宾、朋友们：

不久前的一天，我和爱人多罗西正在讨论问题，不料她忽然冒出几句跟我们所谈内容完全不相关的话。"另外，"她说，"另外，你母亲该有多骄傲呀！真遗憾她已经去世！你父亲也会有一样的感受！他们都会为你而骄傲！"

"比我儿子取得博士学位更骄傲？"我模仿母亲的口吻说道，"比我儿子评上教授更骄傲？"

"就是的，更骄傲。"

"如果母亲还在世，"我接着说，"她应该有99岁半了。她很可能会得老年痴呆症，不知道周围发生了什么事。"

当然我能抓住多罗西说的要点。她是对的，母亲一定会满心骄傲，她会说我儿子是诺贝尔奖得主。无论如何，除了为自己的母亲，我们还会为谁做能拿到诺贝尔奖这样的事情？

"妈妈，妈妈，我得奖了！"

"太棒了，乖孩子。先趁热把胡萝卜吃了再说。"

为什么要到母亲都99岁高龄、都已长眠地下很久之后我们才能拿着奖品冲回家去弥补曾给她们招惹的麻烦？

在此要衷心地感谢长眠地下107年的阿尔弗雷德·诺贝尔，感谢忠实执行他遗嘱的诺贝尔基金会，感谢他们营造的华美之夜。我想对双亲说：真遗憾你们未能亲临现场。

谢谢。①

2003年12月10日，诺贝尔奖颁奖典礼之后，库切在斯德哥尔摩市政大厅举行的晚宴上发表了餐后演说，其内容让在座的1 200名宾客既大吃一惊，又唏嘘不已。10年之后，当提及库切的名字时，这件事在斯德哥尔摩仍是首当其冲的话题之一。这个演讲并不符合库切的风格，几天前他深奥的诺贝尔奖获奖演说词才是他一贯缄默严肃形象的典型表现。当宴会大厅的来宾和电视机前的观众都准备好再次感受库切的庄严之际，他却出其不意用一篇悼念母亲的演讲舒缓了人们紧绷的神经。

读过《男孩》的人在听完这个演讲后，欣喜之余还会有种似曾相识的感觉，因为着力描写约翰同母亲关系的小说《男孩》开头就是维拉·库切系列艰苦生活的一个片段。1948年，因为约翰的父亲杰克丢了开普敦的工作，全家只得从舒适的罗斯班克郊区搬到伍斯特乡下，使得维拉感到他们的处境越来越差。伍斯特留尼旺公园周围单调乏味，所以搬过去不久的某一天，维拉说她希望能有一匹马——她在尤宁代尔镇的老沃尔维克拉尔农场（Oude Wolwekraal）长大，知道骑马的乐趣。但最后她买了辆自行车，还没学会怎么骑。

虽然家里的男同胞杰克和两个孩子都嘲笑她要努力学骑自行车，但约翰十分清楚母亲最想要的是什么。当白天他去上学以后，

---

① 库切：《在诺贝尔颁奖晚宴的讲话》，斯德哥尔摩，2003年12月10日，http://www.nobelprize.org/nobel_prizes/literature/laureates/2003/coetzee–speech.html，2012年9月24日检索。

约翰的母亲维拉·库切。

维拉便骑着自行车摇摇晃晃地进城，"只有那一次他瞥见了母亲骑自行车的身影。她穿了件白色衬衫，配了条深色裙子，正顺着杨树大街一路而下往家里骑。她的头发随风飘扬，看起来真年轻，像个小姑娘，青春靓丽、朝气蓬勃、略带神秘"。后来，"母亲骑自行车的形象一直印刻在他脑海中。她出了家门，沿着杨树大街一路向上，逃

离他身边，逃向她的心之所望"。^①

维拉·希尔德雷德·玛丽·韦迈尔（Vera Hildred Marie Wehmeyer）生于1904年9月2日。假设库切回忆的那段学骑自行车的插曲和事实基本吻合，维拉当时应该已经44岁。虽然她这个岁数再学自行车有点丢面子，但这个年纪也足以让她展现出一种曾经沧海的气质。

杰克在第二次世界大战结束之后才复员回家，所以5岁的库切在此之前对父亲几乎一无所知。杰克离家的那些年，维拉和儿子们过着一种近乎赤贫的生活：按照《男孩》的说法，他们的经济来源就是约翰每月六磅的准下士薪水和两磅的总督救济津贴。从1940年2月9日约翰出生到1945年杰克回来，维拉在这期间搬了10次家：先从西维多利亚到沃伦顿；然后又到开普敦郊区的莫布雷和维拉的大姐温妮一起住了几个月^②；从莫布雷又换到阿尔伯特王子城，维拉在那儿租了间房子刚安顿几个月，又搬到约翰内斯堡，接连换了好几个住所。杰克去参军的时候，维拉还正怀着大卫。约翰记得当时自己被送到托儿所，母亲外出工作。1944年，维拉搬到了公婆家附近，先是在鸟儿喷泉农场住了3个月，然后去了阿尔伯特王子城，接着又返回鸟儿喷泉农场。那年剩下的时间维拉就在普利登堡湾租了套度假平房，因为是淡季，所以租金很划算。杰克复员后，他们又返回鸟儿喷泉农场，后来又去往威利斯顿，因为杰克的妹夫（格丽的丈夫）在附近有一个弄蝶峡谷农场。最后他们搬到了开普敦的波尔斯莫。

在约翰5岁之前，他父亲要么大部分时间离家在外，要么就指望不上，所以维拉过着近乎难民一样的生活，拉扯着一个蹒跚学步

---

①库切：《男孩》，第2—4页。
②温妮（Winnie）是本书作者在第二章提到的温妮弗雷德（Winifred）的简称。——译者注

维拉、约翰和大卫，摄于1944年。

的孩子和一个新生婴儿。母子间的亲密关系很明显就是在这一时期
形成的。《男孩》中说维拉和公婆的关系紧张，这也解释了为何约翰
没法在鸟儿喷泉农场里面或者附近的地方安稳下来。小说还回忆了
母子三人往返于农场期间的某个夏天住在阿尔伯特王子城的苦涩和
辛酸：

　　在阿尔伯特王子城的诸多往事中，他唯一能记得的就是伴
着夏日长夜蚊子的嗡嗡声，身穿衬裙的母亲在屋里来回踱步，
安抚尚在襁褓的弟弟，他一直哭闹不停；她浑身热汗淋淋，粗
壮浑圆的双腿布满了一道道曲张扎结的静脉；紧闭的百叶窗遮
挡了阳光，也关住了生活乐趣的大门，困在家里的日子异常单
调乏味。那就是他们生活的窘迫状态，穷到没钱搬家，只能眼

巴巴地盼着农场的邀请，但总是空等一场。①

　　因此约翰也就成了"她的儿子，不是他的（杰克的）儿子"。②这句话在表露母子感情的同时，也反映了这种关系的巨大影响力。当然以上的描述仅是维拉的看法，而库切的伯母西尔维娅（娘家姓为史密斯，她嫁给了当时管理鸟儿喷泉农场的桑）提起维拉时倍感亲切，还说小约翰对伯伯和伯母特别有感情。她记得维拉对孩子呵护备至，一个例子就是约翰跑到野外草地上撒欢的时候，她总紧紧跟在后面，这让当地卡鲁人觉得有点溺爱。③

　　库切十几岁的时候，虽然他们全家搬回了开普敦，但他跟母亲的亲密程度丝毫没有减弱。实际上这种母子亲情反而更加稳固，因为杰克的律师事务所再次破产，就只能靠维拉教书的收入来支付约翰上圣约瑟高中的学费。

　　处在少年到成人过渡期的约翰开始远离父母，独立生活，个中滋味就像《男孩》和《青春》回忆的那样复杂而痛苦。有一次维拉正在厨房水槽里洗刷餐具，而他在家里来回晃荡，嘴里还念念有词，不停地抱怨。当他发觉母亲看了自己一眼之后，意识到她"来到这个世上并只是为了宠爱他，保护他，满足他的各种要求。恰恰相反，在他出生之前她就有自己的生活，一种根本不需为他操丁点儿心的生活"。④他要尽快离开父母，实现经济上的独立。回首他的学生时代，库切后来说："他之所以靠打零工承担自己上大学的费用，只不过是因为他

---

①库切：《男孩》，第81页。
②同上，第79页。
③该信息来源于2012年4月2日同西尔维娅·库切的谈话。
④库切：《男孩》，第162页。

的情感太过脆弱，没法眼睁睁地看着母亲做出牺牲。"①

　　维拉对库切作者身份的影响极其深远，但这种作用又非直截了当。首先，正是她架起了库切和英语语言之间特殊关系的桥梁。她对教育的反思和认识使小库切得以广泛涉猎各种儿童读物，从阿瑟·米（Arthur Mee）的《儿童百科全书》到保罗·加里克（Paul Gallico）的《雪雁》（*The Snow Goose*），再到《金银岛》和《瑞士家庭鲁滨孙》（*The Swiss Family Robinson*），还有P.C.雷恩（P.C.Wren）和《鲁滨孙漂流记》。②维拉跟当时大多数的父母不一样，她总鼓励孩子读连环画，因为她认为如果孩子能连图带文字一起看会有双倍收获。③

　　她的聪慧机智、在婚姻中的挣扎、经济拮据、跟儿子们融洽的关系，这些都在库切的作品中留下了痕迹。库切很多小说的主角都是女性，这些能言善辩的女主人公奋力抗衡周遭严苛的环境，视挑战父权权威为家常便饭：《内陆深处》的玛格达、《福》中的苏珊·巴顿、《铁器时代》的卡伦夫人和伊丽莎白·科斯特洛。当然影响库切小说女性角色的还有其他因素，比如纳丁·戈迪默就是个例子。其实不用说清到底是因为维拉还是戈迪默，库切自己就已经敏锐地意识到，选择女性叙述者是能让人置身传统权威之外的一种策略。库切作品中坚定的女性立场有时就是他表达自我的传声筒，跟性别没什么关系。不管怎样，维拉是库切生命中第一个不屈不挠、有文化教养的女性。

----

①库切：《双重视点》，第394页。
②库切：《男孩》，出自多处，不再一一加注。
③该信息来源于2012年4月2日同西尔维娅·库切的谈话。

16 Jun 1986

Who shall guard the Guardians? Who shall censor the censors? The question is unanswerable without a theory of absolution. It is not answerable in a secular framework. There must be a class or caste of people outside society who are shunned or kept at a physical distance because they touch pollution. Hence the sweeper caste in India, hence the priestly caste in Europe. Priests cannot marry because they are polluted/holy. That is why priests cannot sleep with decent women, cannot marry: they must sleep with whores. A para-priestly class like the SS (created to perform abominations) has brothels created for it: it is the idea of the a domestic life for SS men that offends us most deeply.

《铁器时代》笔记上的第一页。

维拉1985年3月6日去世。第二年6月，库切开始撰写下一部小说《铁器时代》。小说的出发点十分矛盾，他在笔记本上写道：

第九章 母亲
——《铁器时代》

　　　　监管之人，谁人监管？审查之人，谁人审查？如果不采用
　　有关宽恕免责的理论，这个问题是没法回答的。这在世俗的框
　　架内是没法回答的。必须有这样一个阶级或阶层的人，他们生
　　活在社会之外，避免世俗或者远离世俗，因为他们接触了世俗
　　的污染……①

　　开头是来自尤维纳利斯（Juvenal）《讽刺》（Satires）中的一句话：
Quis custodiet ipsos custodes。②它原本是影射那些评判通奸行为的监
管者，后来被广泛应用于政治哲学中。这个论断的意思是说如果法
律制定者腐败堕落，那么唯一的治疗方案就是灵魂大清洗。库切把
当权者的腐化看作是世俗社会比较突出的问题，而世俗社会本身又
没有途径去获得救赎，因此只能依赖有"他性"（othered）灵魂的阶级
或阶层赶走这种污染。

　　《铁器时代》中神秘的范库尔就源自尤维纳利斯的这部作品和
托尔斯泰的《人靠什么活下去》，后者讲述了天使伪装成陌生人去拜
访一对穷困老年夫妇的故事。库切论述忏悔的力作对范库尔人物形
象的影响也是显而易见的《忏悔和双重思想：托尔斯泰、卢梭和陀思
妥耶夫斯基》（Confession and Double Thoughts：Tolstoy，Rousseau，
Dostoevsky）。③虽然这些主题本身对他都很有吸引力，但从笔记的内
容看，他的思考还是掺杂了更多的个人因素。

---

　　①库切:《铁器时代》笔记，1996年6月16日。
　　② Quis custodiet ipsos custodies? 是拉丁语，英文一般翻译为 who shall guard the
guardians?，原意指那些评判通奸行为的审查者也需要监管，否则没法保证他们都品行端正。出
自古罗马诗人尤维纳利斯《讽刺》的第六部，347章，第八节。——译者注
　　③库切:《忏悔和双重思想：托尔斯泰、卢梭和陀思妥耶夫斯基》，《双重视点》，第251—293
页。原载于《比较文学》，第37卷第3期，第193—232页。

维拉的去世又让历史罪恶感的问题重新摆上了桌面。他在追问：一个典型的爱神使者怎么能变成她那个时代罪孽的恶魔化身？他写道："它（这部小说）必须是关于清白无辜的话题。历史的清白无辜。我母亲是她那代南非人的一员，不管怎样，她都是无辜的。"他最开始在草稿上写的东西的确和丧亲之痛毫无瓜葛，后面的文字解释了部分原因——"这意味着处理抽象的问题，采取一个'有难度'的立场。"①实际上这里面的个人感情因素非常明显："把我自己的生活写出来献给吉塞拉。写我母亲的生活。因为我们都会在南非终老一生。"②

于是一部名为"托尔路上的房子"的小说就从库切笔下流淌而出，这个题目其实就是库切在开普敦的住址。小说遵循传统的叙事形式，用第三人称和完成时态描述了一个去日无多的女性角色，而且这位主人公无论从哪方面看都像是活脱脱的维拉·库切。作品的名字变了好几次，从刚开始的"六号""托尔路上的房子"，到后来的"铁器规则""冬季"，最终确定为《铁器时代》。

但是库切发现他很难在这部作品中找到叙事声音。他写道："在其他作品中，尤其是最后两部，我对故事从哪里开始都有概念（克莱斯特、笛福），叙述自然也就从始点渐次铺开。但是这里——？"③解决方案就是彻底重写，改成"写给逝者的信件"，这样"所有的事情都变得可能"。④

这些信件是一个儿子写给已过世的母亲，也有些是写给他去了另一个国家的妹妹艾伦。儿子在信中告诉母亲他正在做的一些安排："这些天我雇了一名护士。她年轻貌美，配得上'非洲护士'的称

---

① 库切：《铁器时代》笔记，1986年11月30日。
② 同上，1986年11月24日。
③ 同上，1987年7月17日。
④ 同上，1987年7月26日。

号。"①于是便出现了一个有故事的年老体衰之人——"一个能演绎某段历史的躯体",一段"永远再没机会表达自我"的历史——和一个悲伤的儿子。②

库切选择上述方式开始"六号"的叙述就是要彻底曝光自己,让他和维拉浓烈的母子亲情尽情体现在文本层面。草稿到处弥漫着悲伤的情绪,同时还纠结于母亲的实际情况——她对南非的看法以及她在南非历史中的角色明显不受欢迎。叙事不断绕回到亲情之爱和道德疑虑的对立主题上,好像库切知道小说在某种意义上注定要成为一部家庭争斗剧。他应该也明白,要把这些材料变成不流露个人痕迹的情节绝非易事。

为了展现母亲的内心世界,库切讲述了维拉童年时代的故事。草稿中笔调细腻的描写也相应地保留到了小说的印刷版本中,而且这段话在《男孩》的草稿中也出现过:

> 这是1910年。这是南非夏日的夜晚。这是夏日的夜晚,天空布满繁星。空气中有一丝凉意,那是因为我们所处的位置比较高,在山坳的最顶头,阿尔佛雷德山坳通道,虽然这里以小王子维多利亚女王儿子的名字命名,但是他从未见过这个地方,也永远不会见到。我们在山坳的最顶头,那里的公路被拓为停车场,一个优斯班帕勒。③如果侧耳倾听,就会有牛安详咀

---

①库切:《铁器时代》书稿,1987年8月26日。
②同上,1987年8月28日。
③优斯班帕勒(uitspanplek),阿非利卡语,字面意思是"农场的休息区"。该词源于18世纪三四十年代布尔人大迁徙时期,他们中途会停下来补充给养后再向内陆进发,休息的地方被称为uitspanplek。——译者注

嚼的声音。火堆的残余灰烬泛着微弱的光。火堆旁边躺着进入梦乡的仆人。牛车上睡着你的父母。牛车的床下面，已入睡的父母的下面，两个马毛垫子上横七竖八躺着你和你的姐妹。姐妹们都睡着了，而你却夜不能寐。

呼吸着这个夜晚、这所老房子空气的人就是当时呼吸那个夜晚空气的人。同一个人。你。

牛车的轮子因大石块挡路而无法前行。~~如果把这些石块移开~~你设想着搬走那些石块~~如果有人移开这些石块的话~~，牛车就会一个趔趄，嘎吱作响，滚动开来；它会跑得越来越快，冲向山坳通道，冲下山谷；它还会穿过普利登堡湾的一个大街，穿过一排排的商店，穿过吃惊的人群，穿过一群狂吠不止的狗还追在后面；他会像惊雷掠过沙漠，响彻大海。人可以想象所有这一切是场游戏，从头到尾，而你确实是这样设想的。你躺在暖和的兔绒被里面，四周全是父母和姐妹睡着的均匀呼吸的身体，~~保护着~~守卫着你免受夜的打扰，那些蟋蟀和牛车在草丛里浅吟低唱，无法入睡的你透过轮辐一眼不眨地凝视星空。你想象着第一声嘎吱响，第一个趔趄；车轮鼓足劲儿开始冲。一个颤栗袭遍全身，你继续一眼不眨地凝视星空，期待那些星星他们伺机而动，期待一颗流星划过夜空。你说：这是我跟自己玩的一个~~这个~~游戏，整个世界只有我玩过这个游戏。你尽力睁着眼睛，不让它们眨动。可是一旦你眨眼睛了，~~然后~~你就睡着了。

这是1910年在去往普利登堡湾的路上你玩的游戏，在山坳顶端的牛车下面；这是你的游戏，只剩下我来怀念它：我和你。①

---

① 库切：《铁器时代》书稿，1987年8月29日。

　　这是《铁器时代》中卡伦夫人她母亲的相关故事。卡伦夫人开着她那辆古董希尔曼汽车，沿开普半岛的博伊斯大道一路向下，一边欣赏梅森堡的美景，一边把这个故事讲给同车的范库尔听。[①]她说这些是为了打动范库尔，但后者却一直面无表情，沉默不语。[②]虽然这个情节已经跟维拉没有多大关系，但铅华洗尽后留下的是一个女孩儿的内心世界，这个世界在她女儿的半回忆半想象中构建，又通过书信的方式传给了第三代人。

　　草稿中博伊斯大道的系列叙述表现了母子政治道德上的鸿沟，而他们认识差异的焦点是对所见景色体现的政治含义有不同的理解。儿子开车载着母亲，中途停下以便她能在去世之前俯视整个海湾，给她"暗示生活在弗洛伦斯（她家的佣人）的国家是什么样"：

> 　　这里溅起的水雾跟以前的水雾几乎一样，但也略有不同，这种差异没法跟外来人解释明白，也没法用摄像机记录下来；耸立于车站上的石质钟楼一点都不像这个在非洲重生的古老国度，而是对远古建筑风格过去建筑的一种暗指（但是多么异想天开！多么辛酸！）；这里的空气（如果你打开把窗户摇下来）跟以前的空气不再一样，不再是那如重物压顶般向你扑面而来的空气，但一定会永远来回流通，每次都被雨水清洗的干干净净，这是一件礼物，有益于我们的肺部呼吸，我们所有人的呼

---

　　①库切：《铁器时代》，伦敦：塞克和沃伯格出版社，1990年，第15—16页。（后文出自同一著作的引文，只在脚注中标出作者、书名和引文出处页码，出版社、年份等信息不再另注。——括号内为译者注）
　　②同上。

吸，连人带动物，无关人力却亲切温馨。[①]

这段话描述了主人公从美丽的风景中品味到快乐，而且这种愉悦也没有因为焦虑社会问题而失去成色。儿子希望母亲去想象这种快乐，但其中蕴含的巨大道德转变是她所无法跨越的。他希望眼前壮丽的美景可以让母亲流露出善意，在善意中她能认可弗洛伦斯对这个国家的所有权：

"让她重新拥有它吧。"我希望听到你这么说。让她重新拥有它吧。并非因为我将不久人世，对此已经不在乎，而是由于这原本就是个错误，彻头彻尾的错误。一个错误——我们暂且停止争论，我们不去解释，哪怕是做丁点儿的澄清。让你内心美好的冲动展示出来，即使它不为人知也无关紧要，就让它赤裸裸地表现出来。如果你还有疑问，不知道一旦弗洛伦斯成为这片风景的主人后，她是否能站在博伊斯大道更享受这些景色，或者她是否要尽力保持桌山[②]的原始状态（也就是说它1652年的状态），那么你内心的冲动将会变得更美好、更宽厚仁慈。[③]

出版的小说再没有叙述儿子试图操控母亲想法的情节，我们看到的仅仅是卡伦夫人欣赏绵延的波浪、远处的冲浪手和巍巍的青色霍屯督荷兰山脉。她内心的冲动既没有表现出忏悔，也没有政治通

---

① 库切：《铁器时代》书稿，1987年9月3日。
② 桌山（Table Mountain），位于开普敦附近，是一座顶部平坦的沙岩山，是南非著名的旅游景点之一。荷兰人曾于1652年在桌湾（Table Bay）岸边定居；同一年，荷属东印度公司建立开普敦殖民地，由此拉开南非的殖民历史。——译者注
③ 库切：《铁器时代》书稿，1987年9月3日。

第九章 母亲
——《铁器时代》

从开普敦的博伊斯大道俯瞰梅森堡车站的钟楼。

融性，"这大海，这群山——我多么想当面焚烧它们，这样无论我走到哪里，它们都会呈现在我眼前。我渴望爱这个世界"。①然后她莫名其妙地抽泣起来："对不起，我不知道自己这是怎么了。"②感情的涌动仅仅反映了她对自身存在性的思考，和尚未解决的政治道德问题无关。这段心灵诉说的政治寓意已灰飞烟灭，剩下的就是她在自己去日无多之际跟美景的邂逅。

　　《铁器时代》关注了两代人的差异，这种差异既有卡伦夫人和她女儿之间的（如果现今的统治者不被吊死在电线杆上她就不再回来），也存在于卡伦夫人和年轻的黑人激进分子之间（小说中的他们

————————
①库切：《铁器时代》，第16页。
②同上，第17页。

正在城镇里发动叛乱）。弗洛伦斯的儿子贝奇是个关键的在场，其在叙事中的作用和他坚强的朋友"约翰"一样（这个化名戏仿了殖民者强加给他们的园丁和家童的欧化名字）。因为约翰被怀疑窝藏境外解放组织运进来的武器，他在卡伦夫人房子的外屋遭到射杀，这是小说冲突激烈的场景之一。

整个事件让卡伦夫人备受折磨，万念俱灰。她跟这些男孩儿的交往过程始终弥漫着一种悲痛情绪，哀叹他们的童年任由残酷的男性气概标准和"不自由，毋宁死"的口号摆布。她跟弗洛伦斯和之前身为教师的塔巴拿争论，质疑他们怎么能心安理得地让孩子去承担抗争的义务。对她而言，塔巴拿的态度代表"铁器时代"的到来——一个从赫西奥德（Hesiod）和奥维德（Ovid）那里借用的名词，指黄金时代的舒适悠闲过后，人类的生活在接下来的系列时代中变得越来越艰难。面对斗争形势，卡伦夫人采取了义愤填膺的自由主义立场，因为她的年龄、对个人生活的尊重、正派的作风和作为古典学退休教授的学识都已昭示了她的选择。

与之相对的是，草稿中两代人的差距只限于家庭内部。儿子指责母亲和她那代人毁掉了下一辈人的未来，把国家弄成一片废墟。父母攫取了他们能拿走的一切，根本不考虑给子孙后辈造成的后果：

> 殖民主义的堕落——难道我就是这样理解你的？从几个世纪的你的殖民经历在殖民地中，你学会了如何摧毁一个地方然后一走了之，如何开采利用然后弃置不管；实际上你不是农场主，而是掠夺者，倒退到了狩猎文明的时代，是强盗，是剥削者；当你环顾自己在南非继承的东西，你看到的是四五十年的安逸生活，每日三餐，顿顿有肉；当牲畜被杀光吃净，当恶报

来临的时候，你就走了，坠入另一个世界，只留下你的笑声回荡在空气中！①

无须赘言，上述描写跟卡伦夫人的形象大相径庭。这是一个有政治敏感性的儿子感到被背叛时的情感流露，是愤怒和痛苦的发泄。儿子回忆母亲前往隆德伯西市政大厅参加1984年大选投票（P.W.博塔时代）时也是同样的语气：她心衰体弱，一步一挪硬撑着走了过去，后来说自己把票投给了国民党的候选人，"当那晚我看到你的时候……你给我说过这个事，也说过你把票投给了谁。你说话的时候面带微笑，我知道这里面不但有蔑视的意味，而且还有一丝怨恨，我想那是行将就木的人对生者的怨恨"。②而要想消除这种苦涩，把母亲塑造成她在小说中的角色，库切还得继续努力。

尽管背景不同，草稿饱含情感的段落细节依然出现在了小说中。在上述刚引用过的那段话结尾之处，当儿子把母亲的行为看成是对年轻人的怨恨时，库切这样描述儿子的反应："我不让你离开人世的原因就是怨恨，那恶毒的心愿像一杆长枪对着我——一杆阔头枪的枪柄，我想这个表达是……"③在一句单独成段的话中这个角色又接着说道："这就是为什么不让你离开人世对我这么重要。"④即使母子之爱看似已无可能，儿子也同样不会放弃这种亲情。

卡伦夫人对贝奇和他朋友约翰的看法同样演变成了具有强烈想象性的同情。⑤ 她也学着信任范库尔（这个流浪汉没得到他的信任），委

---

① 库切：《铁器时代》书稿，1987年9月19日。
② 同上，1987年8月7日。
③ 库切这里指他要找的表达词汇是"一杆阔头枪的枪柄"。
④ 库切：《铁器时代》书稿，1987年9月19日。
⑤ 库切：《铁器时代》，第159页。

托他把遗言邮寄给自己的女儿。既然小说寄希望于信任，因此就很难摆脱一种暗示——希望的根源在于小说终稿文本背后的家庭关系。尽管小说草稿经过多次修改，但始终有一条情感线索贯穿其中。

《铁器时代》写作过程的一次重大转变就是叙述视角从儿子切换成了母亲。随着虚构化过程渐次铺开，首先需要完善的就是草稿中儿子的角色，这个人物一直不太符合库切的风格。他先后做过雕塑家、教摄影的老师和书刊设计师。他失去了对事情的把控力，辞掉艺术学院的职位；因为拒绝安装法定的警报系统，他也不再给房子缴纳保险；他专事撰写抨击言论，谴责殖民历史的斑斑劣迹和他母亲在其中扮演的角色。要不是母亲曾给《帕尔格雷夫版英诗金库》（*Palgrave's Golden Treasury*）的诗歌做过注释，他就把她的书全送给慈善商店。前妻担心他的心理状态，而他则买了一把手枪。他写的东西起先是一本书，讲述他试图按照自己的想法经营生活，"在南非的生活计划，在当今这个时代"①，后来变成了一系列信件。

虽然我们看到了书信体的形式，但当叙述视角从儿子切换到母亲身上之后，整个故事发生了彻底变化。道德演算的前因后果这时完全倒置——不再是儿子悲恨交加，而是母亲开始自己的叙述，"显然她的名字叫伊芙琳·卡伦"（Evelyn Curren），这是她的名字第一次出现，孩子的政治判断力使得他跟母亲逐渐陌生疏远。1988年1月到3月是库切极有效率的一段写作时间，上述转变也正是发生在这个时期。另外一个重要变化就是库切现在可以把自己写进卡伦夫人的叙事声音里。文本的主角不再是悲伤的儿子，而是换成了一位知识分

---

① 库切：《铁器时代》书稿，1987年7月18日。

子和人文主义者。库切也因此得以演绎卡伦夫人的古典主义风格，
她退休教授的身份给库切的广征博引提供了施展空间，诸如维吉尔
用拉丁文写成的《埃涅阿斯纪》等材料都可以名正言顺地出现在小说
中，给她的离世之路带来一丝文化气息。[①] 展现卡伦夫人古典文化学
识的互文性工作由此迅速铺开。虽然文本还是带有个人色彩，但表
现方式已迥异于从前：它不再只是一叶哀痛之舟，而已幻化成一艘承
载库切自身文化素养的大船。

　　在《双重视点》的一篇访谈中，库切说到《铁器时代》时用了一
个令人疑惑不解的短语。针对卡伦夫人离世的意义和有观点认为其
代表一种政治赦免，他回应道：

　　　　所以一场争论便开始上演，这是一场事关发言权的争论，
　　不仅体现在小说戏剧化的构建上，也存在于伊丽莎白的——我
　　该怎么说这个词——灵魂深处。身为作家，身为这部小说的作
　　者，这场争论的结果对我而言无关紧要，即便它在南非被奉为
　　圭臬。关键是这场争论本身，关键是逝去的东西有了发言权，
　　即便他们的历史立场完全站不住脚。所以即使在铁器时代，同
　　情和宽恕也不是沉默无声的。[②]

　　他说了一个非常强有力的词儿——"完全站不住脚"。为什么卡
伦夫人的自由主义（她的人文古典主义学识是这种主义的最高表现形

[①]《埃涅阿斯纪》（Aeneid），第6卷，第327—330行。库切自己翻译了这几行诗："在未找到
能埋葬他们尸骨的安息地之前，绝不可以运着他们走过可怕的河岸，穿过咆哮的水流；相反，他
们必须在河岸上翱翔盘旋一百年，直到他们被接收，找到通向池塘的回家之路，因为那里是他们
心灵欲望的归所。"库切：《铁器时代》书稿，1989年5月14、15日。

[②]库切：《双重视点》，第250页。库切在访谈中把卡伦夫人称为伊丽莎白的说法有些奇怪，因
为伊丽莎白这个名字从来没在《铁器时代》中出现过。

式）会遭遇如此的抨击？这番话在文学批评中被解读为：在20世纪80年代后期政治冲突的顶峰，当这个国家以及城镇上的年轻人都困在生死存亡的斗争中时，自由人文主义几乎一文不值，甚至还备受奚落。但自由人文主义真的不堪一击吗？这种说法听起来有些夸大其词。虽然"逝去的东西"就是指那些经典著作和它们在卡伦夫人内心冲突中的角色，但在这番评论里很难无视维拉·库切的存在，因为库切刚开始写这部有关维拉的小说时，母亲的立场对他而言也是完全站不住脚的。无论是在小说写作过程中还是后续的自我反思，作者的悲痛最终都盖过了他对人物角色的政治疑虑。因为《铁器时代》背景中有维拉的影子，所以也就更容易理解为什么"同情和宽恕也不是沉默无声的"。

第十章　父亲
——《夏日》

　　库切自传系列第三部作品《夏日》的结尾记录了一些令人不安的片段。约翰的老父亲因为咽喉癌做了喉头切除手术后从医院回到家时，救护人员递给约翰一份如何照顾病人的护理指南，而他却心生疑虑，说道："我干不了这差事。"护理员没理睬他的异议，仿佛是在说这不是他的问题，约翰这时才明白他面临着一个转折点。照顾父亲的责任落到了他的肩膀上，他要么就变成一名护士挑起这个担子，要么他就对父亲说："我没法面对得日夜照顾你的日子，我不管了，再见。不是这样，就是那样，没有第三种选择。"①

　　虽然小说描述的这个结果看起来麻木无情，但现实中的约翰已经照顾了父亲好几年。问题的关键在于这件事意味深长，它标志着约翰已经不能再像孩子一样不承担任何家庭责任。《夏日》的草稿更直白地说明了这一点：约翰回国之后意识到父母的微薄收入被通货膨胀折耗殆尽，而他们又没有养老金，所以他必须照顾两位老人。"但他在心理上感觉自己还是个孩子，父母应该有看护他的责任，这成为第三部自传的中心矛盾。"②

　　由此可见，小说中儿子的成熟比父亲的去世更有权重。小说的

---

①库切：《夏日》，第265—266页。
②库切：《夏日》书稿，2003年5月26日。

题目进一步确认了上述主题，整个三部曲也是围绕作者的成长来组织材料，直到他出版第一部小说为止。出院回家的父亲去日无多，这个插曲给《男孩》中开始的故事画上了一个句号：十来岁的约翰当时排斥杰克，有着强烈的俄狄浦斯情结，幻想他自杀的情景，甚至希望父亲真能自行了断。但《夏日》末尾处的片段又推翻了约翰的想法，还让主人公背上道德负担，这是《男孩》中的小约翰所无法理解的。责备父亲的阶段到此结束。

　　萨卡里亚斯·库切（Zacharias Coetzee）［简称杰克（Jack）］，1912年9月29日出生于阿尔伯特王子城，1988年6月30号在开普敦天文台阿卡迪亚疗养院逝世。①约翰童年时期频繁搬家就是因为杰克走马灯般地更换工作所致。约翰出生的时候，杰克在西维多利亚市的律师事务所已经举步维艰。当年5月，也就是约翰三个月大的时候，杰克带着家人搬到了沃伦顿——一个更靠北的卡鲁小镇，位于德兰士瓦的西部边界。他在那儿重操旧业，但新事务所再次破产。因为违规使用信托基金，他还被取消了律师资格。

　　在沃伦顿住了一年之后，库切一家又搬往约翰内斯堡的公寓。杰克在当地做簿记员谋生，先是供职于一家汽车零部件公司，后来又转到家电制造商伊莱克斯上班。1942年7月，他加入南非第六装甲师，随部队征战北非、中东和意大利，在意大利一直待到第二次世界大战结束。

　　杰克回来之后一家人安顿在开普敦波尔斯莫的军事营地，因为那里有为复员军人建造的活动板房。杰克很快在租赁管理办公室找

---

　　①天文台（Observatory）是开普敦市郊区的一处地名。——译者注

父与子，摄于1942年。

到一份差事，这是省级政府的下属机构，负责安排复员军人的住房
租赁。全家人也因此得以搬到罗斯班克，在里斯贝克路找了一栋更
舒服的房子。但是1948年杰克又被裁员，他后来在一家名叫"标准罐
头"的水果加工公司找了份会计工作。这次他们搬到了开普敦东北方
向的伍斯特——如果走杜托伊特的峡谷通道，它离开普敦有几小时
的车程距离。

约翰（右）和弟弟大卫在伍斯特的留尼旺公园，摄于1949年。

在伍斯特那几年，杰克通过努力成功说服了法律协会，他得以被重新授予律师资格，全家人也终于可以搬回开普敦。杰克这次把事务所设在了开普敦郊区的中低收入者聚集地——古德伍德。一家人住在普林斯迪，中途还换了好几次房子。约翰后来进入圣约瑟高中——一所位于罗斯班克的独立天主教会学校。这种选择有一定的必然性，因为即便是中学成绩再好，来自伍斯特农村的阿非利卡姓氏男孩，都会被开普敦城郊知名的英语公立学校拒之门外。这几年里杰克旧习重犯，又违规使用律师基金，还染上了酗酒的恶习，只得靠维拉教书挣钱供约翰上学。这就是《男孩》里杰克最后露面时的形象。

杰克比维拉晚去世两年。从1986年到1988年的3年时间里，库切

第十章 父亲
——《夏日》

《夏日》中没有讲到的故事：尼古拉斯、约翰、菲利帕和吉塞拉在纽约州的布法罗，摄
于1970年。

接连失去了双亲和儿子，《铁器时代》就是献给他们的作品。这一阶
段库切还承受了第四次丧亲之痛——他的前妻菲利帕于1990年7月13
日撒手人寰，那时《铁器时代》刚刚完稿。[①]

　　库切在《夏日》里重构自己生活片段的时候重点突出了上述岁
月，但其中有两个时间段的叙述明显失真：1971年他从美国回来时和
他父母相继去世的这几年。当然也还有其他杜撰的地方，比如给辅
导班上课的事情是20世纪50年代他当学生时的经历，而不是小说中
描述的1971年，但这些细节都不太重要。这两个时间段与事实相互

---

　　①菲利帕去世的时候，两个人已经分居10年。她1986年患上了乳腺癌，当时库切已经开始写
《铁器时代》，所以她的情况和虚构的卡伦夫人相一致只是个巧合。

矛盾导致库切自己的家庭生活完全被排除在叙事之外，小说压根儿没提他和菲利帕以及孩子们的生活。20世纪70年代早期的库切远非《夏日》中描述的那样，他并不是一个孤独寂寞、在涉及性的尴尬问题上笨手笨脚的家伙（原文用的这个词儿）。①那时他和家人住在开普敦郊区，而朋友们和以前的同事都记得他们的与众不同，因为这家人的日常生活和礼节习惯都带有20世纪60年代美国的烙印。

菲利帕在《夏日》早期的草稿中曾被虚构成玛西亚短暂出现过，但库切更改了叙事的时间范围之后，她就从小说中完全消失了。库切有可能认为即使要讲述菲利帕的故事，最好也不在描述自己作家形象演进的背景下出现，所以他没有在任何一本自传中涉及自己的婚姻。他对自传有着高度成熟的见解，从不拘泥传统观点，比如他认为"事实"会妨碍人了解更深层的真相，而菲利帕的问题触碰到了库切自传观的底线。库切心里无疑还怀有对菲利帕的强烈怀念，因为《夏日》中隐去的事实就是跟她相关的一些情况。

《夏日》以杰克略加虚构的形象开头，结尾也是如此，这些片段都取自库切的笔记。虽然小说中间部分是传记作者文森特采访库切从前的情人、朋友和同事，但杰克生命最后岁月的情节圈定了这部作品的叙事框架。整个小说中有关杰克最神秘的部分或许就是他跟另一位虚构人物朱莉亚的对话。朱莉亚看到在公交车站的杰克就让他搭了顺车，在聊天的过程中杰克提到他并不只有一个孩子，约翰还有个弟弟，不过已离开南非去了英格兰，也没有要回国的迹象。

---

① 作者这里指《夏日》中朱莉亚回忆和库切的往事，两个人在超市相遇时库切主动帮她捡散落到地上的圣诞包装纸，但却把纸卷顶到了她的胸部，她不确定这是库切有意为之还是笨手笨脚的鲁莽行为。原文笨手笨脚的家伙用的意第绪语schlemiel。——译者注

"你肯定很想他，"茱莉亚说。杰克凝视远方，停顿良久才轻声说道："人想的东西太多。"①

小说没有具体解释杰克想表达的意思，所以也只能从整部作品的语境来寻找答案：曾经孕育杰克成长的南非已经无可逆转地成为历史。文中既然没挑明杰克那句话的含义，就赋予了它一种广义性，同时也说明库切自己感受到了世事的沧海桑田。如果把这一刻放到更大的背景中，它就会变得明了：约翰已经克服了对父亲大部分的怨恨情绪。

从笔记本中选取的第一个片段是描写约翰想要和父亲讨论政治话题，因为南非安全部队刚对非国大在博茨瓦纳的基地实施了暴行。库切在这个情节的结尾处写道："据此可以展开：比较父亲对时代的反应和他自己对时代的反应，两者的差异，两者的（最重要的）相似之处。"②约翰在反思父子俩共同的历史，他对父亲的解读也是在解读自己。

在《夏日》的草稿中，库切压缩小说叙述时间范围之前就写道，在20世纪80年代早中期的时候，父亲搬进了位于罗斯班克托尔路的房子，独自鳏居，孩子们在他离婚后也断断续续会过去住几天。库切后来把这段经历挪到了20世纪70年代早期的虚构叙事中。按照笔记上的说法，约翰和父亲有着共同的体育爱好，他们一起看橄榄球和板球比赛、翻阅老照片、动手做园艺工作，而晚上的时间通常是约翰看书，杰克做《开普守卫者》（Argus）午报上的纵横字谜。

《男孩》中再现了杰克中年时期职业上犯过轻罪、染上酗酒恶习等事件，这些情节在《夏日》中没了踪影；相反，当库切的叙事角度

---

①库切：《夏日》，第47页。
②同上，第6页。

跟他自己的声音趋于一致的时候，他开始反思杰克从事律师职业的"宿命"。[①]有人认为法律是一种跟道德无关的行为规范，是骗人的伎俩，就为了"使人逃脱惩罚"。这种观念感染了杰克，使他也不想对自己的职业有过深的理解。再加上杰克的社会地位又使得他不太合群，少有社会活动，虽然这种现象应该直接归咎于他事业的失败，但间接原因是他已英国化，社会身份摇摆不定——自己是阿非利卡人，可又对同胞的政治诉求置之不理。杰克因此变成了一只迷途的羔羊。《男孩》表露的怨恨在下面这段话中可见一斑，但所有的负面情绪在《夏日》里都烟消云散：

> 他走近了些，眼睛慢慢适应了室内的光线。父亲穿着睡裤和棉质背心。他胡子拉碴，也没剃一下。脖子下面有个红色的V形，那是太阳在青白的胸膛留下的晒痕。床边搁了一把尿壶，深黄色的尿液上漂着烟蒂。他这辈子都没见过比这更恶心的东西。
>
> 没有什么安眠药。这人不会死，只是睡着了。他没有勇气服用安眠药，就像他没有勇气走出家门去找工作一样。[②]

《男孩》草稿中还描写了一个更匪夷所思的场景——小约翰想否认跟杰克的父子关系。十来岁的约翰向母亲抱怨，说他不喜欢看见杰克在圣约瑟高中的板球场地边，来回转悠看自己打球，因为其他男孩认为杰克是有色人种。虽然小说的主人公知道说这种话很不道德，但小家伙想以此跟父母对抗，在他们种族观的问题上以其人之

---

① 库切:《夏日》书稿，2005年1月31日。
② 库切:《男孩》，第159页。

道还治其人之身。①

约翰童年时期遭遇了各种困境：家里的日子紧紧巴巴，四处搬迁，还被迫从罗斯班克回到伍斯特乡下，跟鸟儿喷泉农场日渐疏远，这些完全可以归咎于杰克所犯的轻罪和他的时运不济。库切可能认为母亲的付出是他生命中无法承受之重，但起初他下定决心要尽快自食其力终究还是因为杰克的缘故。尽管库切一家信奉亲英主义，有高雅的文化追求，可是因为杰克对家庭生活的经营不善，导致他们反而成了没有社会地位的落魄之人。如果说库切在写《男孩》的时候感觉到自己已被南非异化，其中一部分原因就是杰克没有为儿子铺平走向社会的道路，既没给他提供任何庇护也没给他传授任何入世的经验。

但这个问题还可以从另一种角度解读。库切说当年的父亲是一个经不起道德考验的年轻人，他的性情不适合做律师。他早早跟比自己大八岁的女人结婚成家，而妻子又聪明又有文化，在这两方面上是家里的绝对权威。家庭之外的杰克也没什么声誉和威望，这就是为何他要挪用信托基金去换取别人的友情。难怪《男孩》的主人公没有方向感，恐惧南非白人民族主义，在犹太教徒、天主教徒和基督教徒的身份间徘徊，"冷战"中还站错了队伍去支持苏俄。

对于长大成熟的库切而言，父亲生活的辛酸消解了儿子早先对他的怨恨。除了其他意义之外，《夏日》还可以看作一场父子关系修复行动。在父亲临终前的日子，两个人学会了相互接纳对方。最能表明这一目标得以实现的段落就是那些突出体现父亲内心生活的情节：他对体育活动的钟情（他喜欢到纽兰兹球场看俱乐部橄榄球，即

---

① 库切：《男孩》书稿，1994年9月14日。

Rome
March '45.

TEATRO REALE
DELL'OPERA

STAGIONE LIRICA
1944-1945

LA TRAVIATA
DI
GIUSEPPE VERDI

LIRE **23**
Lire **25**

杰克·库切1945年3月在罗马时的歌剧单。

便随着电视机的普及，去现场观战的传统已经逐渐消亡）、对歌剧的痴迷（杰克刚从战时的意大利复员回家后非常热爱歌剧，而小库切表现得很不耐烦，回想起这些，身为儿子的他有种负罪感）、他保存的那些战争纪念品，还有父亲因为爱情已经离自己远去而伤感。

令人奇怪的是，库切重新编排了他经历这些阶段的顺序，给人造成一种印象是他成为作家与修缮父子关系在时间上恰好重合，甚至前者依赖后者。读者可能还记得《幽暗之地》中有一位虚构的父亲，他是历史学家，但也是为南非国民党笔下的历史辩护的卫道士。《幽暗之地》露面的虚构父亲和《夏日》里出现的父亲大相径庭，而后面这本自传的时间跨度应该包括撰写前面那本小说的日子。

通过《夏日》回顾父子关系并描述这种亲情的恢复，库切明白了要想充分体现作者身份，他就必须学会按照自己的方式书写历史，而不是以父亲的故事为标准。

第十一章 制弹塔
——《彼得堡的大师》

今天的圣彼得堡并没有制弹塔，而且从该市19世纪60年代以来保存的历史地图、文字记录、雕刻品、素描画以及照片来看，在圣彼得堡的历史上也没出现过这种建筑。城里有穹顶建筑、尖塔、钟楼和各式各样高矮不一的烟囱，唯独不见制弹塔。这种高达70米的圆锥形建筑是19世纪英美工业城市的一种特色景观，而其建造目的是生产弹药——先让熔化的铅液穿过一个巨大的筛子，熔铅落进塔基周围的水池后会变得通体浑圆，于是就生产出了能塞进猎枪子弹壳的原料。

库切把一座制弹塔放到了《彼得堡的大师》中的圣彼得堡（确切地说是细木工码头）。[1]如果同时输入"制弹塔"和"细木工码头"（Stolyarny Quay）两个关键词，互联网的搜索结果就会直接显示这部小说。制弹塔是个绝妙的嵌入物——虽然小说充斥着扭曲的幻想、暗藏的动机和潜伏的威胁，但这座塔出淤泥而不染，毅然挺立在小说之外的世界。《彼得堡的大师》的时间背景大概是1869年到1870年，这也是制弹塔存在的绝佳时期。如果读者了解制弹塔和建造制

---

[1] 库切：《彼得堡的大师》，伦敦：塞克和沃伯格出版社，1994年。（后文出自同一著作的引文，只在脚注中标出该著名称和引文出处页码，出版社、年份等信息不再另注。——括号内为译者注）

弹塔的城市，那么从文化地理学的角度来看这座塔就与圣彼得堡格格不入，但它的出现却使小说情节流畅，引人入胜，以至于塔与小说完全融为一体。

小说的第十章《制弹塔》（*The Shot Tower*），刚好在全书二十章的中间位置。这一章主要讲伟大的小说家费奥多尔·陀思妥耶夫斯基某天晚上经人引导，拾级而上进到塔里去看继子巴维尔·亚历山德罗维奇·伊萨耶夫坠亡的地方。他的向导是"人民惩治会"的头子谢尔盖·根纳德维奇·涅恰耶夫，但涅恰耶夫根本靠不住，他领导的革命运动就是以不择手段消除社会阶级差别为信条。

涅恰耶夫的目的是恐吓陀思妥耶夫斯基，让他能为自己的组织服务。虽然按照涅恰耶夫的说法，巴维尔是因为参与了"人民惩治会"而被警察暗杀，但陀思妥耶夫斯基怀疑是巴维尔与听从涅恰耶夫指示执行杀戮行动的同志发生争执之后，被涅恰耶夫谋杀了（巴维尔留下的资料现在警察手里，其中包括一份暗杀名单，但那些手写文件并不是他的笔迹）。于是，塔上上演了一场对峙：一边是算计着利用年长之人的悲痛和名声，一边是对激进分子的不信任和反驳。

雪上加霜的是，陀思妥耶夫斯基在塔上犯了癫痫病。他很有可能也落进深渊，步巴维尔的后尘："他抓紧围栏，低头凝视那里一倾而下的黑暗。在这里和那里之间有无穷无尽的时间，漫长得令想象都对它无可奈何。"①

如果让研究陀思妥耶夫斯基的学者指导学生读《彼得堡的大师》，他们的意见往往可以用《陀思妥耶夫斯基〈群魔〉导读》

---

① 库切：《彼得堡的大师》，第121页。

（*Dostoevsky's 'The Devils': A Critical Companion*）中库切名字后面的注解来说明。这本由W. J.莱瑟巴洛（W.J. Leatherbarrow）编辑的书里提道："虽然从历史角度看，库切的小说对陀思妥耶夫斯基写《群魔》（*The Devils*）这段时期生活的描述纯属虚构，但至少还有点趣味性。"①

约瑟夫·弗兰克（Joseph Frank）是知名的陀思妥耶夫斯基传记作者。虽然他一直关注《彼得堡的大师》，但他对这部小说的定性跟莱瑟巴洛的看法大同小异。小说出版不到一年，弗兰克就在《新共和》杂志发表了评论文章。②库切十分清楚弗兰克的传记跟他这部小说的关联性，所以在弗氏发表那篇文章的同一年，他也在《纽约时报书评》撰文，阐释自己对弗兰克编写的陀思妥耶夫斯基传记第四卷《非凡的年代：1865—1871》（*The Miraculous Years*, 1865—1871）的看法。③

库切自1991年2月开始记录《彼得堡的大师》的相关内容。从笔记上可以明显看出，他多年来一直在研读弗兰克和其他学者对陀思妥耶夫斯基的评论。很难理解弗兰克竟然没能品出库切在字里行间对他的感激，或许弗兰克疲于应付库切对历史事实的自由发挥，忽视了其中的敬意。他承认虚构历史是库切的权利，但"让人倍感遗憾的是，库切没有提醒读者不能把小说当作事实，因为很多人并不熟悉陀思妥耶夫斯基的生平细节。也正是这个原因，很多不明就里

---

① W.J.莱瑟巴洛等编：《陀思妥耶夫斯基〈附魔者〉导读》，埃文斯顿：西北大学出版社，1999年，第158页。

② 约瑟夫·弗兰克：《评库切的〈彼得堡的大师〉》（*"The Master of Petersburg" by J.M. Coetzee*），《新共和》（*New Republic*），1995年10月16日，第53—57页。这篇评论经过修改后收入到了约瑟夫·弗兰克：《宗教和理性之间：俄罗斯文学和文化论文集》（*Between Religion and Rationality: Essays in Russian Literature and Culture*），普林斯顿：普林斯顿大学出版社，2010年，第195—203页。下文引用均出自该书。

③ 库切：《巅峰时期的艺术家》（*The Artist at High Tide*），《纽约时报书评》（*New York Review of Books*），1995年3月2日。

的人会断定是陀思妥耶夫斯基谋杀了他的妻子，因为《死屋手记》（*House of the Dead*）的叙述者也背负着同样的罪名。[1]陀翁本人对这个误解也极有怨言"。弗兰克不能接受库切把事实"玩弄于股掌之间"的做法，他指责库切把巴维尔当成帕沙，而帕沙这个史料中的真实人物却从来没出现过。

虽然《彼得堡的大师》有很多虚构的场景，但弗兰克指责的却是下列细节：1869年的陀思妥耶夫斯基负债累累，为了避免被捕入狱，他躲到了德累斯顿；听到继子死亡的消息后，他便化名为伊萨耶夫，用假护照返回圣彼得堡市（这样就可以装作巴维尔的生父）。因为巴维尔死得很蹊跷，所以他此行的目的是弄清到底发生了什么情况，顺便收拾巴维尔的私人物品。历史上的巴维尔在1900年去世前也是同样靠着各种文职工作过活。这是库切改写历史记录最重要的环节，因为经此一变，小说所有的事件就都顺理成章地聚焦到了两个方面：继父和继子的关系以及小说中陀思妥耶夫斯基表现出的悲痛。

弗兰克的文章认为上述改写缺乏令人信服的解释："虽然库切这部小说的前几章主要讲述陀思妥耶夫斯基总想让巴维尔活在自己的记忆中以及他因身为父亲的失败而遭受的内疚和绝望，但这个主题后来就变得冗长乏味，越来越缺乏艺术说服力。"[2]这个论断和弗兰克下面的说法如出一辙：库切"从未试着给小说中的人物及其行为赋予任何现实性的心理动机"。[3]

虽然弗兰克在结论中指出，这部小说符合库切的南非背景，同

---

[1] 弗兰克：《评库切的〈彼得堡的大师〉》，第198页。
[2] 同上，第199页。
[3] 同上，第196页。

时也呼应了19世纪中期俄国革命的风云激荡，但他此前给小说的定性是："这是一部高深的作品，但又让人莫名其妙，很难解释作者的写作目的……（库切）更喜欢利用他作家的自由去编造情节。他只是蜻蜓点水地借鉴了圣彼得堡的故事背景，呈现的效果更像是一种梦游般的恍惚，而非现实主义的逼真。"①

虽然库切从来没去过圣彼得堡，但小说也绝不缺乏自然主义的细节描写。这些情节大多参考了陀思妥耶夫斯基的作品，最主要的就是《罪与罚》（*Crime and Punishment*）中描写秣市广场附近的破败凋敝，还有些是来自弗兰克和其他学者的著作。《彼得堡的大师》涉及陀思妥耶夫斯基的多部小说，包括《穷人》（*Poor Folk*）、《双重人格》、《少年》（*A Raw Youth*）、《卡拉马佐夫兄弟》、《罪与罚》和《作家日记》（*A Writer's Diary*），除此之外还有陀翁的一些短篇小说以及公开发表的笔记。

平心而论，《彼得堡的大师》也确实像弗兰克所批评的那样，在很多细节问题上一直没有给出答案。比如，巴维尔是怎么死的？虽然陀思妥耶夫斯基把原因归咎于人民的惩治合乎情理，但这种看法最后也没有得到证实。假如陀思妥耶夫斯基真陷入涅恰耶夫周围的谋反分子及警察的纠缠之中，他又如何能离开圣彼得堡返回德累斯顿？他跟安娜·谢尔盖耶夫娜（巴维尔在圣彼得堡时的女房东）之间的风流韵事会造成什么后果？陀思妥耶夫斯基把巴维尔的日记改得有些粗俗，又故意留给小马特廖娜看，她会做出什么反应？

---

① 弗兰克：《评库切的〈彼得堡的大师〉》，第201页。弗兰克认为库切这部小说的风格是基于陀思妥耶夫斯基的《女房东》（*The Landlady*）。虽然《女房东》是库切的互文对象之一，但绝不是他互文的唯一小说。

　　因为陀思妥耶夫斯基偏爱故意不定结论的写作手法，所以库切留下这些问题悬而未决也是在效仿陀翁的风格。更关键的是，弗兰克注意到库切纠结于如何处理陀思妥耶夫斯基和巴维尔的关系，这一点在小说中一直没有明确。无论从历史背景看，还是从陀思妥耶夫斯基和巴维尔的关系看，都不足以证明小说的男主人公承受着巨大的悲痛。尽管如此，小说还是要求我们不加深究就相信上述观点。在库切笔下，伤心欲绝的陀思妥耶夫斯基所处的世界充斥着虚伪和欺骗；但实际上，他是从另外一个世界坐着四轮马车到了蜡烛大街63号。[①]

　　1989年4月21号，还差两个月就是尼古拉斯·库切的23岁生日，但那天临近午夜的时候，他却蹊跷死亡。从库切的笔记可以看出，在刚开始几个月的草稿里，小说中的陀思妥耶夫斯基哀悼的并不是他的继子，而是他第一段婚姻所生的儿子尼古拉·费奥多罗维奇·斯塔夫罗金(随他母亲的名字)。[②]"陀思妥耶夫斯基之所以在葬礼上表现得坦然淡定，几乎做到了心如止水，就是因为他曾经发誓要把儿子写进作品，使他得以永生。"[③]读者会追问：这是库切在回想儿子的葬礼、诉说自己的往事，还是在书写他笔下的陀思妥耶夫斯基？最佳答案就是认为两者兼而有之。通过虚构陀思妥耶夫斯基，库切其实是在描写自己。在儿子死后的很长一段时间内，这位作家一直在思索如何叙述这件事，而当他想到"儿子能以斯塔夫罗金的名义复活"时，随即有了写作的灵感。[④]

---

　　①蜡烛大街63号(63 Svechnoi Street)是《彼得堡的大师》中巴维尔的住所，即安娜·谢尔盖耶夫娜的家庭地址。本书作者用"从另外一个世界"来描述陀思妥耶夫斯基的来历，暗指陀翁被虚构进《彼得堡的大师》之前，他生活的世界跟其在小说中的遭遇完全不同。——译者注
　　②库切：《彼得堡的大师》书稿，1991年5月14日，1991年6月3日。
　　③同上。
　　④库切：《彼得堡的大师》书稿，1991年6月3日。

约翰·库切的儿子尼古拉斯·库切。

尼古拉·斯塔夫罗金是陀思妥耶夫斯基所著《附魔者》（*The Possessed*）的主要角色之一，也译作《群魔》（*The Devils*）或《鬼》（*Demons*）。小说以彼得·韦尔霍文斯基的故事为线索，引出了他革命圈子里的主要人物斯塔夫罗金。韦尔霍文斯基的原型是现实生活中的谢尔盖·涅恰耶夫，他起草了臭名昭著的《革命者教义问答》手册①，还在俄罗斯的彼得罗夫农学院谋杀了该校学生伊万诺夫。这起谋杀案构成了《附魔者》的创作背景。

在陀思妥耶夫斯基的草稿中，斯塔夫罗金原本是陀翁一部未竟之作《大罪人传》的反面主角，一开始被称为"王子"。陀翁从正在写的《大罪人传》中构思出了《附魔者》的故事框架，斯塔夫罗金的性格特征也随之变化。他高高在上、傲慢自大，对周围的人和事漠不关心，完全继承了陀翁批评的革命"传统"——这种"传统"习气可以追溯到19世纪40年代米哈伊尔·巴枯宁身上。通过《地下室手记》和《罪与罚》中的拉斯科尔尼科夫，陀思妥耶夫斯基表达了自己对这种"传统"中反宗教理性主义的不信任，指责它思想空虚，代表了西方自由主义影响的糟粕。这种思想在当时被称为"无政府主义"，不是因为它缺乏原则，而是因为它回避宗教道德。

陀思妥耶夫斯基的东正教信仰来之不易。19世纪40年代，他和持社会主义理论的人志同道合，参加了彼特舍夫斯基的讨论小组。当这个小圈子的行为逾越了它本应遵循的界限之后，当局逮捕了小组的成员，还要以颠覆国家的罪名处决他们。沙皇尼古拉斯一世处心积虑地安排了一场施虐性的惩罚。他先让这些人站在行刑队前等待处决，在最后一分钟又免他们一死。虽然死刑已免，但活罪难逃，陀思妥耶夫斯基先是被关押在鄂木斯克监狱，后来又到了劳改营，在西伯利亚前后流放了10年。正如陀翁在《死屋手记》中所说的，他的世界观在囚禁期间有了重大的变化——他开始相信只要人民还处在需要救赎的状态，改造社会的理想方案就永远不会成功。

斯拉夫文化优越论与东正教如影随形。在陀思妥耶夫斯基看

---

① 这份手册其实是涅恰耶夫和巴枯宁（Mikhail Bakunin）共同写的。——译者注

来，出现这种现象部分是由于罗马天主教会过于热衷政治权利和西方物质主义。相比之下，俄国人民和俄国灵魂则诚实正直，高山景行，他们负有拯救世界的特殊使命。陀翁的这段个人经历和智识历程为他《地下室手记》以降作品中的反理性主义提供了有力的支撑。

深受无政府主义传统影响的斯塔夫罗金在《附魔者》中有些让人费解，他的神秘能赶上他的可恶之处。陀翁意欲在《斯塔夫罗金的忏悔》（*Stavrogin's Confession*）一章里（又译《在季洪那里》）赋予这个角色更深刻的含义——斯塔夫罗金向修道士季洪忏悔自己的罪孽，坦白了一些之前无人知晓的情况，比如他曾强暴过一个小女孩儿，她后来受辱自杀，他也没去阻止。但是斯塔夫罗金的坦白以失败告终，最后他悬梁自尽。

《附魔者》当时的编辑米哈伊尔·卡特科（Mikhail Katkov）认为《斯塔夫罗金的忏悔》太过离谱，所以《俄罗斯先驱报》连载这部小说时没有刊发这一章。这让陀思妥耶夫斯基陷入了尴尬的境地，因为他还得在小说出版前再回头修改草稿，删除暗示斯塔夫罗金要见季洪的伏笔。[①]1873年小说准备出版的时候，还是没收录当初被审查砍掉的那一章。直到1922年安娜·陀思妥耶夫斯基去世之后，人们才从陀思妥耶夫斯基的档案里发现这一章，又多亏弗吉尼亚·伍尔夫的协调，最终由霍加斯出版社组织翻译并出版发行。

假如库切让作品严格遵循历史叙事的模式，像《附魔者》的草稿和出版小说一样以真实可信的史料为蓝本，研究陀思妥耶夫斯基的学者大概就会感到心满意足。如果《彼得堡的大师》能脱胎于陀思妥耶夫斯基的笔记，重现斯塔夫罗金的奇异经历和他在《附魔者》中的

---

① 弗兰克：《陀思妥耶夫斯基传》（*Dostoevsky: A Writer in His Time*），玛丽·彼得鲁斯维斯（Mary Petrusewicz）编，普林斯顿：普林斯顿大学出版社，2010年，第622—625页。

位置，他们也许会更欣慰。虽然上述因素跟库切的写作初衷也有关系，但想要理解库切和他的作品，我们就必须得认同一种观点：《彼得堡的大师》是《附魔者》的前传。

《彼得堡的大师》的自传成分意在说明，《附魔者》的核心创造性就在于陀翁迷惘的悲痛感。库切曾经说过，他认为陀思妥耶夫斯基写作生涯中有关这部小说的记录不但"引人入胜，而且让人很难效仿"①，因为它们触及了陀翁心理状态的迂回和不确定性。库切对陀翁的认同还有一种跨越式的移情作用：把自己的悲痛想象成陀思妥耶夫斯基的心情。

为了能全面把握小说的内涵，我们必须收集齐散落于库切传记中的详细资料。②尼古拉斯当时住在约翰内斯堡希尔布罗区一栋公寓的11楼，他从阳台坠亡后的第二天早晨才被人发现，尸体随后被送到当地的天平间，库切家的一个朋友到停尸房确认了尼古拉斯的身份。当时标注的死亡原因是"多发性损伤"。两天后警方进行了尸检，但验尸报告现已无从查找。尽管尸检也没能说清尼古拉斯为何会从阳台坠落，但据证实可能跟酒精和毒品有关。而《死亡登记证明》上却赫然出现了"跳楼死亡"的字样，按照卡尼梅耶尔的说法，这应该仅是办案警察的草率推测而已。

尼古拉斯出事的时候，库切正受邀在约翰霍普金斯大学讲学。他4月28日从巴尔的摩飞到约翰内斯堡，5月2日为儿子举行了葬礼。

①乔安娜·司各特：《声音和轨迹——J.M.库切访谈》，《文艺杂录》（Salmagundi），1997年，114/115，春—夏，第82—102页。转引自卡尼梅耶尔，《约翰·马克斯韦尔·库切的写作人生》，第463页。
②此处我主要借鉴了卡尼梅耶尔的《约翰·马克斯韦尔·库切的写作人生》第452—457页的内容。

地方法庭曾在10月23日针对尼古拉斯意外身亡举行过一次死因调查，但调查报告后来也不见了。这些官方文件的遗失很可能只是保管不当所致，并非有什么险恶用心。

不管是意外、自尽还是谋杀，任何一个推测都足以加剧尼古拉斯亲友的痛苦。随着各种零散的证据逐渐汇集，谋杀和自尽的可能性被排除。在远离事发现场和尼古拉斯家人的开普敦，还有人质疑尼古拉斯是不是正在被秘密警察追踪。4年后这部小说问世之际，虽然诸如此类的谣言再起，但实际上尼古拉斯根本没有参与政治活动。有人说他临死前的那天晚上是和别人在一起，但公寓里没有留下任何迹象。

后来隔壁公寓的一位目击者站出来说，他曾听到尼古拉斯在阳台上呼救——"我撑不住了，能帮帮我吗？"阳台墙壁上的抓痕也清晰可见。因为没有确诊当时尼古拉斯处于抑郁状态，也没发现他的自杀遗言，这些旁证都表明他是意外坠亡。

尼古拉斯的莽撞冒失可以进一步印证上述结论。卡尼梅耶尔在他的书中描述了尼古拉斯的叛逆及其与父亲的疏离。尼古拉斯虽然天资聪颖，却从正规中学退学，在补习学校读完了高中最后一年，拿到大学录取资格。因为他有美国公民身份，所以为了逃避南非的兵役制度，他只身前往加利福尼亚州，在旧金山靠打零工和父亲的接济生活。但他发现以自己南非的中学毕业证书根本没法申请到美国的大学，于是又回过头在开普敦大学读本科，同时上函授课程。

尼古拉斯整个高中时期都跟库切住在一起，而菲利帕则待在约翰内斯堡。十几岁的他可谓劣迹斑斑，旷课、酗酒、吸食大麻、入室行窃都干过。有一次库切不得不把他从当地警局保释出来。在美国旅居一段时间之后，他就拒绝了库切的资助，而库切又千方百计绕着圈子给他钱花。"我必须精心编制一个假捐助人的链条。"他给布法罗的朋友霍华德·伍尔夫写信说道,"通常得把他母亲搬出来,""没有这些钱他要么就得饿死,要么就得辍学。我这样做,他才能觉得自己独立于父亲。等到他想主动跟我和解的那一天,我会告诉他真相。"①

这一天再也不会到来了。

《彼得堡的大师》中的某些段落直白地描写一个父亲的悲痛:

> 假设在坠落的最后一刹那,巴维尔明白了什么也没法救他,他必死无疑,这种回想是身为父亲的他生命无法承受之痛。他要让自己相信,由于坠落时的措手不及和慌乱,由于人在面对任何庞大到心理难以承受的事物时会产生自我麻醉,巴维尔没有感受到那种必然性,因为这种必死的确定性比死亡本身更可怕。他真心希望情况就是这样。

> 他打开那张收据,从柜台上推过去。收据上的日期是巴维尔死亡的当天或者第二天,这取决他离开人世的时间是在午夜之前还是午夜之后……

> 马克西莫夫从他虚握的手中拿回那封信,又仔细读了起来。那是他在德累斯顿写的最后一封信,信中责怪巴维尔花钱太多。他坐在这里,而一个陌生人在看他写的信,真丢人!

---

① 库切:给霍华德·伍尔夫的信,1988年9月7日,转引自卡尼梅耶尔,《约翰·马克斯韦尔·库切的写作人生》,第454—455页。

我也想问问您：您认为他为什么要自寻短见？"

房间在他眼前旋转。探员的脸朦朦胧胧，像一个粉红色的大气球。

"他可没有自寻短见，"他低声说，"您对他一点儿都不了解。"

他突然想到巴维尔生命的最后一刻：一个风华正茂的热血青年，整个身体猛摔到地上，肺部呼吸急促，骨头破裂。这对他而言是个意外的消息，首当其冲的是意外，但结局就活生生地摆在那里，也再没有起死回生的机会。他的双手在桌子下面痛苦地绞扭着。[1]

这种切肤之痛刚好能为我们解开小说错综复杂的结。虽然作为知道尼古拉斯之死这回事的读者，我们会在真情实感触发的同情心和对虚构叙事的知性解读之间摇摆，难以做出抉择，但了解上述背景之后就不会再有这种窘境。研究小说的写作过程能让我们拨云见日，在困惑之中找到出路。

到1992年的圣诞节，库切的这部作品已经酝酿了将近两年。他在笔记本上写道："今天是圣诞节，但尼古拉斯却没在这儿。计划：掩盖他跟那个去世男孩的真实关系。不再把那死去的男孩带回这个世界，要毫无惧惮地走进死亡世界。他在这方面的引路人将是A.S.（安娜·谢尔盖耶夫娜）。"[2]

因此，他的计划并不是严格遵循《附魔者》的写作思路，企图再现它当时的背景，因为陀翁卷帙浩繁的笔记已经表明后人无法企及

---

① 库切：《彼得堡的大师》，第20—21、29、33、37、105页。
② 库切：《彼得堡的大师》书稿，1992年12月25日。

他的写作广度。①其实库切在1991年2月21日就先写了斯塔夫罗金虐待那个小女孩儿的场景，这是《附魔者》中比较压抑的情节。从相关的笔记和其中最饱含深情的描写来看，库切的目的是要借助这些虚构材料来切入一种写作模式，以便让儿子的形象跃然纸上。

> 过客回头的姿势，别人眼眉的特征，消失在拐角处的身影——所有这些我都误认为是你，我的心会刹那间悸动如潮，随之升起，后又退去。认错了，被错的东西带走了，上当了。像一个被抛弃的恋人在任何地方都能捕捉到那个离他而去的女人的朱唇和明眸。
>
> 曾经的他已然四散各处。我挚爱的人散落各地：我挚爱的那个躯体成了碎片，像奥西里斯②一样，如俄耳甫斯③一般，他们都是集太多美好于一身的年轻人，青春洋溢，金色的，金黄的，拥有黄金般珍贵身体的人。
>
> 现在要收集黄金般珍贵的藏品，把散落各处的部分聚集到一起，把支离破碎的躯体重新组合成完美形态。诗歌：列出所有的部分，以便把眼睛从页面移开的时候能够暂时让整个躯体的形象在自己面前复活。④

如果这部作品就是平铺直叙的历史小说，那么案件本身就比上

---

① 陀思妥耶夫斯基：《〈附魔者〉笔记》(*The Notebooks for "The Possessed"*)，爱德华·瓦修列克(E. Wasiolek)编，特拉斯翻译，芝加哥：芝加哥大学出版社，1968年。
② 奥西里斯(Osiris)，埃及神话中的冥王，是古埃及最重要的神祇之一。他的兄弟赛特曾两次杀死他并肢解尸体，但奥西里斯都重新复活。——译者注
③ 俄耳甫斯，是希腊神话中的诗人和歌手，他到地狱营救妻子，到最后时刻前功尽弃。伤心欲绝的俄耳甫斯从此漂泊山野，因不敬重酒神狄奥尼索斯，被他手下的一帮色雷斯女人杀害并遭肢解。——译者注
④ 库切：《彼得堡的大师》书稿，1991年3月6日。

述细腻精致的描写更重要。但可以想见，作品的体裁是自传性质的历史小说。假如小说的自传目的性不是那么强烈，它就会再现斯塔夫罗金逐渐占据《附魔者》核心位置的背景。

　　即便陀翁的写作笔记出版之后，斯塔夫罗金如何在作品中占据核心位置也还是个谜。对于《附魔者》中的大部分人物来说，斯塔夫罗金是个和善的角色，是个王子，并没有露出他在《大罪人传》中早期形象的庐山真面目。此外，陀思妥耶夫斯基的这位王子花费了大量时间阐释正统信仰、民族情结、反无政府主义、反自由主义，这些都是陀翁自己笃信的美德。但到了《附魔者》的成稿中，斯塔夫罗金践行这些信仰的心理支柱和道德理念都统统没了踪影。他在愤世嫉俗和绝望中放弃了这些美德，让他的同谋者陷入一种道德倦怠的状态。即使研究陀思妥耶夫斯基留下的资料，也无法解释为什么斯塔夫罗金会有这种转变。这种疑问正是库切小说的切入点。

　　曾编修过陀翁笔记的爱德华·瓦修列克说："陀思妥耶夫斯基展现斯塔夫罗金性格特征的节奏极慢。他从不正面刻画这个角色，而是在情节上峰回路转，一直把真实的斯塔夫罗金藏在幕后。在陀思妥耶夫斯基的笔下，这位王子言语虚伪，举止荒唐，身陷错误的爱和情感之中。"[1]瓦修列克指出，这种毅然决然的自省背后体现的是陀思妥耶夫斯基的天赋。陀翁之所以能深刻自省，在于"他辨别是非的能力"，在于他深知必须"牺牲自己想要的东西才能换取应有的结果"。[2]库切设身处地，用自己经历的情感冲动来理解陀思妥耶夫斯基为何要模糊斯塔夫罗金的人物性格。库切认为陀翁的迂回是他悲痛的结果，假如陀翁的儿子真死了，真有一个故意疏远他的男孩儿

---

①爱德华·瓦修列克:《陀思妥耶夫斯基简介》,《〈附魔者〉笔记》,第17页。
②同上,第19页。

离开了人世，这反而能驱使他去塑造斯塔夫罗金这个形象。

库切跟陀思妥耶夫斯基的这种关系刚好符合哈罗德·布鲁姆在《影响的焦虑》（*The Anxiety of Influence*）提出的模式：如果后来人受某一位前辈大师的影响，他会先消化吸收这种影响力，然后再超越。[1]库切让自己的悲痛之情登上陀翁的写作之舟，静静地观察主人把船驶向另一个航道。库切非常了解自己面对什么样的抉择：

> 我的想法是——斯塔夫罗金。具体来说就是如果斯塔夫罗金能从创作者安排给他的死亡宿命中复活，他的儿子就可以在斯塔夫罗金身上重生。这是个大胆的想法，要知道斯塔夫罗金的塑造者是费奥多尔·陀思妥耶夫斯基，而陀翁给这个人物安排的死亡命运影响深远。但是不应该无视这个想法，（他认为）他必须对此有坚定的信念。他考虑的是：这个想法必须有生命力，否则它就会消亡。问题就在于如何找到这个生命力。问题就在于让斯塔夫罗金复活，找出为什么有一个声音会说：他能在斯塔夫罗金身上存活。接下来的问题就是让斯塔夫罗金起死回生。也就是说，首当其冲的是要把他——斯塔夫罗金——从那个想让他死掉的老年人身边带走，那个强大而忧郁的老年人。[2]

库切写《彼得堡的大师》时可谓倚马千言，在这一点上他效仿了"那个强大而忧郁的老年人"。他一边虚构故事情节，一边回头审阅，经常修改草稿以构建不同的视角、观点和结局。他首先写陀思

---

[1] 哈罗德·布鲁姆（Harold Bloom）：《影响的焦虑：一种诗歌理论》，纽约，牛津大学出版社，1973年。

[2] 库切：《彼得堡的大师》书稿，1991年6月3日。

妥耶夫斯基在瑞士时传来儿子被捕的消息——他的儿子这是叫尼古拉斯/尼古拉·斯塔夫罗金，身份还没有变成他的继子巴维尔。陀思妥耶夫斯基听到这个消息后心生恼怒，推后了回程日期；后来儿子自杀，作为父亲的他也因此开始调查真相。但是库切随后放弃了上述叙事模式，还评论道：

> 我过去能很轻松地编故事。我先在纸上写出一两个人物角色，他们开始相互交谈，很快俩人的故事就会有一个开头。我随后要做的就是像只忠实的狗一样紧紧跟着他们的节奏，直到整个情节都水落石出……现在都变了，或者说看起来都变了。现在的我像一只找不到骨头吃的狗。这里刨两下，那里刨两下，刨遍了整个花园，但还是不见骨头的踪影。[①]

他还尝试写了一个马特廖娜自杀的情节，再现《斯塔夫罗金的忏悔》那一章发生的事情。小说的陀思妥耶夫斯基参加了马特廖娜的死因调查问询，其间第一次见到死者的母亲。斯塔夫罗金在审讯中很快坦白了一切，认识他的人知道他的所作所为后都气愤不已。斯塔夫罗金随后自杀谢罪，小说中的这位父亲和马特廖娜的母亲开始以情人关系相处。在两个人交往过程中，陀思妥耶夫斯基发现这位母亲对她女儿的死也负有一定责任。

这部小说写了7个月之后，库切划掉了"尼古拉·费奥多罗维奇"这个章节题目，改成"巴维尔·亚历山德罗维奇"。这是一次关键的变动，因为它标志着小说中的儿子要被换成继子。同时，库切开

---

① 库切：《彼得堡的大师》书稿，1991年5月14日。

始从陀思妥耶夫斯基的信件和约瑟夫·弗兰克那里摘抄体现自然主义的细节。小说的政治特征逐渐显露，巴维尔跟革命分子开始有瓜葛，尽管他在那个圈子的角色还不太明朗——他可能是韦尔霍文斯基、基里洛夫（后来自杀）和斯塔夫罗金三者的任意组合。库切详细记录了陀思妥耶夫斯基在德累斯顿的生活，包括他去威斯巴登和汉堡赌博的情况。他还想过是否可以依托陀翁赌博的故事写出点什么东西，并虚构了陀思妥耶夫斯基以恋童癖的眼光看待马特廖娜，尝试将这种怪癖转嫁到陀思妥耶夫斯基的儿子身上。

一旦尼古拉斯/尼古拉变成巴维尔，他的死亡方式也就被渲染上明显的实用主义基调：

> 放弃巴维尔是从63号公寓第4层楼坠亡的念头。63号公寓只有3层楼高。陀翁认为即使是第3层也至于高到让人摔死的境地。与之相反，有人说巴维尔是从运河岸边的制弹塔坠亡的，尸体第二天早晨被运到了公寓里。法医来了之后确认他的死因是摔伤，不是袭击造成的。[1]

所以小说中才出现了制弹塔，也有了写《制弹塔》那一章的理由。

如同库切之前的作品一样，《彼得堡的大师》中大多数的互文特征都是小说成形之后才开始出现的。他运用研读资料时的所想所感来修改《彼得堡的大师》，包括神话故事（俄耳甫斯和欧律狄克）和《圣经》文学（先是亚伯拉罕和以撒的故事——"参考克尔凯郭尔"[2]，

---

[1] 库切：《彼得堡的大师》书稿，1992年1月29日。
[2] 库切：《彼得堡的大师》书稿，1991年11月3日。——原注

后来还有凯洛①的概念——指通过危机获得神的启示②）。他读了伊曼纽尔·列维纳斯（Emmanuel Lévinas）的著作（希腊传统是视觉性的。但在希伯来传统中，尊敬一个人就不能用欲望的目光看着他或她）。③他读了索尔·贝娄谈衰老的论著和弗朗茨·卡夫卡写给父亲的信。《附魔者》以《路加福音》加大拉猪群的寓言故事作为引言，但库切笔记上并没有提这个故事；相反，他倒是引用了《马可福音》中耶稣给一个小男孩儿驱魔的章节（9, 17—27）。正是这个小男孩儿引起了他的兴趣。

正如我们所预料的，俄国的陀思妥耶夫斯基研究学者米哈伊尔·巴赫金会出现在库切的笔记中，这也是《彼得堡大师》笔记的显著特征。巴赫金创造了很多在现代评论界广为流传的批评术语，包括复调（polyphony）、众声喧哗（heteroglossia）、对话（dialogism）、狂欢（carnival）等。库切对这些术语逐一研究，将它们融入自己的写作中。比如说他把狂欢理论当作一种叙事策略，用它来规避单调的写实手段。他尽力不让小说中的人物"固定在他们所属的社会类型中"，把巴维尔塑造成一个"变形者"的形象。当陀思妥耶夫斯基穿上巴维尔那套白西装时，他自己也成了一个变形者。④

那套白西装是《彼得堡的大师》的一个重要道具，因为它暗示了花花公子式的浮夸时髦，说明巴维尔在跟女人打交道时并不坦诚。陀思妥耶夫斯基给马特廖娜讲了巴维尔拜访马利亚·勒布亚特金的故事。马利亚头脑简单，巴维尔穿了那套白西装就是为了让她幻想成真，相信他向她求婚了。但巴维尔这样做仅仅是为了显示自己的

---

①凯洛（Kairos），古希腊语，指正确或合适的时机。——译者注
②库切：《彼得堡的大师》书稿，1992年9月19日。——原注
③同上，1991年8月6日。
④库切：《彼得堡的大师》书稿，1992年1月29日。

慷慨大度和骑士精神。①在小说的结尾，陀思妥耶夫斯基在巴维尔
的日记中把上述故事彻底改头换面，说巴维尔把娶马利亚看成是玩
笑，而且巴维尔变成了愤世嫉俗者，越来越像斯塔夫罗金。当然这
是留给马特廖娜看的②，故意让她心烦意乱。

涅恰耶夫进一步演绎了这种乔装打扮的可能性，因为小说中的
他大部分时间都打扮得像一个女人。库切在这里又借助了巴赫金的
理论，运用表现形式的不确定性来强化弥漫在小说中的危险氛围。

到1992年12月，库切已经完成了小说的大部分情节，于是他开
始思考关键性的问题："我忽然意识到自己花费了过多分析性（描述
性）笔墨在涅恰耶夫身上（还有其他人），超出了我运用自然主义手
段去表现事物的限度。"他面对的前景是：

> 陀翁坐在儿子房间的桌子旁写斯塔夫罗金的故事（或者正在
> 找自己身上的斯塔夫罗金，或者找出斯塔夫罗金一样的恶魔并
> 把它赶走），他正在处理伴随这个房间一并而至的任何事情，逃
> 出它们的包围：（1）他想怎么处理马特廖娜；（2）他对马特廖娜
> 母亲的欲望；（3）他对巴维尔的爱和哀悼。因为正是这三样东
> 西包围了他。③

《彼得堡的大师》以《斯塔夫罗金》一章作为结尾，讲了陀思妥
耶夫斯基明知马特廖娜会去读巴维尔的日记，还在里面写了猥亵的
片段。这个情节如何彰显它的力量，它如何能作为陀思妥耶夫斯基

---

①库切：《彼得堡的大师》，第74页。
②同上，第249页。
③库切：《彼得堡的大师》书稿，1992年12月28日。

追寻过程的尾声，这些问题都需要另行解释。转折点出现在之前《毒药》（*Poison*）那一章。

《毒药》一章中，有段情节房间里只有陀思妥耶夫斯基和马特廖娜两个人，虽然他们聊天的语气很亲密，谈的内容却让人感觉险象环生。陀思妥耶夫斯基总是设法让马特廖娜保持信心，即便是当她问起死亡是什么感觉的时候。除了跟死有关的其他因素之外，马特廖娜还想知道死是否有痛感。陀思妥耶夫斯基倍感欣慰，因为他认为她是同情巴维尔才会这么问。但事情的原委很快浮出水面，因为马特廖娜曾被人差使给那位芬兰姑娘卡特丽送过一小瓶毒药，让这位涅恰耶夫最亲密的助手之一在被捕之后自杀，所以她才有那样的疑问。在陀思妥耶夫斯基的循循诱导下，马特廖娜还拿出一个帆布裹着的包袱，里面有一把手枪、几页传单和剩下的毒药。他后来把这些毒药处理掉了。

马特廖娜一方面信任陀思妥耶夫斯基；另一方面已被无政府主义者腐蚀而不再清纯，这些都给陀思妥耶夫斯基壮了胆，所以他触摸了她的脸颊，把她的头发抚到一边。令陀思妥耶夫斯基惊讶的是，马特廖娜的表情竟然有点卖弄风情的意思。但这刻闪过之后，她说："'不！'嘴角挂着的微笑满是嘲讽和挑衅。这股劲儿很快就过去了，她又变成从前那个困惑害臊的孩子。"[1]

陀思妥耶夫斯基反思："他刚才看见的并不是来自自己已知的世界，而是来自另外一种生活。"这种感觉就好比他癫痫病突然复发的状态，当然不排除它还有更深刻的含义。他认为这是鬼神附体："过去的20年里，他病痛突然发作时历经的每一件事都只是为了预见今天

---

[1] 库切：《彼得堡的大师》，第212—213页。

所发生的一切，身体的颤动和摇晃只是灵魂悸动的冗长前奏。"①

　　陷入猥亵状态和道德隐忧的叙事从此就表现为跟癫痫病有关的身体调整、跌倒、腾空和疯癫。库切在笔记中还曾考虑过把"跌倒"当小说题目，后来因其他作家已经用过这个标题，就放弃了这个想法。②曾几何时，库切一直考虑如何在写作中达到疯癫的状态，因为他认为这种状态能有助于找到小说的结尾。"陀翁想：或许我必须变得疯癫。并不是为了治愈自己的悲愤之痛，而是为了能扭转/打开克己的锁闭停滞状态。这样我就能理解巴维尔了。"③他追问："是否有一种放手能超越所有深思熟虑带来的快乐？……它是否能超越躯体，只把躯体当作一个媒介、一个具体的表现形式，因为它的存在必须依附于肉体，就如同灵魂选择了它们在人间的寄宿之所？"④从已出版小说的表述来看，这些问题的答案好像是肯定的：

　　　　他对安娜·谢尔盖耶夫娜说，如果人人命中注定要经历我们时代的疯癫，那他也不例外。不是跌倒后毫发无伤地再次现身，而要完成儿子的未竟之事：与呼啸而至的黑暗一决高下，将它纳于心中，为他所用；把这种跌倒变成一种腾空，即便腾空的动作如海龟一般缓慢老态，笨拙不堪。生活在巴维尔死去的地方，生活在俄国，他要倾听在自己内心低声细语的俄国声音。他身上背负了所有这些：俄国、巴维尔、死亡。⑤

　　①库切：《彼得堡的大师》，第212—213页。
　　②比利时弗拉芒（Flemish）女作家安妮·普罗沃斯特（Anne Provoost），1994年出版了小说《跌倒》（Falling）。——译者注
　　③库切：《彼得堡的大师》书稿，1992年1月4日。
　　④同上，1992年1月6日。
　　⑤库切：《彼得堡的大师》，第235页。

对于疯癫的描写是把双刃剑，它一方面扭曲了巴维尔的日记和他留下的精神遗产，另一方面腐化了日记的读者马特廖娜。上面这段话就出现在《斯塔夫罗金》一章中当巴维尔正在被转变成斯塔夫罗金的时候。这一章开场时，陀思妥耶夫斯基正在一个卧室里——就是那个小孩儿被性侵犯的地方。①后来他开始在稿纸上写了几页东西，取名为"公寓"。它讲述一个闲散浪荡的学生加入了某"圈子"小组——"一个专门拿自由性爱做试验的小团体"②，在反思自己为何要这么做时，他一字一顿说出了自己的观点。现实中的陀思妥耶夫斯基十分憎恶这些看法，还在小说中的一些人物身上体现此类观点，加以批判，比如拉斯科尔尼科夫、韦尔霍文斯基和斯塔夫罗金——"历史正在走向终点；旧账簿很快就要被扔进火里烧掉；在这停滞不动的新旧交替时间里，所有事情都是被允许的。"③

《斯塔夫罗金》这章的最后一个片段是陀思妥耶夫斯基写了一节叫"孩子"的片段，主要是关于巴维尔的那套白西装和他对马利亚·勒布亚特金的嘲弄。当这些文字在陀思妥耶夫斯基笔下流淌的时候，他感觉自己灵魂出窍："他在为永恒写作。他在为逝者写作。"④这是一个形而上的试验——向上帝发出挑战看他是否有反应。正如JC在《凶年纪事》中所说，伊凡·卡拉马佐夫也有过类似的举动，他要把天堂的入场券还给上帝，上演"一场反对宽恕的鸿篇大论"。⑤

随着小说中的陀思妥耶夫斯基实现了最终目的，库切的这一章

---

①性侵犯，原文表达为sexually violated，作者这里指小说中的陀思妥耶夫斯基触碰马特廖娜的脸和抚弄她的头发。——译者注

②"圈子"，原词为Kruzhok，源自俄语，英语意思为circle，指为了某种目的组成的小组。——译者注

③库切：《彼得堡的大师》，第244页。最后那个句子，或者它的另一个说法"一切事情都是被允许的"，呼应了尼采和萨特都推崇的存在主义。

④库切：《彼得堡的大师》，第245页。

⑤库切：《凶年纪事》，第231、233页。

节也完成了预定计划——巴维尔以斯塔夫罗金的原型现身。巴维尔
已经被改造成一股道德败坏的力量，贯穿这部关于陀思妥耶夫斯基
的名著中。只要去读这本书，就能感受它不朽的存在。当然这世界
上并没有永恒的不朽给库切提供创作基础，我们能期待的也仅是"有
限的"不朽，这是"在一个转向自己死亡的地球"上可能有的最好结
果。①面对残酷的事实，陀思妥耶夫斯基变成了一个精神上的狂妄自
大者："他站在某个地方，就这样凝望，他和上帝互为圆心，旋转绕
行。时间停顿，凝望休止。时间暂停，所有事物在那场坠落之前都
停止运动。"②

　　虽然读者会试图从这本怪异的小说中寻找救赎的迹象，但库切
并没有给出令人欣慰的答案。"他背叛了每个人，"陀思妥耶夫斯基
沉思自己的行为时说，"他看不出自己的背叛会越陷越深。倘若他想
知道，背叛的滋味究竟像醋那样酸还是如精汁那般苦，现在正是时
候。"小说结尾的一句话是"他现在开始尝试那种滋味了，它苦如精
汁"。③"精汁"（gall）是古英语的说法，就是指胆汁（bile）。它的衍生
词"galling"暗指"必须承受的苦难"。"精汁"这个词在中世纪是药理
学术语，这当然跟库切想要表达的意思相去甚远。④

　　都有谁被背叛了？巴维尔被背叛了，因为他变成了恶魔般的斯塔
夫罗金。他的生命也被转换为货币，成了一种商品："他写书挣了很

---

①库切：《彼得堡的大师》书稿，1991年6月3日。

②库切：《彼得堡的大师》，第249页。

③同上，第250页。

④ "gall" 一词出现在库切原著《betrayal tastes more like vinegar or gall》中。因 "gall" 在古英语中指 "胆汁" 的意思，对应的现代英语词汇是 "bile"，所以此处分别译为 "精汁" 和 "胆汁"，以示区分。本书作者认为 "gall" 这个词的古义并不能体现库切的表达意图，但是《彼得堡的大师》的中译本很好解决了这个问题，将其归化翻译为 "像胆汁那样苦" 和 "如同苦胆"，参照：库切，《彼得堡的大师》，王永年、匡咏梅译，杭州，浙江文艺出版，2004年，第252页。——译者注

多稿费，那个孩子说道。她重复着那死去孩子的话。"（着重号处为原文强调）①那么我们能否据此得出结论：令库切倍感折磨的是，尼古拉斯可能也被背叛了，因为他的人生已经被约翰·库切写成小说公开售卖？或许还有另外一个原因，在那些把两件事联系在一起的人看来，对尼古拉斯的怀念将会跟这个恼人的故事一直相提并论？

虽然小说会让人想到这些问题，但文本给出的回答却很无情。小说要完成的任务本质上有分歧，甚至相互抵触。一个悲痛的父亲，一位作家，库切/陀思妥耶夫斯基要让死去的儿子尼古拉斯/尼古拉在作品中重生。显然，对这位父亲而言，儿子只有变成另外的人、并非以儿子的身份而是以他的自我出现时，他才能得以重生，才能真正从父亲的阴影中走出来。而这位父亲当然也不是平庸的小说家。因为他深谙此道，所以就要虚构一个能使他忘却自我、脱离自我而变身他人的情景，这样儿子也就从黑暗的死亡世界慢慢现身。

但这一切又错综复杂，因为这位父亲即便是赢了，也算输；而如果他打算输，反而可能会赢。为了应对上述问题，他用道德的傲慢去消解这种悖论，这一创新之举有点匪夷所思。该策略虽然行之有效，但也存在一定的局限性：尽管儿子被写进了这部经典作品，但他没有胜利的感觉。小说也在这个地方收尾。

米哈伊尔·巴赫金曾在《陀思妥耶夫斯基的诗学问题》中提出一个著名的观点，说陀翁是"复调"小说大师。所谓"复调"小说就是指主宰作品的并不是作者自己的声音，而是分散在不同角色的声音上。对于巴赫金而言，这类小说不仅有趣味性，而且兼具伦理指

---

① 库切：《彼得堡的大师》，第250页。

向。他指出作家或者小说的缔造者必须剪断"连接主人公和他的缔造
者的脐带"；如果不这么做，"那么我们看到的就不是一件艺术品，
而成了一份私人文件"。①

　　作为巴赫金的追随者，一个写出冒险的个人小说的作者，库切
的《彼得堡的大师》从这个意义上说是一份私人文件吗？要想知道问
题的答案，我们必须明白，通过写这部说明脐带并不能一剪了之的
小说，库切尽了一个作家所能做的最大努力。虽然他在虚构替身时
对自己有所遮蔽，但不足以抑制其感情的外溢。

　　很难想象，刚经历丧子之痛的作家能构想出一个让儿子在自己
作品中重生的故事却不带丝毫感情色彩。小说是一份力图抹去个人
色彩的私人文件，但只取得了局部的成功。如果我们不这样理解，
就会遭遇约瑟夫·弗兰克式的困惑，小说气氛凝重的叙事将永远是
一个谜。我们在读《彼得堡的大师》时，如果还是坚持不承认作者
经历的伤心事，那么小说体现的悲痛之情这一核心思想就会无处安
放，如同艺术意义上的彼得堡制弹塔——跟周围的风景格格不入，
不得其所。②

　　"生活在俄国，他要倾听在自己内心低声细语的俄国声音。"库切
在重塑陀思妥耶夫斯基的时候，他也在书写自己。所以说，库切对19

---

　　① 米哈伊尔·巴赫金（Mikhail Bakhtin）：《陀思妥耶夫斯基的诗学问题》（*Problems of Dostoevsky's Poetics*），卡里尔·爱默生（Caryl Emerson）译，明尼阿波利斯：明尼苏达大学出版社，1984年，第51页。此处感谢帕特里克·海耶斯（Patrick Hayes）的启发。参照：帕特里克·海耶斯，《库切和他的小说：贝克特之后的写作和政治》（*J.M. Coetzee and the Novel: Writing and Politics*），牛津，牛津大学出版社，2010年，第165—193页。
　　② 这里很有必要对比T.S.艾略特是如何分析哈姆雷特的。艾略特认为复仇剧缺乏深度，不足以承载哈姆雷特因父亲之死和母亲情欲所遭受的不幸，因此莎士比亚并没有为他的主题找到合适的"客观对应物"。参照：T.S.艾略特：《哈姆雷特》，出自《论文选集》，伦敦，费伯出版社，1951年，第145—146页。

世纪晚期俄国的描述就是南非的写照。虽然并不是每个虚构环境都是加密的国家寓言，但《彼得堡的大师》在这个问题上有探讨价值。

陀思妥耶夫斯基认为，除非来一次心灵的洗礼，否则19世纪70年代俄国的政治、文化和精神状况无可救药。整个社会已经被邪恶的灵魂所侵蚀，《附魔者》正是通过设想一场道德净化来问诊这种状态。虽然库切再现陀思妥耶夫斯基所处的俄国并不能直接说明他对20世纪90年代早期南非的看法，但碰巧的是，他在笔记中明确提到过两者的联系：

> 当南非融进非洲大陆，它就把我远远甩在后面。我可以轻易相信非理性暴力带来的恐怖和对未来的不寒而栗，但是我又做不到这种信任，因为本人的自我修行就是建立在一种否定怀疑的基础上。陀翁也有同样的处境。巴维尔-涅恰耶夫让人想起一个随意甚至是连环杀戮的愿景，他对此有双重的反应：(a)否定、深恶痛绝、希望施暴者被关起来；(b)退回到过去，退到旧时代。因为他意识到这就是新世界的本来面目，这就是新世界想要的。[1]

这段笔记是个火药桶，所以必须谨慎对待。虽然它的语气漫不经心，但其中的观点却发人深省，比如，南非正陷入暴力肆虐的状态，逐渐趋同非洲大陆其他部分。库切对待上述可能性的态度有点复杂：他追问自己是否接受陀思妥耶夫斯基式的愿景，虽然答案是肯定的，但他内心还有一种声音想要否定这个结果。对于"自我修

---

[1] 库切：《彼得堡的大师》书稿，1991年11月19日。

第十一章 制弹塔
——《彼得堡的大师》

229

行"，也就是指自由主义者的体面和正派：尽管认为非洲大陆骨子里就流淌着暴力的血液是不妥的，但他还说并没有事实根据来否认这一点，而且否认上述观点也是心理不健康的表现。库切这些反思中最深层次的东西就是接受陀思妥耶夫斯基在他身上（指库切）可能体现的一切——陀思妥耶夫斯基担心无政府主义的暴力，而库切则顺着大师指引的方向前行。

库切还在草稿的其他地方明确点出了俄国跟南非的联系。爱德华·瓦修列克是陀思妥耶夫斯基笔记的编辑，他把斯塔夫罗金人物性格变化的原因归结为其没能成功跨越俄国东正教和世俗无政府主义之间的差距。瓦修列克说这种失败导致了斯塔夫罗金的愤世嫉俗、做事不讲原则。看了他的观点之后，库切反思这种状况是不是可以跟下列现象比较——"南非的孩子不想任何同学变得比自己优秀，这样大家就平起平坐。"①

好斗的"非洲孩子"是库切笔记中另一个不协调的音符。他记录自己曾观看了《莎拉菲娜》（*Sarafina!*）舞台剧的电影版（有趣的是，他把片名误写成了《瑟拉菲娜》（*Seraphina!*），被"孩子们冷冰冰的舞蹈、手势和身姿（演员扮演的孩子们）"所震惊。《莎拉菲娜》以1976年索维托学生起义为背景，由乌比·戈德堡（Whoopi Goldberg）担纲主演，是一部在商业上非常成功的音乐剧，后来改编成了电影。在有关观看电影的同一段笔记里，库切还写道："涅恰耶夫没有来，来的是他的代办，一个比他还冷酷的女孩儿，身材矮胖，结实粗壮。她看起来像12岁，其实已经21岁。这是个芬兰姑娘。"②这就是《彼得堡的大师》中涅恰耶夫的帮凶卡特丽。马特廖娜给了这位倒霉的芬兰

①库切：《彼得堡的大师》书稿，1992年3月26日。
②同上，1992年3月26日。

姑娘一些毒药，让她被捕之后服毒自尽，所以她再也没法回到她愉快的卡累利阿——俄芬交界那个怡人的度假乡村。

《莎拉菲娜》中的舞者明显就是卡特丽的原型。但并不是所有舞者都能胜任这一角色，可能是具体参考了影星勒勒蒂·库玛鲁的形象。不难想象库切在观看《莎拉菲娜》时的难挨，后来他代表小说里长期被苦难折磨的陀思妥耶夫斯基写下了这样的词句："我来这儿并不是要过没有痛苦的生活。[1]我必须得过——我该叫它什么呢？——过一种俄式生活：一种融入俄国的生活，或者说把俄国融入自我的生活，无论俄国指的是什么。这是我无法逃脱的命运。"[2]

陀思妥耶夫斯基的俄国和库切的南非之间相互关联，这种联系性也是小说精心设计的一些邂逅的应有之义。只需要举一个例子就足以说明上述观点。涅恰耶夫设计了一个圈套，想诱使陀思妥耶夫斯基为革命分子所用。涅恰耶夫读过《罪与罚》，跟那些纵火犯是一丘之貉，他们都受了拉斯科尔尼科夫的影响。他带陀思妥耶夫斯基去了秾市贫民窟一栋建筑的地下室，那里聚集着社会底层最穷困的人，还有一个印刷厂。在地下室里，涅恰耶夫给这位知名作家提供了一个撰写公众演说的机会，因为涅恰耶夫可以把陀思妥耶夫斯基的演讲印成小册子。虽然陀思妥耶夫斯基想逃离眼前的境遇，甚至用力拥抱涅恰耶夫试图扭转对抗的局面，但后来他却草草赶写了一篇文章，指责人民惩治会谋杀了他儿子。令人奇怪的是，涅恰耶夫对此感到十分高兴——"真相，真相是什么东西？"他大喊道（这呼应了弗朗西斯·培根的一篇文章，还让人回想起庞提乌斯·彼拉

① 本书此处引文省略了库切小说原著的《in Russia in this time of ours》，但作者并没在文中标明。——译者注
② 库切：《彼得堡的大师》，第221页。

第十一章　制弹塔
——《彼得堡的大师》

多）。①虽然他们之间的相互利用盘根错节，但关键是涅恰耶夫热衷于混乱的状态，他才不在乎陀思妥耶夫斯基到底采取什么立场，只要陀思妥耶夫斯基能帮着混淆视听就足够了。陀思妥耶夫斯基意识到被人算计，可是印着自己声明的小册子已经在大街上四处分发。

如果我们读陀思妥耶夫斯基和涅恰耶夫上述辩论情节的时候能联想起南非，对于理解俄国和南非的联系性会大有裨益。涅恰耶夫说："你看到的是彼得堡最底层的穷人是怎么过日子的，可你还是等于没看见，这些只不过是局部的细节！你没有认识到那些势力，那决定这些人就应该过现有生活的势力！势力，这就是你所忽视的！"②涅恰耶夫一直强调势力，听起来他好像是南非20世纪80年代的左派文学批评人士。他还说"势力的链条""起源于政府部门、国库、证券交易所、商业银行……和欧洲的大臣官员"，这些话跟当时的社会背景实际上是脱节的，因为涅恰耶夫所代表的革命运动仍然受到了马克思和恩格斯唯物论的影响。历史上的涅恰耶夫借鉴了让-雅克·卢梭、夏尔·傅立叶和杰里米·边沁的只言片语③，把它们杂糅之后形成自己的理论；而马克思主义传到俄国的时间比他这套理论要晚，《共产党宣言》是在陀思妥耶夫斯基写作生涯的后期才被翻译成俄语的。④在库切的小说中，涅恰耶夫说话的口吻是20世纪后期唯物主义的语气，因

---

①庞提乌斯·彼拉多（Pontius Pilate）是罗马委任的犹太国总督。他审讯耶稣，当耶稣说自己来到世间是为了传播真理时，他嘲笑道："什么是真理"（What is truth?）。参照：《圣经·新约·约翰福音》第18章。而培根写过一篇散文随笔《论真理》（Of Truth），开头就引用了彼拉多的故事。——译者注

②库切：《彼得堡的大师》，第180页。

③让-雅克·卢梭（Jean-Jacques Rousseau，1712—1778），瑞士裔法国思想家、哲学家、政治理论家。夏尔·傅立叶（Charles Fourier，1772—1837），法国哲学家、经济学家、空想社会主义者。杰里米·边沁（Jeremy Bentham，1748—1832），英国哲学家、法学家和社会改革家。——译者注

④陀思妥耶夫斯基生于1821年，卒于1881年；《共产党宣言》（The Communist Manifesto）1869年由巴枯宁翻译成了俄语。——译者注

此相对于19世纪70年代的圣彼得堡而言，这些虚化辞藻在库切那个时代的开普敦更有市场。

涅恰耶夫和陀思妥耶夫斯基之所以有激烈的思想交锋，是因为他们的谈话触碰到了库切的痛处。"他们会让你尽情去写穷人默默遭罪受苦的故事，为你的作品喝彩。至于现实真相，他们是绝不会让你公开发表的！这就是我为何给你提供印刷机。开始行动吧！"①这又是20世纪80年代南非左派人士发出的声音。陀思妥耶夫斯基对此是这样回应的："还有那些链条。他还不太肯定涅恰耶夫所谓的链条是什么意思。"虽然他明白"贪婪使心灵枯萎"，但至于那些链条，他们是"一串串能穿过窗户纸的数字，吸引这些饿肚皮的孩子吗"？②尽管这些机敏的回答失去了原来的隐喻效果，却非常诙谐。库切是第一个把附魔状态跟南非现实联系起来的作家，他认为这种状态是南非种族隔离时代愤怒、指控和反指控曼延的后果，几乎没人能全身而退，包括他自己。

---

① 库切：《彼得堡的大师》，第181页。
② 同上，第182页。

第十二章　移民
无法和解的生活——《伊丽莎白·科斯特洛》和《耻》

> 南非物质主义的某些东西驱使人走向无聊的现实主义？得尊重这种让人从内心感到恐惧的物质主义吗？[①]

20世纪90年代后期，即将花甲之年的库切重新调整了自己在大学的定位。他1993年就被任命为开普敦大学的阿德恩首席英语文学教授——这其实是硬塞给他的一个荣誉，他之所以接受委任，是为了避免首席教授的职位因无人担任而被废除。1997年，库切考虑再三后提出了辞呈，他感觉自己无法按照职位的要求履行日常的管理领导工作，尽管他在上任前就跟学校签了一份薪金缩水的合同，以确保能腾出更多的时间写作。[②]校方让库切做人文学部的特聘教授，不隶属于任何院系，他大部分的教学任务就是上创意写作课。现在回想起来，这种半分离状态似乎昭示了以后更大的变化——退休和移民海外。

到这个阶段，库切的身份已经不再是能写小说的大学老师，他选择成为一位作家，同时兼职做大学老师。后面这种身份特征有点

[①] 库切：《耻》笔记，1996年10月24日。
[②] 卡尼梅耶尔：《约翰·马克斯韦尔·库切的写作人生》，第484—485页。

反常，在某种程度上对他构成了一种负担。他继续在开普敦大学和安德烈·布林克一同教书上课，还担任美国的客座讲席，比如得克萨斯州立大学奥斯汀分校米切纳作家中心的教职——这份工作进一步加强了他和奥斯汀分校之间的联系。①除了创意写作课之外，他最享受的就是每年在芝加哥大学社会思想委员会教书的那个学期。②他和乔纳森·里尔（Jonathan Lear）志同道合，两个人一起讲授比较文学，内容要么关于自传，要么关于陀思妥耶夫斯基或者普鲁斯特。这些教学实践都跟他当时写作的主题和涉及的作者相关，尤其是涉及自传的部分。他后来说芝加哥大学思想委员会给他提供了思想交流的平台，让他的精神追求有了归宿。③

但问题远不是挂靠到某个学术机构或者成为全职作家这么简单，还牵扯他成为一个什么样作家的问题。在库切写作生涯的起步阶段，大学的环境给他提供了安全保障。虽然他的写作事业日渐风生水起，但并不意味着大学对他就不像从前那样重要；正相反，如果说有变化，这种分量也应该是加重了。大学让他拥有丰富的资源，接触各种想法，给他提供了调查研究和交流探讨的场所。虽然他的写作不太容易被大众图书市场接受，但通常能引起大学读者的共鸣。大学成了他艺术实践中不可或缺的一部分，所以这绝不是转身离开、关门说再见那样简单。他后来反思此事时深感懊悔，坦言自己当时想成为作家的雄心壮志还略显青涩：

---

① 米切纳作家中心（Michener Center for Writers），以美国作家詹姆斯·米切纳命名的跨学科人文硕士学位项目。——译者注
② 芝加哥大学思想委员会（the Committee on Social Thought）是美国芝加哥大学一个跨学科的博士学位项目。——译者注
③ 卡尼梅耶尔：《约翰·马克斯韦尔·库切的写作人生》，第482页。

　　我原来打算自己暗地里从事写作，同时依靠大学获取支持。但我经常失算。我先是成了一位大学老师，私下写了些东西；后来便跟学校有很多交集，又成了深深（太深了？）打着大学烙印的作家。如果我只是个作家（只是！），我的状况可能会比现在的遭遇好一些。但如果只想当一个作家，我就必须变成另外一个自己。①

　　上述自白是库切在《凶年纪事》笔记中的反思。在出版的小说里，当有批评家认为 JC 近期的作品表明他"根本不是一个小说家"，而是"对文学作品浅尝辄止的学究"，这位主人公回应说，他已经"处于这样一个人生阶段，即开始怀疑别人的话是否言之有理，而我始终觉得自己戴着面具，但其实我是全裸出镜"。②

　　不管作为文学教授的库切是否和作为小说家的他一样成就斐然，但可以肯定的是大学本身正在发生变化，这种情况在20世纪90年代尤甚，而芝加哥大学给他提供的岗位就不是传统意义上的教职。"现今所有的西方世界，"他对一位来自开普敦大学的读者说，"随着社会机构的经济学式整合愈演愈烈，传统的大学模式已经受到冲击。"③《耻》所说的"大规模的合理化调整"正在上演。④

　　伊丽莎白·科斯特洛的故事在一定程度上就是上述难题的产物。虽然库切可能不愿意在日新月异的大学里做雇员，但是如果离开大学，他也成不了今天的库切。科斯特洛相当一部分的恼怒就是源自她

---

　　①库切：《凶年纪事》书稿，2005年11月8日。
　　②库切：《凶年纪事》，第191页。
　　③库切：《批评家和公民：答安德烈·杜托伊特》（Critic and Citizen: A Response'），《文学和文化研究》（Literary and Cultural Studies），第9卷第1期，2000年，第110页。哲学家安德烈·杜托伊特曾撰文阐释其对大学功能和变化的看法，库切的文章是对该论述的回应。
　　④库切：《耻》，第3页。

跟周遭环境的格格不入，就像她的作者体验的感觉。科斯特洛的故事在20世纪90年代后期逐渐发展演绎，正反映了库切当时经常被邀请出席各种学术讲座的现象。虽然他对观众感激有加，但是讨厌讲座的形式。他经常在演讲的场合朗读自己的作品，而且一般都会先解释说并不打算按邀请人指定的题目就事论事，而是准备读几段自己的小说。比如在斯坦福人文中心朗读《非洲的人文学科》（*The Humanities in Africa' s*）之前，他曾说过自己"不喜欢传统讲座形式"的"自命权威"。"近些年来，我愿意写一些更像哲学对话的东西，而不是发表演讲。我花了相当大的精力去充实哲学对话中的叙事成分，因此写出的文章就不再是脱离实体的声音之间的辩论。"①

随着故事层叠展开，独具匠心的库切把科斯特洛塑造成了一个极富感染力的人物角色，一个承载他深刻思考的工具——后冷战时代的全球化市场环境是如何影响作家生活和文学生命力的。一旦开始创作科斯特洛，库切就全身心地投入其中，就如同他对待自己其他的作品一样。科斯特洛有美国和欧洲的旅行经历，甚至还到过南极洲和她来世要去的地方（《在大门口》中有描述），这些能让库切再次探讨之前一直困扰他的问题——作为小说家的他生活最远的触角在哪里。

科斯特洛的故事涉及的都是一些基本问题，比如库切跟现实主义的关系、表现残忍和邪恶现象时面对的眼花缭乱的挑战、非洲人文学科的命运，它们在考验历史的罪恶如何侵犯作者的自由。在《伊丽莎白·科斯特洛》的后记《钱多斯夫人的信》（*The Letter of Lady Chandos*）中，叙事者在某种程度上说出了所有严肃作家的心声——

---

①库切：《伊丽莎白·科斯特洛》，公众演讲，斯坦福人文中心，2001年5月22日。

他们对语言本身丧失了信任。科斯特洛系列故事的涵盖范围和内容深度为库切赢得了新读者，比如对文学如何处理伦理学和现象学问题感兴趣的哲学家也开始关注他的作品。

因为科斯特洛的故事都来源于其作者在世界各地的游走经历，所以这种流动性不可避免地带来另外一种后果——库切的生活和事业都日渐远离南非。从这个角度来看，《耻》的创作背景就会更清晰明了，意义也更重大。它让人想起了托马斯·哈代描述泰坦尼克号沉没的那首诗歌《合二为一》，由"岁月的织工"牵线，这艘巨轮和它"不祥的伴侣"冰川走到了一起；于是在那个瞬间，"灾难性的圆房，震惊了东西半球"。①孕育《耻》的生态环境就汇聚了各种无法调和的力量。库切与南非渐行渐远——他四处访学，担任客座教席，参加文学节和读书会，出席颁奖典礼，定期到女儿吉塞拉位于法国的家中度假休闲，有时在那儿专心写作。20世纪90年代，他和多罗西·德赖弗数次访问澳大利亚。多罗西受邀在那儿任教，他则在不同场合朗读自己的作品，直到后来他们移民澳大利亚的事情尘埃落定。科斯特洛澳大利亚出身背景也开始具备特殊的含义。②

与库切四处游学相对的是南非这段时间的历史变革。20世纪90年代的南非鼓舞人心，1994年的首次民主选举更是举国欢腾。狂喜的高潮过后，政治变革的影响开始渗透到民众的日常生活和公共机构中，大学当然也概莫能外。但这种影响的效果有些模棱两可，往往使大学更注重短期的政治收益而忽略真正的学术成就。在公共机构中，改革不再是90年代前5年万众一心的愿景，而变成了政治上的

---

①托马斯·哈代：《合二为一》(*The Convergence of the Twain*)，载《诺顿诗选》，玛格丽特·弗格森、玛丽·乔·索尔特、乔恩·斯特尔伍斯编，纽约，诺顿出版社，2005年，第1156—1157页。

②卡尼梅耶尔：《约翰·马克斯韦尔·库切的写作人生》，第538—545页。

沽名钓誉——只不过是精英团体在实力角逐中寻找平衡而已。在大专院校里，非洲化和新自由主义并行交错，相关的变革经常以经济因素为标准，合理化调整以服务政治利益为原则。

《耻》正视的就是上述变化，尤其是它们对大学的影响。当然，小说的视角也不仅局限于此，因为它面对的是一个深受殖民历史心理影响的社会。小说致力讨论的问题是彩虹之国的光环没有辐射到的，是这个国家完美的新民主宪法没有涉及的。因为作品确实完全忽视了种族隔离制度的废除在公共领域取得的成绩。所以对于不熟悉20世纪90年代南非情况的读者，他们读了《耻》后，根本猜不出这个国家在那段幸福的时期曾经是种族宽容的标志。库切更关注的是侵蚀社会肌体和人们灵魂的毒素，他认为这些有害之物随时会露出狰狞的面目。

在讨论大学合理化调整的公众论坛上，库切告诫大学里的观众警惕那些轻易使用"confront"（对抗）一词去描述学术机构在当前的形势下所能取得的成绩。"confront"来源于拉丁语frons, 表示前额、额头，所以这个单词指"和某人或者某事面对面站着"。[1]库切认为大学公司化是全球性的问题，因此从这个意义上说我们根本无从应对。

如果说库切自己在对抗这个时代并非言过其实，因为《耻》的出发点就是南非真相与和解委员会，而库切认为委员会与其倡导的宗旨背道而驰，已经沦落为当局玩弄于鼓掌的权利游戏。

假如用震动东西半球以及泰坦尼克号遭遇冰川的比喻来定位《耻》的来源，有些夸大其词，那么值得注意的是这部小说成了南非文学史迄今为止最受媒体和学界关注的作品，使之前雄踞榜首的《哭

---

①库切:《批评家和公民》，第110页。

吧，我亲爱的祖国》（*The Beloved Country*）也黯然失色。①但让人心痛的是，这部在南非文学中评论最多的小说竟脱胎于各种力量的尖锐对抗。

从1994年12月到1997年3月，在两年4个月的时间内，除了撰写文学批评的日常工作以外，库切手头还忙着好几本小说，其工作涉及范围之广，让人咋舌。笔记的内容显示了他是如何前后两天在不同的体裁间转换，从自传（先是《童年》，后来是《青春》），到科斯特洛的演讲《什么是现实主义》，接着又是《动物的生命》（这两个故事是为普林斯顿大学"人类价值：泰纳讲座"写的），还有一篇论素食主义有趣文章——《食肉的国度》（开头描述了奥斯汀中心市场的肉食部），一直到《耻》。②他同时写《动物的生命》和《耻》非常能说明问题，下文将对此做进一步论述。

这些工作同步进行的影响之一就是库切独特的形式实验手法可以分别应用到各自独立的语境中。正如我前面论述的，他此前的每一部小说在形式上都有艰辛的自省过程，因此也突破了传统的文学体裁界限：无论是编号的段落、多重叙事者，还是书信体文本、嵌入叙事（framed narratives），都给人耳目一新的感觉。但在《耻》的笔记和草稿中，有关小说基本叙事形式的反思相对较少，很多修改和记录都跟情节相关。

正如本章的引语所言，《耻》的创作过程相对缺乏文本形式的自觉意识也是库切自己关注的问题之一，这也许能进一步印证我称之

①该信息由克里斯托尔·沃伦提供，统计来源于南非格拉罕镇的国家英语文学博物馆数据库。
②虽然开普敦大学的考试答题册上记载了《耻》最开始的草稿，用的标题是"自传"，但这并不能说明任何问题，因为库切手头同时忙着这几项工作，所以很有可能是他调换了两个写作计划的稿纸。

为该小说的"告别心态"。他想知道自己正写的这部现实主义作品是否算潜伏在南非物质主义中的内在威胁恐吓的结果，使得他（也暗指其他作家）"从内心感到恐惧"。①小说中直白的愤恨表述与之类似，都说明了这个痛苦的反思过程。即便是已出版的小说把原来的素材成功地打造成了具有超然审美趣味的杰作（如同德里克·阿特里奇恰如其分的描述——小说的"句式表达'轮廓分明'"）②，我们也可以透过表层文本轻易捕捉到作者对现实主义的愤恨。

相比较而言，《动物的生命》对应的笔记给我们展示的是一个少了些愤怒情绪、多了些主动思考的库切，一个想方设法去实现在写作中遇见的各种可能性的作家。他旁征博引，大量借鉴了其他研究动物权利和伦理的作家、科学家以及哲学家的观点。在刚开始筹划普林斯顿大学泰纳讲座时，他就对素食主义进行反思："素食主义者不吃肉并不像犹太人不吃猪肉那样严于律己。"因为缺乏宗教威信，素食主义"古怪得简直无可救药"。③

他谈到了虚构作品中两个有名的虐待动物场景：其一是《罪与罚》里一匹母马因为拉不动载满货物的重车而被主人打死；其二是在纳丁·戈迪默所著《伯格的女儿》中，一个醉酒的黑人男子鞭打拉着车穿过一大片荒地的驴，在牲口身上发泄他压抑的挫败感。库切关注的是旁观者对这两个场景的困惑，包括作家和读者。极端的残忍和戈迪默的叙述语境体现的道德复杂性使所有的判断都显得苍白无

---

① 笔记本中的"现实主义"一词经常用作贬义词，同此处的含义一样，大都没有像《伊丽莎白·科斯特洛》第一章《现实主义》所总结提出的细致定义（nuanced definition）。

② 德里克·阿特里奇：《J.M.库切和阅读的伦理：文学的盛宴》，芝加哥，芝加哥大学出版社，2005年，第191页。

③ 库切：《动物的生命》笔记，1995年9月2日。我参考的打印稿是根据之前笔记整理出来的。

力，读者很快就形成了心理防御机制。[1]这恰好给库切提供了普林斯顿讲座的论题："虐待的暴力场景（上述提过的或者在屠宰场里发生的）只能诞生在缓冲的（美化的）环境中。只要有人把这些场景赤裸裸拎出来，读者就会产生排斥心理。"[2]

为了写《动物的生命》，库切曾经参观过印第安纳大学伯明顿分校的莉莉图书馆，在那儿查阅了纳丁·戈迪默自20世纪50年代以来的笔记。这些文献记录了戈迪默阅读萨特、加缪、梅洛-庞蒂（Merleau-Ponty）及其他人论述暴力、"目的和手段"的心得体会。库切摘抄了戈迪默引自加缪的一段话（我们绝不能让暴力合法化……暴力既无法避免，又师出无名），还在笔记上说要把这个立场运用到人类对待动物的态度上，让科斯特洛在讲台上也宣传上述观点（这证实了库切在塑造科斯特洛时，脑海中至少闪现过戈迪默）。[3]

在戈迪默记录自己思考心得的这段时间里，她应该已经适应了当时的政治气候——非洲人国民大会和其他反对运动都在考虑采取革命性的暴力手段。40年后，南非的时代风云印证了这克劳塞维茨说过的一句话：暴力是政治的延伸。[4]库切想为这场争论增添新的内涵，他另辟蹊径，把讨论的中心指向动物，着重强调表现任何苦难现象时都存在的困境。

至于库切为何想从动物的角度重新阐释暴力主题，有好几种可能的答案。其中一个原因就是库切要为自己选择素食主义的生活方式找到一种表达途径，这对他至关重要；更明显的原因则是他在寻

---

①库切首次评论《伯格的女儿》是在《双重视点》的《走进暗室》一文中，他当时将其跟体现酷刑折磨的问题联系起来。

②库切：《动物的生命》笔记，1996年5月28日。

③同上，1996年5月16日。

④克劳塞维茨（Clausewitz，1781—1831），普鲁士将军，军事理论家。——译者注

13/12/94

A man at the prime of his career, a respected writer, is invited on to a Truth Commission. He declines: he says no one is morally competent to sit in judgment; his private motive is the knowledge that he is not morally competent & is guilty and may be found out.

He has seduced a student. She is about to denounce him.

Blackmail?

His daughter. the clear eyes

1994年12月13日，《耻》的第一页笔记。

找能够讨论苦难现象的平台，这种苦难现象本身已经无关政治。他真正关注的是残忍行为的表象，是各种文化如何对待出现的苦难——倾听它们诉说还是置之不理。

在小说《铁器时代》、文章《走进暗室》以及其他地方，库切都探讨过下列问题：某些见解如果缺乏威信意味着什么；如果让特定的人群感觉到他们的见解无足轻重，这些人会有什么想法。库切认为他所处的公共空间绝不允许地位平等的人自由交流各种见解，但是戈迪默并没有像库切那样感觉到被钳制和约束。或许她的政治立场已经转向自由左派，甚至对待暴力的态度也是如此。她认为自己有权去发表公共评论，而且从来没有表露过要放弃这种信念的任何迹象。不同于戈迪默的直言不讳，库切的作品会暗示虽然殖民关系的内在界限一成不变，但是千疮百孔，不论人们希望这种关系能多完美无瑕。对于库切而言，至少在刚开始时，关注动物是置身无可救药的政治之外的一种方式，是尽情讨论残忍行为表现形式的一种手段。

从这个角度就很容易理解《耻》中大卫·卢里道德提升的衡量标准不是看他跟其他人的关系，而主要在于他跟动物的相处之道以及动物在福利诊所的尊严。《动物的生命》和《耻》中有关动物的争论都可以看作是检验广义残忍行为的试金石。科斯特洛说芝加哥的圈养场对待牲畜的方式，为策划欧洲毒气室的刽子手提供了模板，让观众大为震惊。

《耻》中卢里教授和女儿露茜最耐人寻味的对话有些就是围绕动物主题展开的。比如，库切想让小说中的露茜接受下列的观点：

> 虽然我们把动物当作人来看待，但它们毕竟还是跟人不一样，因此我们不应该杀掉它们。正相反，它们跟我们完全不同，没法心灵相通，因而也不属于这权利构架的政体。它们对主宰自己命运的决定根本没有发言权。所以无论她跟这些动物有怎样神秘的心灵相通，都得把这种感觉藏起来。什么也不会

看到。①

露茜的观察说明受害动物的缄默对旁观者造成了压力。草稿体现的这种利害关系延续到了出版的小说里，露茜被强暴之后的自我叙述就是证明。库切在笔记中写到露茜时说："她对动物的关爱有双重意义。'我发现自己没法公开这么说。虽然动物的遭遇让我跟它们变得疏远，但在这个地方，在这个时间，公开说这话就相当于我把自己置身事外。我自己变成一只动物。非常好：我不介意变成一只动物。这就是我的身份，我的属性。'"②

虽然上述很多描述又在出版的小说中现身，但库切调换了语境，这些话成了露茜被强暴之后试图用来解释她想息事宁人，进行自我调整的安慰之词。她让大卫不要再提这件事，说这"完全属于个人隐私。换个时代，换个地方，人们可能认为这是公共事件。可在眼下，在这里，它就不是那么回事。这是我的私事，我一个人的事儿"，她接着补充道："这个地方现在是南非。"③她还说要一切从零开始，"没有办法，没有武器，没有财产，没有权利，没有尊严"。"像条狗一样。"大卫接过她的话。而露茜则回应道："就是，像条狗一样。"这个论断再现了卡夫卡《审判》的结尾，而且已有评论者注意到了这一点。

南非真相与和解委员会是《耻》赖以生根发芽的基础。在各方致力于政治解决南非问题的早期谈判中，设立真相委员会的方案就已

---

①库切：《动物的生命》笔记，1996年7月26日。
②库切：《耻》笔记，1996年5月24日。
③库切：《耻》，第112页。

经摆上了议事日程。成立该机构的主要设想之一就是提供保障机制来特赦侵犯人权者，因为如果没有这样一个机制，人们相信这个国家永远无法摆脱冤冤相报的恶性循环。

1993年临时宪法颁布之际，提供特赦的需求也被写进了最终条款。选举新议会之后，立法工作准备妥当，曼德拉签署《促进民族团结与和解法》（*Promotion National Unity and Reconciliation*，1995年第34号令），真相与和解委员会也随之成立。在这个间歇，即真相与和解委员会酝酿成立和它展开听证前的时间里，库切构思了一部小说，描述一位知名作家被真相委员会调查，但是他拒绝接受听证，因为这意味他即将因性骚扰而被公开曝光。他担心自己不仅要出庭去面对公众的评判，而且还要面对女儿"清澈的双眼"。

所以当整个南非情绪高昂，真相与和解委员会处于协商阶段的时候，库切表达了自己的忧虑：他担心普通民众会辜负举国欢腾的道德胜利带来的期望。在理想和现实的差距日渐拉大之际，他看到了小说创作的契机，领悟到陀思妥耶夫斯基式的心得，当然这归功于他曾深入过陀翁的世界，并且在同年（1994年）出版了《彼得堡的大师》。

碰巧的是，库切有段时间想过以一个男人受到公开羞辱为主题构思一部小说（这个念头源于他父亲杰克的不幸遭遇），而眼下主流话语中的正义公正恰好为该计划的实施提供了良机。虽然早期草稿参考了《约伯记》的内容①，但库切很快放弃了这个典故，原因无疑是他考虑到试炼约伯的是上帝，而非历史。约伯旅行终了会换来灵魂救赎和家族兴旺，而这并不是库切想要的结果。在《耻》草稿的很多地方，主人公（后来演变为大卫·卢里的那个角色）都想自我了断。

---

① 《约伯记》（*The Book of Job*），《希伯来圣经》的第18本书、基督教《旧约圣经·诗歌智慧书》的第一卷，也是《圣经》全书中最古老的书籍之一。——译者注

库切的笔记表明他并没有被南非当时的道德氛围所感染。他担心这是反知识分子的风潮，而且有可能会出现专制的情形。比如，他在笔记中摘抄了一段描写中国"文化大革命"的叙述，讲述一位知识分子被迫戴高帽。虽然"文化大革命"的因素在《耻》的草稿及定稿中都被剔除了，但却有位女性激进分子面对大卫·卢里时手持摄像机，要替学生报纸给他拍照；同时一位男性同谋在大卫头上举着一个倒扣的废纸篓，非常策略地摆成圆锥状。这个照片后来刊登在了报纸上，下面还印着标题："现在谁是傻瓜？"[1]

　　在这个背景下，罗兰·巴尔特的《就职演说》出现在库切的笔记中就有点意外。[2]巴尔特在演讲中提出任何语言体系都会建章立制去规定什么可以说、什么不可以说，他自己由此得出结论：语言既不反动也不进步，而是"法西斯"（该观点现在看来言过其实，但这就是20世纪60年代乐观主义的表现）。针对巴尔特的论断，库切写道："法西斯主义并不阻止人说话，而是强迫人说话……他们想从他口中得出某种言语（忏悔）。"[3]这里的"他们"指小说中虚构的开普敦工业大学纪律委员会，校方召集这些人调查对大卫·卢里性侵犯学生梅拉妮·艾萨克斯的指控。

　　正如前面提到的，库切在真相与和解委员会全面履行职责之前就已经开始写这部小说，所以对他而言，比这个机构更有用的是开普敦大学的《教工惩戒程序》（Academic Staff Disciplinary Procedure），他还在自己的文件夹里保存了一份这样的小册子。其

---

①库切：《耻》，第55—56页。

②《就职演说》（Inaugural Speech）指巴尔特1976年担任法兰西学院文学符号学讲座教授时发表的演讲。——译者注

③库切：《耻》笔记，1995年7月19日。库切的引用来自巴尔特的《选集》，伦敦：丰塔纳出版社，1983年。

中有这样的条款:"如果教工的不端行为使校方认为有解除其聘用合同的必要,调查委员会经讨论后决定解雇该教工,但如果委员会认为除解雇之外还有其他选择,可以提出替代方案。如果教工接受这个方案,就应照此执行。"库切不折不扣地把这套程序运用到了小说中——如果卢里不想被解聘,他就必须公开做出忏悔;但他没有这样做,因此校方照章办事,要求他辞职。

真相与和解委员会并不是左右小说发展的直接因素,这一点从卢里在惩戒听证会的争论就可以明确看出来。正如前述所言,卢里拒绝公开表示悔罪,这种立场的背后是巴尔特式的理论争辩,或者可能也有迈克尔·福柯的痕迹,后者对库切论述南非文学的文集《白色写作》产生了重要影响。巴尔特和福柯的后结构主义观点把权力看作是认识主体的工具,但是卢里秉持的是自由主义立场,他认为政治正在侵入人的私生活。"这是清教徒的时代,"卢里说,"私生活成了公共事件。"[1]露茜在被强暴之后也表达过类似的观点。

批评界对上述观点莫衷一是,因为库切不太可能用这种观点去直接批判真相与和解委员会,这跟流行的看法正相反。如果他这样做了,那也是误用,因为侵犯人权者的悔恨之举并不是真相与和解委员会特赦的要求之一。"全面披露"并不是指曝光人的内心世界,而是指揭开政治倾向及其相关事件。卢里惩戒听证会想让人表现出悔悟顺便去换取赦免,避免产生让人更尴尬的公众事件,与上述原则背道而驰。

虽然库切写《耻》的时候考虑到了真相与和解委员会的影响,但也仅把它作为当时政治氛围的一个风向标而已。作家醉翁之意不在

---

① 库切:《耻》,第66页。

酒。真相与和解委员会开始系列听证后，库切在笔记中甚至把卢里拒绝惩戒委员会提供的心理咨询跟"再教育"联系起来，这又是在影射文化大革命；他认为卢里的拒绝姿态还体现了"真相与和解委员会流露的胜利者之正义［比如纽伦堡审判（原文如此）］，要求报纸的编辑承认他们曾跟'种族隔离制度'串通一气"。[1]即使真相与和解委员会的部分成员以此为契机，要求被审判者公开道歉，这种诉求要么是出自他们个人意愿，要么是受委员会全国性平台的影响，其法律规定的立场都跟纽伦堡审判秉持的理念大相径庭。真相与和解委员会为了维护秩序及促进和解，提倡修复性司法，避免实施应报性司法。[2]

小说中"胜利者之正义"体现在强硬的法罗迪亚·拉苏尔（Farodia Rassool）身上，她一直拐弯抹角地提起这个案件的种族意味，暗示"其中长期的剥削历史"。正是拉苏尔坚持要求卢里表现出忏悔的诚意，因此她最能体现巴尔特语言法西斯主义的观念。[3]小说解读这些事件时认为社会纠正机制恰好被当成了一种权力功能，但这并不是真相与和解委员会的理念。按照《耻》体现的观点，胜利者之正义很可能大行其道，因为南非历史的演进并非从种族隔离过渡到了开明的新秩序，而是昭示着殖民主义末日的到来。

库切创作《耻》的准备工作虽然明确显示了他的不满情绪，但对流行话语这样或那样的怀疑远不足于表达他的忧虑，其中更多的

---

①库切：《耻》笔记，1997年9月23日。

②修复性司法（restorative justice）和应报性司法（retributive justice）同属刑法学理论。前者基于营造和平的思维，主张不应只从法律观点处理犯罪事件，而且要考虑社会冲突和人际关系冲突等因素；后者认为刑罚的目的是使社会正义恢复犯罪前的状态，强调罪责必须与刑罚相等。——译者注

③库切：《耻》，第50页、66页。

是作家对未来的担心。他在《等待野蛮人》和《迈克尔·K的生活和时代》中已经深度探讨过如何设想南非的未来，现在这一话题又在《耻》里现身。如果说前后有区别的话，因为写《耻》的时候南非正处在转型期，所以它更具备政治挑战性。除了政治色彩，作品透露的焦虑情绪也包含了同样多的个人因素，因为这涉及如何做一个上了年纪的父亲，如何想象孩子们的成长和他们的未来。

当小说中的卢里意识到露茜因为遭受强暴而怀孕，他的家族将会"终结，像水渗进泥土不见了踪影"，他有丧失亲人一样的感觉。这个念头让卢里一时间不知所措。他靠在厨房的墙上，呆呆地站着，先是双手掩面呜咽不止，最后放声大哭。[①]实际上，无法传承的只是他的父姓，他生物意义上的后代在露茜和她的孩子身上会得以延续。虽然库切的个人情况与此截然不同，但他经历的事件也对家族的延续构成了挑战。尼古拉斯的死让他饱尝白发人送黑发人的痛苦。如果说他还能保持乐观的心态，女儿吉塞拉是她唯一的寄托。女儿给年迈父亲能带来慰藉也正是《耻》的核心观点之一，就像笔记上提到的女儿那双"清澈的双眼"。尽管如此，库切也计划把小说体现的"核心道德"打造成下面的形式：那个在小说中最终变成大卫·卢里的"他"：

> 始终采取这样的立场。什么都无关紧要，反正我很快就会死掉。换句话讲，他没法预料死后的事情。但他（我也一样！）必须得想法超越这一点。所以女儿就理所因当地成了他（我也一样！）想象未来的唯一方式（考虑下詹姆斯·乔伊斯小说讨论的

---

①库切：《耻》，第199页。

莎士比亚晚期戏剧中的女孩儿）。①

笔记中最后那个圆括号指的是詹姆斯·乔伊斯《尤利西斯》中一个进退两难的片段，即斯蒂芬·迪达勒斯（Stephen Dedalus）、利斯特（Lyster）（图书管理员）和朋友在柏林爱尔兰国家图书馆里讨论莎士比亚。斯蒂芬提出了一个绝妙的理论，但听起来有点难以置信：他认为《哈姆雷特》是莎翁在自传的基础写成的；接着又指出正是通过聚焦女儿在戏剧中的作用，莎士比亚才从《哈姆雷特》《李尔王》和《奥赛罗》这些色调灰暗的悲剧过渡到后来的浪漫传奇剧，比如《泰尔亲王佩力克尔斯》（*Pericles*）中的玛琳娜（Marina）、《冬天的故事》（*The Winter's Tale*）中的珀迪塔（Perdita）和《暴风雨》（*The Tempest*）中的米兰达（Miranda）。②

《彼得堡的大师》对父子情怀的关注转变成了《耻》对父女关系的思考。小说中的女儿角色后来演化成了露茜，在故事的最后还怀了身孕，而卢里则开始学习乔伊斯在《尤利西斯》里称作的L'Art d'être grand-père，即"做一个爷爷的艺术"，这是从雨果讨论儿童诗歌的书里借用的一个说法。③库切在文档中也保留了研读雨果诗歌的笔记。

在处理卢里和露茜的关系时，他一度不仅让卢里成了文学评论家和兼职的剧作家，而且还是一位举足轻重的作家。他对露茜说"你是我最好的评论者""我得靠你告诉我什么时候该停笔，什么时候我的写作势头开始消退"。露茜读了他的作品，认为这是"一种私下的

---

① 库切：《耻》笔记，1996年4月21日。库切在1997年8月20日的打印笔记中复制了这段内容，以备后用，并省略了圆括号中的"我也一样！"。
② 詹姆斯·乔伊斯：《尤利西斯》，伦敦，阿尔玛经典，第142—143页。
③ 同上，第143页。

忏悔"。虽然她清楚地意识到某些片段可能不是大卫的"真实"生活，但还是从寓言体的角度来解读这些作品，就好像它们都是关于他的故事。她反思道："他认为小说可能给了自己动力，但却没法摆脱语言表达功能的束缚。"[①]

在出版的小说中，虽然父女之间思想交锋的表现形式不同，但与草稿一脉相承的是，露茜始终都在为卢里疑虑未来生活的意义指明方向。卢里冥思苦想他称为"完成式"的动词时态结构，一种强调过去的过去性的结构："烧灼（burned）—烧尽（burnt）—烧成灰烬（burnt up）"。[②]农场的袭击事件让他脸部烧伤，头发也被火燎。遭此劫难后，他自我安慰道，当伤痛痊愈的时候，就会感觉世界更加美好，但是"他明白事实恰恰相反。他的生活乐趣被扼杀，他就像溪流上的一片树叶，似微风中的蒲公英，向自己的尽头飘去"。草稿中的卢里有时要自杀，有时在考虑自杀的方式，而露茜还为他出谋划策。无论在草稿中，还是在出版的小说中，露茜在卢里的康复中始终扮演着核心角色，引导他欣赏他跟动物共处的生活。

既然库切致力于把《耻》打造成现实主义作品，他就必须把人物关系写得符合社会现实，比如卢里和梅拉妮·艾萨克斯以及他女儿露茜的关系。草稿对卢里和梅拉妮绯闻的描述历经反复。梅拉妮刚开始是一个心理学专业的学生，专攻西开普敦省心理健康机构的历史。在约翰内斯堡举行的有关殖民历史编纂的会议上，卢里专门安排了一个讨论小组，确保她的论文能被接受，以便他们能有机会待在一起。库切后来把卢里——当时的卢里还是标成X的无名氏——

---

① 库切：《耻》笔记，1995年5月6日。"表达功能"指罗曼·雅各布森有关语言功能的理论。
② 库切：《耻》，第166页。

变成了一位专事研究工作的律师，还被任命为特别调查委员会的成员，在一间仓库里仔细查阅警方的卷宗，准备各种起诉文件。

无名氏X虽然不再教书上课，但还继续指导学生的论文，勉强同意收下了梅拉妮——她是心理学专业的硕士生，研究精神病人的权利。库切后来又把这个学生改成攻读文学专业，她在题为《（早期）南非者移民者写作中的风景和性别问题》的硕士论文中把托马斯·普林格尔称为"殖民征服者"。[1]库切最后才把她写成戏剧专业的学生梅拉妮。[2]

如果卢里要变成类似于真相与和解委员会这样特别法庭的一员，那么作为一部现实主义小说就需要充实这个角色社会生活的相关细节，尤其是他的各种政治关系。这让库切面临一个两难选择：

> 把他政治身份的问题往后拖一拖。如果让他加入非洲人国民大会，就得描写他的社会生活。如此一来，整个作品就偏向了戈迪默的风格。如果不把小说写成一个身居高位的人被打倒的故事，而是一个大学的基层教书匠，辛苦工作，还差5年就退休，这样是不是更好？这次事件之后，校方给他施压，要求他提前退休。他接受了退休的安排，可发现自己连校园和图书馆也进不去了（他还是希望有一个能做研究的小隔间）。备受打击的他只得常去南非公共图书馆，而且跟女儿在一起的时间越来越多。

----

①托马斯·普林格尔（Thomas Pringle, 1789—1834），苏格兰作家、诗人、废奴主义者，被誉为南非诗歌之父。参照：库切，《托马斯·普林格尔的诗歌作品》，载《异乡人的国度：文学评论集（1986—1999）》，汪洪章译，2010年，第278—283页。——译者注

②库切：《耻》笔记，1996年2月17、19日，3月7、9、11日。

　　我们在小说中读到的那个卢里连同他的某些学术兴趣从这儿开始逐渐呈现。卢里要专心写"一部大作"，这就跟以前小说的主人公保持一致。刚开始时，这部"大作"就是研究"柯林斯和汤姆逊这代人之前的风景描写传统[1]，比如受维吉尔和贺拉斯影响的蒲柏在作品中是如何刻画地貌的。[2]思考风景的中介性作用"。他会反省"N2公路旁的棚户区景象（开普敦东的一条公路）"，使"全书的基调更轻松、更具讽刺意味"。[3]

　　虽然上述主题会把这个学者和他的学生联系起来，也呼应了库切之前的作品，但作家在笔记中提到的"讽刺意味"暗示他并不想回到以景色描写为主题的套路上。尽管露茜在东开普敦省的农场为库切改写农场小说的传统风格提供了发挥空间，但卢里却有了新的艺术兴趣。

　　在多重因素的影响下，小说主人公从专注风景描写研究转向拜伦一部不太知名的歌剧和他的情妇特蕾莎。库切读到的拜伦书信和皮特·昆内尔写的《拜伦在意大利》在这次转变中起了关键性作用。他曾考虑过让卢里写一本有关贾科莫·莱奥帕尔迪的书，还试着从阿里格·博伊托那里借几个题目做参考。[4]莱奥帕尔迪的《道德小品》（*Operette Morali*）为库切写特蕾莎的歌剧台词提供了借鉴。相对于卢里原来的景色研究，他创作拜伦故事的计划让库切有了更大的挖

---

　　[1] 威廉·柯林斯（William Collins, 1721—1759），英国诗人；汤姆逊（James Thomson, 1700—1748），苏格兰诗人和剧作家。——译者注

　　[2] 亚历山大·蒲柏（Alexander Pope, 1688—1744），英国诗人，以其讽刺诗作品和翻译荷马史诗闻名于世；维吉尔（Virgil，前70—前19），罗马帝国奥古斯都统治时期的诗人，本书作者在第九章论述库切创作卡伦夫人时，引用过库切有关维吉尔的《埃涅阿斯纪》笔记；贺拉斯（Horace，公元前65—前8），罗马帝国奥古斯都统治时期著名的诗人、批评家、翻译家。——译者注

　　[3] 库切：《耻》笔记，1996年3月11日。

　　[4] 贾科莫·莱奥帕尔迪（Giacomo Leopardi, 1798—1837），意大利诗人、散文家、哲学家、语言学家；阿里格·博伊托（Arrigo Boito, 1842—1918），意大利文学家、作曲家。——译者注

掘空间：一方面他可以把卢里演绎成一个有后浪漫主义情怀的知识分子；另一方面他也能凭借拜伦脱离当代南非语境，凸显卢里的文化孤立感。

现实主义写作也需要有事件和行动。1996年4月20号，库切完成了卢里农场遇袭的第一个版本，这也是小说的关键事件。从开普敦工业大学辞职后，卢里搬到乡下，住在露茜的房子里：

> 他跟女儿住在一起，平时在动物保护协会工作，闲时打理下花园，日子过得也算幸福。他还跟动物保护协会的一名工作人员成了朋友。一天下午，这名工人伙同另外一个人袭击了他，敲打他的脑袋，试图勒死他；浇了他一身机油后就点着开烧；用他的车碾轧他，随后开着车逃之夭夭。
>
> 他女儿照顾他。虽然后来身体康复，但却留下了疤痕。他重返学校的工作岗位，要求上课。[1]

到这个阶段，库切开始想方设法使文本更具张力，突显更多的暴力冲突。构思完那次袭击之后，他又接着写道："缺的就是野性的成分和反社会主义的东西，这也是整部小说不温不火的原因。按照目前的情况看，允许老男人们跟他们的学生闹出绯闻就是个托词。他和梅拉妮之间太彬彬有礼了，梅拉妮人也太善良（或者说太不谙世事）。"[2]他修改了卢里和梅拉妮在学校玫瑰花园碰面的情景，让她更显得春心萌动，妩媚可人。由此可见，库切在一直尝试磨出叙事的

---

①库切写这段笔记那天，我曾同他一起骑车穿行彼得马里茨堡（Pietermaritzburg）附近的卡洛夫峡谷（Karkloof Valley）。途中我们路过一个护林人的营地，还跟他们亲切地用祖鲁语打招呼。随后我们俩就说自己身穿莱卡、戴着自行车头盔，这套装扮让护林工人看着有多怪异。

②库切：《耻》笔记，1996年5月9日。

棱角，使其更具威胁性，就像他在下面笔记中写的一样（最后编辑时
去掉了这段内容）："午夜时分，斗牛犬开始咆哮。他凝视着外面。
一个男人等在月光下。他想：非洲；我身处多丽丝·莱辛的小说中。
他走出去，那人也晃荡着没了踪影。随后佩特鲁斯的房子里传出说
话的声音。露茜也走了出来：'怎么回事？'"①

作为现实主义作品，《耻》还需要展现露茜的内心世界。这也是
批评界关注的焦点之一，因为露茜的确是一个没有完全展开描写的
角色。我们主要都是通过大卫的视角来了解她，而且她遇袭之后就
变得心存戒备，神秘莫测。评论者认为这是库切有意而为之，就好
像他在强调叙述视角有局限性，因而小说核心的主体性只能围绕卢
里展开。

对已出版的文本做出上述解读当然无可厚非，但如果再回过头
研究这个限制性视角在草稿中是如何形成的，情况其实并不是我们
想象的那么简单。从小说创作的过程可以看出，当库切意识到如果
用现实主义手法描写露茜，就得深入她的内心世界，尤其要展现她
遭遇暴力袭击之后的心理状态时，他感觉对此无计可施，甚至连这
样做的欲望都没有。"问题在露茜身上。无论她经历了什么，我都
没法体会她内心的想法。试着这样写：强暴事件发生之后，她跟多
特·肖在一起待了很长时间，寻求'支持'；与此同时，她对农场
的狗也没了兴趣；大卫（和佩特鲁斯）不得不打理一切；露茜变得
slordig，邋里邋遢。"②

这个问题相当棘手，甚至有可能打乱整部小说的计划，或者把
它变成不同风格的作品。库切写道："这样写就不算一部小说了。不

①库切：《耻》笔记，1997年7月17日。
②同上，1997年5月1日。Slordig 是阿非利卡语，意为"不整洁、邋遢"。

可能阻止叙事的重心转向露茜的内心世界，小说会一分为二。"解决方案就是"加快叙事节奏，更有条理地把控叙事者，改变小说的性质，突出对称性"。[①]正是这个危机期迫使库切再回头重新调整叙事结构：

> 因此：（1）他表面静如止水，内心却欲望涌动；（2）因学生导致工作中断，后来沦落成一种羞辱；（3）归隐到她女儿那里；（4）女儿遭遇危机并试图开导他；（5）他返回学校接受听证。结尾时候写他在人们鄙夷的目光中灰溜溜地离开。"他们对他恶言相向。"
>
> 三万字。系列"典型的故事"之一。

他开始考虑"梗概式小说"的模式，就好像"幕后有一部写好的现实主义小说就是用梗概的方式来复述的。《堂吉诃德》的主人公讲述模式化的浪漫故事就是一个例子，让人感觉这是个惯例。不确定你是处在小说的蓝本之中，还是在总结它"。[②]毋庸赘言，这种梗概式小说也不是他最终要找的文本类型。

库切在创作之前的小说时，比如《等待野蛮人》和《迈克尔·K的生活和时代》，遇到上述难题就会彻底修改写作计划，最后往往就写成了元小说。尽管他曾经考虑过《耻》只提供小说的梗概，同时在背景中暗示更宏大的作品，但这次他决心按照原计划走到底："因此，要考虑如何简要叙述这个故事，同时又不转向夹生的后现代主

---

①库切：《耻》笔记，1996年8月29日。
②同上，1996年8月31日。

义模式。"①库切坚持这个叙事结构，上述难题最终迎刃而解。卢里看护动物、创作有关拜伦的故事及其和露茜的关系，这些都为保持作品的敏感性、积极性和前瞻性提供了广阔的探索空间。

既然库切认为他没法描写露茜的内心生活，或者说没法展现她经历的苦难，那么他可以把露茜被强暴折射的历史意义拓展成小说。他将笔锋迅速转向这个主题下最具争议的事情："强暴应该被看作是把白人赶出这片土地、逐出这个国家的计划之一……"②但是这句话有点含糊其词：这到底是谁的观点？库切，叙述者，卢里，塞勒姆周围的白人社区，还是读者？笔记中对此并没有说明，留下了雾一样的谜团。

在紧接着的一段话里，库切展现了露茜和大卫不同观点的交锋。下面的叙述就不像刚才的说法那样指代不明：

> 在她看来，问题在于无论个人怎么补偿都不足以拯救个体。谁也没办法在自家门上抹上记号来躲过灾难（参见埃及十灾的故事）。③只有白人社会整体上被认为是做出了补偿，个体才能不再成为受害者。这是露茜所无法预见的。
>
> 或者这样写：她相信只有在乡下这种大家都认识、互相知道名字的地方，才有可能获得个体意义上的救赎。
>
> 在露茜的眼中，大卫·卢里忙的都是些无关紧要的琐事。因此，她对他还有些漠不关心。

---

①库切：《耻》笔记，1996年5月18日。
②同上，1997年1月9日。
③为了让法老释放被奴役的希伯来人，耶和华用十大灾难惩罚埃及，其中第十灾就是把埃及家庭的长子都杀死。耶和华让摩西转告希伯来人，只要把羊羔血涂抹在门框上，死神就会走开，这样就能保护他们的族人，让灾难只降临在埃及人头上。——译者注

露茜不会调整自己去适应大卫·卢里看到的现象：她就这样躺着被一次次强暴。倘若变得清白，人还得承受多少次蹂躏?[1]

卢里的看法在这里明显更适用——他认为露茜的错误在于她设想个体的补偿行为，能拯救她自己。在出版的小说里，大卫问露茜她之所以不起诉那些施暴者，是不是想着以后会受到优待，她是否认为她自己的进步观点是"涂在过梁上的标记能逢凶化吉"。[2]卢里后来向她解释说这次强暴事件并不涉及个人恩怨，而是"有历史的原因"，是"老祖宗留下的东西"。[3]

从库切面临的挑战来看，他追求的是看起来可以体现小说虚构性的东西，他选择的问题是自由派白人文化里的真实纠结所在：不管是通过好心善意还是借助行动，作为个体的他们能否免受历史罪责的贻害，能否免受可能伴随他们补偿行为一并而至的苦难。《耻》的其余情节回答了上述问题：露茜不可能摆脱倒置的殖民性"屈从"——该词是她对这件事的定性。事实上，如果她想今后完全站稳脚跟，就必须彻底接受这种羞辱，服从佩特鲁斯提出的一夫多妻制安排。

卢里也必须背负他的不光彩经历，以便能超越它继续前行。库切曾想让卢里返回开普敦，并把他自己锁进罗德庄园动物园的空狮子笼里，但问题是也没人会去观赏。[4]上述想法来源于库切读过大卫·加内特的《动物园里的男人》(*A Man in the Zoo*)，但他并没有真

---

①库切：《耻》笔记，1997年1月9日。
②库切：《耻》，第112页。
③同上，第156页。
④库切：《耻》笔记，1996年11月26日。

正将其付诸笔端。①卢里一直有自杀的冲动：他是李尔王式的人物，当看见狗的尸体通过传送带滚进医院的焚尸炉时，他对它们的遭遇感同身受。

小说最后一幕中，大卫把那只他曾善待有加的狗也处理掉了。这是他自杀欲望的残存和转移，是他自我牺牲的表现姿态，跟他臣服于埃洛斯的诱惑、纵情于梅拉妮燃起的爱欲之火展现出的一贯自我毁灭倾向别无二致②，但现在却落得悲惨凄凉的下场。

作者在此处良苦用心，最后一幕也因此升华为饱含文学韵味的庄严时刻，神秘玄妙，寓意深远，尽管背后仅仅是普通的苦楚之痛和愤怒情绪。在给狗取那个让人怜悯的名字德里普特（三只爪）之前，它一直被叫作拜伦或者乔治·戈登。如果卢里要扮演上帝的角色把狗送往天堂，他就应该学会一视同仁："只要让一个通过，就全部都得过"，库切引用了激进学生反对高挂科率时发明的惯用语。③

这个时期的库切还考虑过编辑一卷针砭南非时弊的短文，包括一篇回应"肯定孩子"新教育政策的文章。他认为这个政策体现的女性主义色彩源于18世纪的伤感文学④，并在文章中引用尼采的理论，认为我们应该教会孩子去压抑心中的魔性。⑤

库切从大卫·卢里放纵的欲望中提炼出了有煽动性的艺术语言，在行文中又能将上述提到的诸多怨恨逐一消解，高明的写作技巧让人啧啧称奇。在《耻》中直面时间的库切还必须用犀利的目光降

---

①大卫·加内特（David Garnett, 1892—1981），英国作家、出版商。——译者注

② 埃洛斯（Eros），希腊神话中的爱神。我们熟悉的丘比特（Cupid）是罗马神话中的爱神。——译者注

③库切:《耻》笔记，1998年1月24日。

④"肯定孩子"（affirming the child）指孩子都天性善良，不会做错任何事。库切认为在学校施行这种政策过于幼稚，所以引用尼采的非道德主义（amoralism）理论写文章进行批驳。——译者注

⑤库切:《耻》笔记，1998年1月28日。

服他经历的政治乱象。在这部小说的写作后期，他读到了米兰·昆德拉的《被背叛的遗嘱》（*Testaments Betrayed*），其中描述了20世纪的艺术投资被它们依存的历史出卖。库切预料到市场工具主义和后殖民民族主义会沆瀣一气，进而侵蚀艺术世界，包括他的作品，而他给上述文化献上了一个在可耻羞辱中寻求骄傲自豪、在溃败失利中自鸣得意的故事。这也是从人类整个时代的堕落，尤其是从他那个时代的堕落重新夺回艺术空间的誓言。

第十三章　第三阶段
澳大利亚——《慢人》《凶年纪事》和《耶稣的童年》

　　一个人可以按照图式结构把艺术生命想象成两个或者三个阶段。在第一阶段你就会发现一个重大问题，或者给自己提出一个重大问题。在第二阶段你劳神费力地去寻找答案。如果你活的时间足够长，就会步入第三阶段——上述提到的重大问题开始让人心生厌倦，你得转移下注意力。①

　　如果在澳大利亚都找不到更好、更平静的生活，还能去哪里找？②

　　库切和布鲁克林小说家保罗·奥斯特之间的往来信件不仅闪耀着智慧的火化，又满是和蔼客气，所以有时很难判断这些内容的严肃程度。本章开头的第一段引文只是库切根据自己的经验有感而发，并不是自传性的真实表述。这些话简化了艺术人生的纷繁图式，因此把库切的写作生涯硬套进他指出的三个阶段是危险之举。

---

　　① 奥斯特和库切：《此时此地》，第88页。
　　② 库切：《慢人》，伦敦，塞克和沃伯格出版社，2005年，第40页。（后文出自同一著作的引文，只在脚注中标出作者、书名和引文出处页码，出版社、年份等信息不再另注。——括号内为译者注）

不过，这种阶段论和他的经历的确有可类比的地方。

那个"重大问题"也不难找出来。从他最早的两部小说来看，这应该是诸如"历史给我写了什么样的脚本"以及"我如何重写之类"的问题。但至于他提到的第二阶段，其中存在太多的变数，因为他写作时付出过大量心血和历经了各种惊险（本书的前述章节就足以证明这一点），所以就很难给第二阶段的问题找到一个标准答案。尽管如此，可以肯定的是，《耻》标志着以《等待野蛮人》为起点的阶段——一个更适合被概括为充满张力的漫长时期——进入了尾声。第三阶段更容易分辨，即库切发表《耻》之后的写作生涯。

库切的上述说法是为了回应奥斯特的信件，也融入了作家更严肃的思考。类似的观点在《凶年纪事》中有过表露。小说中的JC在读到知名现实主义作家的作品时说："我的心一沉"，因为"我一直不擅长因物赋形，现在更是没兴趣这样做"。①他接着解释道，如果兴趣持续减退，这可能是作家步入暮年的一个共同现象。这个年纪的作家会"心态更加平和或更缺乏热情"，"他们的作品越来越欠缺厚重的质感，对人物和情节处理也更程式化"。②JC认为可以从两方面来认识这个过程：从外部表现来看，好像作家的能力正在下降；从内部原因来说，这可以被认为是"一次解放，一次清空大脑负荷再去勇挑重担的机会"。③

JC举了托尔斯泰的例子。虽然每位读者都承认托尔斯泰年轻的时候"对现实世界做过栩栩如生的描述"，但如果按照通常的评价标准，他后来"慢慢坠入了说教论的泥潭，其晚年枯燥的短篇小说将说

①库切：《凶年纪事》，第193页。
②同上。
③同上。

教发挥到了极致"。这是总结外在表现后得出的结论。从内在表现来看，托尔斯泰肯定会认为"他正在摆脱束缚自己的现实主义镣铐，从而能够直面灵魂深处真正思索的问题：我该怎么活"。[1]库切在给奥斯特的回信中多加了一个"更寓意深远"的例子：巴赫在临去世之前一直致力于创作《赋格的艺术》(*The art of Fugue*)，这是一部"纯粹的音乐著作，不涉及任何特定的乐器"。[2]

　　因为记录这些思考的《凶年纪事》就是一本图式结构类的书，所以库切实际上也在经历他所描述的阶段。小说本来是刊载库切对一系列话题看法的小说化日记，讨论的东西涉及公共事务和个人生活的方方面面，相互之间风马牛不相及。库切随后把自己从叙事声音中剥离了出来，改称主人公为JC（尽管读者认为JC跟库切自身的经历有很多相同之处）。他又给小说增添了两层虚构框架，叙述JC找安雅当秘书帮他录入书稿（其中隐含了一个互文性的典故，因为JC的秘书跟陀思妥耶夫斯基雇的安娜·斯尼特金娜几乎同名，而且也是为了相似的目的，最后陀翁还跟安娜走进了婚姻的殿堂）。

　　《凶年纪事》形式的创新之处主要在于它将三栏文本并排在同一页的框架结构：日记（一般认为这部分是为了收录进一个叫《危言》的文集）、JC围绕安雅展开的叙述安雅自己的故事。虽然这样使得日记镶嵌在了小说中（类似于库切在《伊丽莎白·科斯特洛》中采用的模式），但实际上小说的叙事成分非常淡。这种三位一体的结构并没有给读者真实世界的体验，或者说它们并没有让读者感到这是部现实主义小说。当然，库切采用这种结构并不是为了上述目的，而是要给读者一种虚构性体验。而这种虚构性又主要通过引导我们选择阅

----

[1] 库切：《凶年纪事》，第193页。
[2] 奥斯特和库切：《此时此地》，第88页。

读方式得以践行：读者要么竖着阅读（也就是"同步阅读"），就像体验框架叙事那种层次感一样；要么水平阅读，沿着一条叙事主线看上几页，然后再回过头来读下一个主题，以此反复。库切一直想在叙事中增加一栏评论，《凶年纪事》正是这种心愿的实践，只不过它的评论部分是先写的，而后才有了叙事成分。

从《凶年纪事》的风格来看，库切好像已经步入一个相对自由的阶段，他觉得自己可以不用再肩负令他反感的现实主义写作义务。他设法先让读者体验到他这种情怀，假设（也希望）读者能买账。实际上，《伊丽莎白·科斯特洛》也对读者抱有同样的希望。在那篇讨论现实主义演讲的开篇，叙述者只是泛泛谈及"架起一座桥梁"，并非要真正构建沟通现实和未来的桥梁，因为后者意味着要详细列举全部的背景环境。"我们假设问题现在刚解决，尽管问题或许早已不再是问题"。[①]正如我们前面所论述的，笔记中最容易反复的片段就是库切在写作过程中感到现实主义的束缚而又奋力摆脱的时刻。很明显，《凶年纪事》中的库切达到了一种不必再受限于此的境界。

在给《凶年纪事》的草稿添加叙事结构之前，库切对作家能力衰退和托尔斯泰写作历程的反思带有更多的个人感情色彩。他在文中说自己写作生涯的变化过程跟托尔斯泰所经历的大相径庭（假设库切还没有到达"精神通灵"的境地）[②]，他已经"永远失去了想单纯描绘事物的冲动"。在这个意义上，当他的近期作品无法避免描写事物时——"读者能感受到其中的敷衍成分……那些看我近期作品的人希望能从中品味到阅读小说的愉悦之感，就像翻阅《迈尔克·K的生活

---

①库切：《伊丽莎白·科斯特洛》，第1页。
②作者在这里用"'精神通灵'（spiritual clarity）的境地"指托尔斯泰在晚年常通过一些短篇寓言故事来传达基督教思想，而库切的晚期作品并没有呈现托尔斯泰的风格。——译者注

和时代》的感觉，他们会认为我这些小说单薄造作，但谁又能责怪他们呢？"①库切这里谈及的是那些不愿意用现实主义的把戏代替真情实物的读者（或许也有评论家）。

艾勒克·博埃默研究库切的澳大利亚写作时注意到他对现实主义的敷衍性，因此也有过类似的论述，她说库切的做法是"在一定意义上有其正确性，体现了他的责任感，是出于归化公民的礼貌行为"。②沿着她的思路，我们可以说：一种"公民性"的现实主义就是做到刚好证明自己的归属，而不具备绝对的说服力。比如，库切虽然在《慢人》中使用了阿德莱德的街道名称，但它并不是一本以阿德莱德为背景的小说，这就无法跟《铁器时代》对开普敦的意义相提并论。博埃默得出结论说，这种受限制的现实主义表达了库切和他移民目的国的关系。该观点当然言之有理，而问题的另一方面却牵扯到库切跟现实主义的关系。

库切说他更关心的是"二阶"问题，而不是"单纯描绘事物的冲动"，比如下面的例子："当我描绘事物的时候我在干什么？生活在现实世界和被描绘的世界有什么不同？"③从他逐步淡出现实主义的过程分析，库切澄清了对他最重要的东西，即对个人事业的自我反思。他写这些话的时候并没有处于现实主义的围困之中，所以上述观点不像是他为了抵御流行文化大潮而做的自我辩护。如果说此番自白有什么别样之处的话，那就是它出于一种认可精神，甚至可以看作是一种脱离关系的声明：我之前可能做过一次这样的事，但我绝

---

① 库切：《凶年纪事》打印版书稿，2005年12月22日。
② 艾勒克·博埃默（Elleke Boehmer）：《库切的澳大利亚现实主义》（*J.M Coetzee's Australian Realism*），载《危言：库切和当代小说的权威》（*J.M. Coetzee in Context and Theory*），克里斯·丹达、苏珊·考苏、朱利安·莫菲特编，纽约和伦敦，绵延出版社，2011年，第5页。
③ 库切：《凶年纪事》书稿，2005年12月22日。

不会再有劲头或信念去旧调重弹。

在《凶年纪事》中，JC说："我一直不擅长因物赋形，现在更是没兴趣这样做。实际上，我从未从眼前这个世界里得到过几许快乐，也就没有坚定的信念驱使我用文字去重塑它。"[①]笔记中的描述更直白。"有人说我是现实主义作家，"库切写道："其实我不太能胜任这个称号。我并未给予现实世界足够的生活热情，也不十分关心现实世界，并没有强有力地感觉到造物主要重塑它。"[②]加西亚·马尔克斯《番石榴飘香》中的一段话更精确地描述了库切这种感觉。马尔克斯写道：

> 我认为（灵感）既不是自身的优雅状态，也不是上天的恩赐，而是执着的作家把控得当，使自我跟作品的主题相互契合的瞬间。当你想写点东西的时候，你和要表达的主题之间就会产生一种互相制约的张力，所以你要设法探究主题，而主题则力图设置种种障碍。但会有这样一个时刻，一切障碍会一扫而光，一切矛盾会迎刃而解，过去做梦都想不到的事情就会发生在你身上。这时你才会感到写作绝对是世上最美好的事情。[③]

库切接着评论道："我一生中经历过一两次加西亚·马尔克斯描述的这种心灵飞跃。"他在草稿中是这样写的："或许这就是他所提及的执着给作家的回馈。"小说中改成："也许心灵飞跃真的是对执着的一种回馈，但我认为用'连续射击'这个词描述其中的必备品质更贴

---

① 库切:《凶年纪事》，第192页。
② 库切:《凶年纪事》书稿，2005年12月22日。
③ 同上，小说中第192页也引用了这段话的缩略版本。

切。不管我们怎么形容它，后来我就再也没体验过那种状态。"①

在库切之前小说的草稿中，我们见过他曾给自己立下军令状，形象地说，这就是"连续射击"。这个比喻虽然有些不伦不类，但用来描述一个意志刚强、信心坚决的文体学家无疑是中肯的。库切在《等待野蛮人》和《迈尔克·K 的生活和时代》的草稿中表露过强烈的自我怀疑，甚至像《福》和《彼得堡的大师》这样不太需要写实手段的小说中也出现过这种情况。当维系现实主义式的幻想之作让他感觉成了莫大的负担时，面对不同的写作任务，他要么秉承不断进攻的精神去勇敢面对，一路披荆斩棘向目标迈进；要么在上述办法行不通的时候，运用自己创作元小说的冲动，将其重新融入虚幻世界本身的肌理之中。

所以，《等待野蛮人》中的行政长官痴迷于杨木条上模糊难辨的古代字迹、《迈尔克·K 的生活和时代》和《福》中的二阶叙事者（second-order narrators）、《彼得堡的大师》中有关作者权威和阅读的争论，这些都是库切在素材中现身露面的证明，使得他能建构起自身与作品之间的存在性关联。阅读库切作品的草稿和笔记会发现这些小说别有洞天，比如库切承认影响这些作品的超意识（hyper-awareness）其实就是他自己的意识，通过研究相关的笔记和草稿就能检验这种说法。"连续射击"可能指的是要避免一种冲动——总想再添加一层评论去代替描绘事物的苦差事。

第三阶段是一个不再值得自我控制或者不需要这样做的时期。如果按照库切关于战场比喻的思路进一步拓展，当"连续射击"已达

---

① 库切：《凶年纪事》，第192页；《凶年纪事》书稿，2005年12月22日。

不到目的，敌人正在逼近，下一个命令就该是"随意开火"。当然这个词儿并不是描述库切《耻》以降小说风格的最明智选择，因为他的每一部作品都经过反复斟酌，可以自成一派。但是公平地说，他在《慢人》中再次引入伊丽莎白·科斯特洛展示了一种放弃的姿态，甚至有些不计后果，因为他走这步棋必然是已下定决心不再顾及众多读者可能产生的反应。

二阶问题在库切的第三阶段占据了支配地位。他在给奥斯特的信中说，因为人发现自己对年轻时那些难以回避的问题已经不再感兴趣，由此而生的厌倦打通了去往第三阶段的道路。《凶年纪事》的反思把这种衰退归咎于写作欲望的减弱。结合文本语境，对上述解释的真实性应该打上问号：它言过其实，而且颇具讽刺意味，因此也就不足为信。这个理由忽略了外部环境的影响。在库切的真实生活中，左右他从第二阶段过渡到第三阶段的外部环境因素举足轻重——他从全职的大学教师职位退休，收拾停当在开普敦的家，移民海外。

约翰·卡尼梅耶尔对库切移居澳大利亚（尤其是为何选择阿德莱德）的原因做了详细解释[1]，所以这里只需概述即可。自1990年以来，他和多罗西一直定期访问阿德莱德等澳大利亚城市。早在1995年他就接触过堪培拉负责移民事务的官员。最后在澳大利亚作家的协助下，尤其是大卫·马洛夫（David Malouf），库切通过悉尼的律师于1999年正式申请移民身份。有一种流传甚广的说法，认为他是因为《耻》在国内备受非议而离开南非（或者是因为非洲人国民大会在媒体上了公开了他们2000年提交给南非人权委员会的听证，指责

---

[1] 卡尼梅耶尔：《约翰·马克斯韦尔·库切的写作人生》，第535—539页。

《耻》是种族主义的顽固残留），这种论断显然与事实不符。有关移民事宜的重要咨询工作都是在《耻》之前或者是正在写《耻》的时候完成的，相关的法律手续在作品引起争议之前就已经准备就绪。

　　无可否认，南非是生养库切的祖国，南非的卡鲁地区是唯一让库切有家一般轻松自在感觉的地方，这一点也是他认可的。即使他多次反对被冠以南非作家的称号，可正是南非臭名昭著的扭曲历史成就了库切的小说，赋予他的作品众多独具一格的特点。但另一方面，库切的智识触角无疑遍布了全世界（涉及所有用欧洲语言交流的地方）——他先后在英国、美国、法国安家，现在又落户澳大利亚。在关于自己异地而居的公开声明中，他试图公正地评价盘根错节的复杂情况。他坦诚："在某些方面，离开一个国家就如同一段婚姻破裂。这是非常私人的事情。"但他又强调阿德莱德的吸引力，说他来到澳大利亚并不代表远离了南非。[①]

　　阿德莱德北部地区位于风景如画的阿德莱德山脉环抱之中，那里的气候、地貌特征和平静的生活非常适合库切。虽然他经常在墨尔本和悉尼这样的文化大都市工作，但在阿德莱德书写自己的生存状态让他感觉更加自如。当然，跟在南非、欧洲和美国一样，他也是澳大利亚的公众人物。他的出现能使人感觉隆重庄严，因此经常受邀出席官方活动，在不同场合朗读作品，主持各种节日庆典；他还积极支持"无声"的动物权利主张。[②]邀请库切参与这些活动的时候，澳大利亚人还是很尊重作家的个人偏好，因为他说过自己更喜欢过平静的生活。无论是库切周围的圈子，还是阿德莱德这座城市

---

　　① 卡尼梅耶尔：《约翰·马克斯韦尔·库切的写作人生》，第540—541页。
　　② "无声"（Voiceless），2004年创建于澳大利亚悉尼市，是一家以保护动物福利为宗旨的非盈利机构。——译者注

约翰·库切和多罗西·德赖弗在阿德莱德莫利雅塔自然保护公园。

和阿德莱德大学，都对他充满了深情挚爱。很难想象他在南非也能过同样的生活，因为那里对他有太多要求——这些令人烦恼的要求时常让库切身陷困境。

尽管《伊丽莎白·科斯特洛》涉及了一系列我们称之为二阶问题的讨论，但库切2003年12月7号的诺贝尔奖获奖演说特别提出了另一个话题。很少有批评家注意过这方面的重要性。很明显，库切是在向自己、也是在向别人示意这将是他致力耕耘的新领域。

《他和他的人》是关于作者及其作品的故事，或者用《凶年纪事》的话来说，它就是关于"生活在现实世界和被描绘的世界有什么不同"。生活在现实世界的人和那些克鲁索和笛福在故事中代表的人最为相似却又迥然不同。身为作者的笛福周游英格兰时发回的报告

被用来构建克鲁索的主体性，他的现实主义也因此成了描写克鲁索
内心生活的材料，现实主义进而被重塑为自传体小说——库切写作
生涯中有很多这样的例子。从《他和他的人》的开放性结尾可以推
测，库切正在试图把这些想法进一步演绎成更完善的作品：

> 他很担心不会有这种相聚的机会，此生不会有了。如果一
> 定要找出双方——他的人和他——的相似之处，他会将他们描
> 述为两艘逆向行驶的船,一艘往西，一艘朝东。或者更贴切地说，
> 他们是辛苦劳作的水手，分别在往西和朝东的船上。他们的船
> 交会时贴得很近，近得可以相互招呼问候。但大海颠簸起伏，
> 狂风暴雨肆虐，溅起的水雾拍打着他们的眼睛，他们的双手也
> 被缆索勒伤，所以他们擦肩而过，连挥一下手的工夫都没有。①

　　库切不太情愿把获奖演说词的版权转让给诺贝尔基金会。他从
处理科斯特洛的系列故事汲取了经验：只有保留版权，以后才能将其
收集成册，同时也会增加每篇故事的分量，符合他的预期。虽然他
想对诺贝尔奖获奖演说词也如法炮制，但诺贝尔基金会最终保留了
版权，并把文章以多种形式公开发表，包括互联网上的视频内容。
　　这篇演说词别具一格，并不是传统意义上的诺贝尔奖获奖演
说。尽管在大学讲坛的公共演讲中推出科斯特洛和她的虚构世界名
正言顺，即使普林斯顿大学庄严的泰纳讲座也可任由库切发挥，但
在瑞典科学院的全球性平台宣读一个短篇小说的确显示了他的与众
不同。瑞典科学院的终身秘书贺拉斯·恩达尔（Horace Engdahl）在

---

① 库切:《他和他的人》，载《诺贝尔文学奖获奖演说: 2001—2005》(*Nobel Lectures*:
Literature, 2001—2005)，贺拉斯·恩达尔编，新加坡,世界科学出版社，2008年，第56页。

介绍库切的时候就说过，他感觉得先给观众透露些背景信息。恩达尔指出，库切现在的处境有点反讽，因为这位作家以"隐居遁世著称"，因公共人物和社会名流的身份被大加批判也广为人知，而他现在却置身文学界的万众瞩目之下。库切如何才能把大家的注意力从自己身上转移开？[①]他的策略是演讲开始时先谈及自己孩提时代读《鲁滨孙漂流记》的趣闻逸事，然后才进入正题《他和他的人》。

库切荣膺诺贝尔奖时正在写《慢人》。《伊丽莎白·科斯特洛》出版后不久他就开始着手写下一部小说，相关笔记和零散段落在2003年初就有了记载，时间上远早于斯德哥尔摩的盛典。用现实主义者的话讲，《慢人》正是关于移民和归属感的小说。小说以保罗·雷蒙特遭遇的一场危机开头。这位澳大利亚归化公民在法国度过了自己的童年，如今骑自行车时出了事故，导致一条腿被截肢（库切2002年11月在芝加哥曾因自行车车祸住院治疗，这件事应该是创作这篇小说的诱因）。离异无嗣的雷蒙特爱上了社会福利机构给他安排的护工玛利亚娜·乔希奇，但他对这位克罗地亚籍护士的感情完全是堂·吉诃德式的异想天开。

为了追求这段不伦之恋，他提出供玛利亚娜的儿子德拉格上昂贵的私立学校。这一举动表明雷蒙特不仅渴望玛利亚娜的照顾，同时也想让她的孩子能像她一样关心他。雷蒙特的闯入让乔希奇夫妇的婚姻亮起了红灯，他们的家庭关系也骤然紧张。德拉格打起了雷蒙特珍藏的相册的主意，他将几张原版照片悄悄拿走，把自己冲印的东西放了回去。被偷的照片都出自安托万·福切里（Antoine Fauchery）之手，淘金热时期的他在新南威尔士州和维多利亚州的矿

---

① http://www.nobelprize.org/mediaplayer/?id=716.

区工作过，是位知名的作家和摄影师。雷蒙特原本打算把这些藏品都捐给澳大利亚国家图书馆，却不想被德拉格偷梁换柱。身为摄影师的雷蒙特对福切里饶有兴趣，部分原因是这能让他想象自己跟澳大利亚历史有了联系，进而呼应他的无根性。小说的结尾可谓皆大欢喜：原版照片失而复得；乔希奇一家体贴仁厚，发挥他们的聪明才智造了一辆卧式自行车，以便雷蒙特能恢复体能，此举彻底赢得了他的认可。

从故事上述的基本框架中，我们可以看到很多库切的影子，不仅是诸如骑车兜风和摄影这些明显的情节，更深层次的还有文本对躯体及其脆弱性的关注，在遭遇危机时小说主人公面对生死考验、跨国主义、割断与过去和未来的联系等系列问题时所引发的思考。《慢人》是一部关于库切移居国外的小说，作品严肃探讨了在大多数中产阶级都主要关注退休金浮动及其影响的生命阶段，如何在一个新国家找到归属感。但正如我们所见，库切已经不想平铺直叙地完成这个写作计划。假如小说要达到这个目标，必然得把二阶问题摆在明面儿。

伊丽莎白·科斯特洛在这一时期依然活跃，还在库切的小说里四处出没。即使《伊丽莎白·科斯特洛》2003年出版之后，她还一度现身于独立的短篇小说《当女人变老的时候》（*As a Woman Grows Older*），该故事后来刊载于2004年1月24日的《纽约时报书评》。所以在《慢人》行文到三分之一的地方（也就是小说的第十三章），伊丽莎白·科斯特洛出现在保罗·雷蒙特的公寓门口也就不足为奇。《慢人》最集中的创作时间是2004年7月到12月。我们可以根据当时的情况做出以下推断：这个阶段的库切在《慢人》身上产生了似曾相识的怀疑感，在创作元小说的冲动再次来袭的紧要关头，他打开门让伊丽莎白·科斯特洛走了进来。[1]

雷蒙特刚向玛利亚娜表露过爱意，科斯特洛就在故事中现身，由此加速触发了小说勾勒的道德迷失状态。叙事模式也做了相应调整，从描述主人努力适应外部因素的故事变成了有关情欲和道德纠葛的心理剧。因此，这时就只有一位技艺精湛的小说家才能尽情演绎故事的全部内涵，也正是科斯特洛开始教训雷蒙特的绝佳良机——"你应该为自己找出更充分的理由"。她坚持认为他应该变得再勇敢一些，他说的话应该更具象征意义："突破人终有一死的极限"，她大声训斥雷蒙特。[2]

科斯特洛后来又安插了另一个故事，试图来替代雷蒙特跟玛利亚娜的感情纠葛，其中也有一个类似的情人——失明的玛丽安娜。科斯特洛撮合俩人见面，还煞费苦心给雷蒙特设计化妆：先用面粉糊糊和柠檬叶子糊住双眼，然后再把一只长袜绑在上面，简直就是个难以置信的文学游戏。雷蒙特也别无选择，只能任由她折腾。科斯特洛和雷蒙特此处的对弈再现了苏珊和福之间的关系，因为那两个人曾为决定苏珊生活的故事而争论不休；或者把这种对弈比成阿隆索·吉哈诺，因为阿隆索就是小说中的堂吉诃德，他知道这都是米格尔·德·塞万提斯给他设计好的脚本（《堂吉诃德》在《慢人》的笔记中出现了好几次）。

"我们的朋友科斯特洛提倡这个做法，"雷蒙特对不幸的盲人玛丽安娜说，"因为在她的眼里这代表跨过一道门槛。她认为我举棋不定，如果跨不过这道困住自己的门槛，我就没法成长……可能她对

---

①作者在这里一语双关，既指库切在写作中将元小说手法融入文本之中，又指库切笔下的保罗·雷蒙特开门把伊丽莎白·科斯特洛请进了屋。——译者注
②库切：《慢人》，第82—83页。

你还有另外一个假设。"①科斯特洛想把故事写得更有文学内涵，不能让她笔下的人物变成"贝克特戏里的流浪汉"，"他们消磨时间，又被时间消磨"。②

科斯特洛和雷蒙特的较量逐渐成了《慢人》关注的中心话题。叙事焦点从一个有关移民、归属和衰老的感人故事切换成关于意义本身的喜剧，这种转变无疑带有贝克特的风格。库切并不是早就把小说这样规划到位了，因为草稿中的雷蒙特和玛利亚娜已经有赤裸的两性关系，更突出了雷蒙特的情欲生活在小说的中心地位。如果按照原来这个思路，乔希奇一家征服雷蒙特也就显得更别有用心，不仅明目张胆地滥用他的热情好客，还在他家里小偷小摸。

库切选择的故事脉络让很多读者都不太确定小说的叙事焦点在哪里：这是一个无根的人因事故而唤醒了内心的存在意识，还是一个小说家在讲述雷蒙特的遭遇时试图让故事中的人物为她所用？其实，小说两种叙事目的兼而有之，因此也就需要将它们都铭记于心，才能领会其中的玄妙。但这个观点太过抽象，没法要求读者都心领神会。

我们会发现，库切每一部小说书稿出现的各种创意想法和素材资源不一定都用来支撑手头正写的作品，有很多会在随后的小说中大显身手。《慢人》的草稿也不例外。当雷蒙特反思：

> 我被给予了一个新躯体，新的但劣质的，这让我感觉换了一个人。曾经的自己仅仅是个记忆。这就像我们换上曾经允诺的更好的新躯体之后——是不是可以把这个时期叫作结尾——

①库切：《慢人》，第112页。
②同上，第141页。

发生在我们身上的事情。曾经的我们变成了记忆，很快就消逝的记忆因为在结尾之后就再无怀念。

上述删除的句子是雷蒙特对"结尾"的反思。但是既然被删除，就表明它们不适用于《慢人》的语境。在草稿中隔了几段后，库切又加上了下面的词句：

> 他没有试图去恢复对恢复身体机能不感兴趣。正相反，他厌倦了自己的躯体，倒是期盼它最后的消亡。这不是说要自寻短见。他清醒地意识到自己还有一个精神生活依然丰富的灵魂。[1]

有些《慢人》没完成的计划在库切的新作《耶稣的童年》中又重新提上日程。和《等待野蛮人》一样，这部小说的背景也是完全虚构的。它和《迈克尔·K的生活和时代》相似之处在于，两部作品的主人公均为逃难者，所处的历史背景都说不清道不明，两个人对从前的生活也没什么印象。《耶稣的童年》中的人物又是幸存者，在一个可以被称为"精神生活依然丰富"的存在状态中发现一切都要从头再来。他们原来的家和母语都已被抹去，转而又被安上了新的家园和新的语言——西班牙语。5岁的小男孩大卫和他的义务监护人西蒙一起寻找大卫的母亲。虽然西蒙从未见过她，但他认为只要自己看见这个人，就能凭直觉认出来她。在这个洋溢着本能乐观主义和充满新开始的故事中，他们指向的目的地是小城诺维拉（Novilla）。

检验这个故事文学韵味的试金石是大卫最喜爱的一本书——

---

[1] 库切：《慢人》笔记和片段，未标日期。这些笔记都是打印稿，铅笔修改。

《堂·吉诃德》。库切这次没有像创作《慢人》那样奋力去摆脱现实主义，而是巧妙利用现实主义的特点，同时又抑制它的发挥，将作品打造成一面镜子，反射《堂吉诃德》这部现实主义的一大奠基之作照进自己素材的光芒。这是一部叙说大卫质朴之心的小说，勾勒了主人公努力去理解一个并不理想的世界，也必定会是塞万提斯欣赏的故事类型。尽管大卫善于冥想，或者说正因如此，他身边才聚集起来一家人，这些人会跟随大卫的脚步走向一个连他们自己都无法想象的世界。

　　我们还无法从库切这本最新的小说推断出太多结论，也不好概括它在库切作者身份的核心叙事中所占的地位，原因部分是由于该小说的书稿至今还未向公众开放，或许这些材料能使我们理解它的奥妙之处。但我们可以自信地做出如下评价：《慢人》把移民的故事写成一个终点，而《耶稣的童年》却把它描述成一个开始。

致 谢

　　首先应该感谢的是英国利华休姆信托基金会①，他们提供的资助让我能暂时放下大学的日常工作，腾出空闲专事研究。除此之外，还应向斯德哥尔摩大学英语系和斯泰伦博斯高级研究所②表示感谢：前者聘我为客座教授，让我有机会近距离接触举世闻名的瑞典科学院和瑞典诺贝尔图书馆；后者的热情好客使我得以在构思该研究计划的头几个月里深入开普敦和卡鲁腹地。

　　多亏维姆·范泽尔和安东·卡尼梅耶尔的大力协助，我才能够查阅到约翰·卡尼梅耶尔存放在斯泰伦博斯的手稿。约翰·卡尼梅耶尔在完成约翰·马克斯韦尔·库切的第一本传记后不久便离世而去，着实令人痛心不已。他的辛勤努力取得了丰硕成果，对库切研究有着积极的影响，这一切都值得他亲眼见证。在他去世前这三年的写作过程中，我们两度面谈，频频邮件往来，他的彬彬有礼和友谊之情让我心存感激。在斯泰伦博斯停留期间，负责约翰·卡尼梅

---

　　①利华休姆信托基金会(The Leverhulme Trust)，英国大型的研究和教育基金，1925年根据威廉姆·赫斯基斯·利弗的遗嘱创建。——译者注

　　②斯泰伦博斯高级研究所建于2005年，位于南非斯泰伦博斯市。——译者注

耶尔这本书编辑工作的哈尼斯·范泽尔给予了我无私的支持，在此一并谢过。

很多新朋旧友给我提供了公开交流本书内容的机会，他们来自五湖四海，包括阿德莱德大学、开普敦大学、斯泰伦博斯大学、吉森大学、斯德哥尔摩大学、维罗纳大学、约克大学、伦敦玛丽王后大学、罗德斯大学和利勒哈默尔的挪威文学节。我在阿德莱德时，库切和多罗西·德赖弗的热情款待，库切创作实践中心的尼克·荷西和布莱恩·卡斯特罗对我的研究饶有兴趣并给予鼓励，这些都已经让我感激不尽，更不要说他们还邀我再次访问。在过去5年数次到访开普敦大学的过程中，开放学习中心和卡罗尔·克拉克森组织的库切研究中心一直慷慨宽容，给予我多次帮助。

得州大学奥斯汀分校哈里·兰塞姆中心的工作人员不辞辛苦，特事特办，使得库切的部分档案文件得以提早与公众见面。我2011年和2012年两次访问奥斯汀时，汤姆·斯坦利、梅根·伯纳德、加比·雷德瓦恩、迈卡·欧文、瑞克·沃森和珍·提斯代尔都热情接待过我，并给予了专业指导。伯恩斯·林德弗斯和朱迪斯·林德弗斯夫妇更是让我有宾至如归的感觉。

不少同事和朋友都曾读过本书的部分章节，有的还读过整部书稿，并跟我当面交流。他们的评论和建议让我受益匪浅，使本书得以充实完善，所以在此感谢以下人士：德里克·阿特里奇、丽塔·伯纳德、艾勒克·博埃默、克里斯多夫·布赫瓦尔德、卡罗尔·克拉克森、伊娃·科斯、乔纳森·克鲁、多罗西·德赖弗、劳拉·埃姆斯里、帕特里克·福瑞纳、伊恩·格伦、伊瑞娜·拉斯姆森·格鲁贝瓦、露茜·格雷姆、迈克尔·格林、休·霍顿、斯蒂芬·赫尔格森、埃维·奥斯特、肖恩·厄拉姆、迈克尔·凯利、罗伯·尼克松、安娜丽莎·佩斯、赫德利·特怀德尔、安德鲁·范德威利斯、杰弗里·华尔、赫尔曼·威腾伯格和苏珊娜·兹纳图。在动笔之初，慷慨大度的凯恩·伊斯顿就与我分享了她研究库切书稿的成果，所以在本书的写作过程中我一直铭记这种志同道合的帮助。查巴尼·曼甘伊也读过部分章节，并提出了诸如"库切身上是如何体现陀思妥耶夫斯基精神的？"这样极具洞察力的问题。菲纳拉·道林以小说家的视角审阅了本书原稿的数个章节，教我如何像作家一样在众多素材中拨云见日，使叙述更具逻辑性。保罗·怀斯在出版的关键阶段给予了专业的编辑指导意见。还应感谢扎卡纳传媒出版公司的拉塞尔·马丁，他实用的指导建议和颇有见地的文字编辑工作使本书的终稿得以成形。

有幸置身约克大学极具学院气质的同事中间，他们对本研究的兴趣和支持使我能遂愿接受前述的研究基金，在此深表感谢。尤其要感谢德里克·阿特里奇，他的倾力相助和专业的建议是我赖以前行的动力之一。

最后要感谢的人是约翰·库切。感谢他同我促膝长谈，提供便利让我有查阅其手稿的机会，并欣然准许引用摘录。最重要的是感谢他对研究结果的宽容。尽管他美誉加身，但我还是要锦上添花，为他敢于袒露自我、任人评论而不语的勇气和精神而喝彩。

本书某些章节曾在以下地方公开发表: 苏珊娜·兹纳图和安娜丽莎·佩斯编辑的文集《去中心写作: 论后殖民小说中的"疯癫"》(*Ex-centric Writing: Essays on Madness in Postcolonial Fiction*)（剑桥学者出版社，2013年）；《生活写作》(*Life Writing*)杂志2014年第11卷第2期；挪威《伯克韦恩文学杂志》(*Bokvennen Litterært Magasin*)2013年第3期(翻译版本)。

附 录

约翰·马克斯韦尔·库切大事年表

1940年 约翰·马克斯韦尔·库切于2月9号出生在开普敦市。父亲萨卡里亚斯（Zacharias,简称杰克 Jack）是一名律师；母亲维拉是位教师。

1942年 杰克参军，随南非部队征战中东和意大利。

1943年 年初弟弟大卫·库切（David Coetzee）出生。

1945年 杰克复员，库切一家安顿在开普敦的波尔斯莫（Pollsmoor）。约翰入读波尔斯莫小学。

1946年 杰克在开普省政府谋得工作。全家搬至罗斯班克（Rosebank），约翰也转到了罗斯班克小学。

1948年 杰克被解雇，但随后在伍斯特的标准罐头厂找到新工作。举家迁至留尼旺公园（Reunion Park），约翰从1949年4月开始就读于伍斯特小学（Worcester）。

1952年 杰克在开普敦市古德伍德镇（Goodwood）的律师事务所开张，全家随迁到普林斯迪（Plumstead）。约翰被圣约瑟高中录取，并于1956年参加高考。

1957—1961年　约翰就读于开普敦大学，完成本科学业，获得学士学位；1960年底又被授予英语和数学的优等学士学位。[①]期间参加R.G.霍沃思组织的"创意写作"课，并在大学的若干杂志上发表诗歌。1961年12月乘船去往英国的南安普顿，缺席大学毕业典礼。

1962年　在伦敦IBM公司找到一份做程序员的工作。因大学期间成绩优异，获得奖学金，被开普敦大学录取为硕士研究生，利用业余时间在大英博物馆的阅读室主攻福特·马克多斯·福特研究。开始尝试用计算机创作诗歌。[②]

1963年　返回开普敦和大学校友菲利帕·贾伯（Philippa Jubber）重续前缘，并于7月11日喜结连理。写完福特研究的论文并提交给学校。开始申请英格兰的工作，先后得到了学校老师和计算机程序员的工作邀约。开始咨询去美国攻读博士学位的相关事宜。

1964年　1月份和菲利帕乘船返回英格兰。就职于国际计算机和制表机公司（International Computers and Tabulators, Ltd）；住在萨里的巴沙特。

1965年　申请开普敦大学和美国的博士项目，后来又拒绝了前者现代主义方向博士生的录取邀请。获得富布莱特奖学金，在众多美国大学的录取通知中选择得克萨斯州大学奥斯汀分校。约翰和菲利帕8月份从南安普顿乘船离开英国，奔赴纽约。约翰开始攻读德州大学语言学和文学的博士课程。

1966年　6月9日，儿子尼古拉斯出生。

---

①不同于英国的学位管理体制，南非的优等学士学位需要在完成正常本科课程后再多修一年的课程。——译者注

②库切曾经设计过诗歌写作的电脑程序，先让计算机来生成诗歌（Computer-generated poetry），然后他再校对修改。参照：约翰·卡尼梅耶尔，《约翰·马克斯韦尔·库切的写作人生》，约翰内斯堡，乔纳森·鲍尔出版社，2012年，第123—126页。——译者注

1968—1969年　在奥斯汀完成有关塞缪尔·贝克特（Samuel Beckett）研究博士论文的同时，约翰成功获得了纽约州立大学布法罗分校客座助理教授职位。因签证原因限制了合同期限，他在工作的同时又申请了加拿大和香港的教职，回绝了英属哥伦比亚大学的邀请。这期间一直力争延长签证时效。1968年11月10日，女儿吉塞拉出生。

1970年　开始《幽暗之地》的写作。发生"海耶斯礼堂"事件：库切和其他44名教职员工一起抗议校方当时的管理政策，反对警察进驻校园，于是被捕。后被判非法入侵和蔑视法庭罪，但是获准上诉。12月，菲利帕和孩子们返回南非。

1971年　因签证无法延期，约翰完成春季学期的教学任务后，于5月份返回南非与家人团聚，并在库切家族鸟儿喷泉农场附近的沼地山谷农场落脚。虽然上诉获胜，原罪名被取消，但是重获赴美签证的希望已几近渺茫。

1972年　1月份被开普敦大学英语系评聘为讲师。

1973年　完成《幽暗之地》，但被数家出版社退稿，最终约翰内斯堡的瑞安出版社同意出版，并于1974年面世。

1974—1976年　着手写《焚书之火》，但一年后放弃。创作《内陆深处》，并于1977年出版。翻译荷兰作家马塞卢斯·艾芒兹小说《死后的忏悔》，[①]1975年出版。

1977—1979年　创作《等待野蛮人》，利用在加州大学奥斯汀分校和加州大学伯克利分校学术休假的机会写完该小说。返程途中开始动笔写《迈克尔·K的生活和时代》。

---

①马塞卢斯·艾芒兹（Marcellus Emants, 1948—1923），荷兰小说家，是荷兰自然主义文学代表人物之一。参照：库切，马塞卢斯·艾芒兹的《死后的忏悔》（*A Posthumous Confession*），载《异乡人的国度》，汪洪章译，浙江文艺出版社，2010年，第49—54页。——译者注

1980年　和菲利帕离婚。《等待野蛮人》出版。开始撰写有关南非文学作品的系列论文，这些文章最终被收录在1989年出版的《白色写作：论南非文学》。开始和多罗西·德赖弗（Dorothy Driver）交往，并成为彼此的人生伴侣。

1982年　开始写《福》，并于1985年完稿。

1983年　《迈克尔·K的生活和时代》出版，获得布克奖。翻译并出版阿非利卡作家威尔玛·斯托肯斯特罗姆（Wilma Stockenström）的《通往猢狲木的远征》（*The Expedition to the Baobab Tree*）。

1984年　被开普敦大学评聘为终身教授，发表就职演说：自传的真相（Truth in Biography）。

1985年　3月6日，母亲维拉辞世。

1986年　《福》出版，与安德烈·布林克（André Brink）合编的南非诗歌选集《分离之地》（*A Land Apart*）出版。获聘位于巴尔迪摩市的约翰·霍普金斯大学客座教授。开始写《铁器时代》，1989年完稿。

1987年　开始写回忆录，虽然后来放弃该计划，但是这部分素材成了《男孩》的内容。

1988年　6月30日，父亲杰克去世。开始和大卫·阿特维尔合作编写《双重视点：论文及访谈》。

1989年　4月21日，尼古拉斯去世。再次获得约翰·霍普金斯大学客座教授席位。

1990年　《铁器时代》出版。7月30日，前妻菲利帕去世。

1991年　开始写《彼得堡的大师》。完成了一系列有关审查制度的论文。获得哈佛大学客座教授席位。和多罗西在澳大利亚做长时间的访学交流。

1992年　《双重视点》出版。

1993年 被开普敦大学评聘为阿德恩首席教授①,他学生时代的老师R.G.豪沃斯(R.G. Howarth)曾经担任过这个职位。

1994年 《彼得堡的大师》出版。动笔写《耻》。

1995—1998年 创作《耻》,1998年完稿。开始写伊丽莎白·科斯特洛的系列故事收录了他在普林斯顿大学"泰纳讲座"的《动物的生命》(The Lives of Animals),该演讲于1999年同名发表。重新开始写《男孩》。任德州大学詹姆斯·米契纳写作中心客座教授(James Michener Center for Writers)和芝加哥大学社会思想委员会固定的客座教授(一直到2003年)。1995年3月,开始咨询有关移民澳大利亚的法律手续。1996年,《冒犯:审查制度论文集》(Giving Offense: Essays on Censorship)出版。在《纽约书评》等地方定期发表评论,其中一些文章被收录到2001年出版的《异乡人的国度》(Stranger Shores)。《男孩》于1997年出版。

1999年 《耻》发表。第二次获得布克奖。2000年4月,非洲人国民大会在媒体上披露,他们已向南非人权委员会提出听证申请,要求审核《耻》中的种族歧视。小说被列入政府内阁议题。

2001年 收到位于比勒陀利亚市澳大利亚大使馆签发的移民签证。12月份从开普敦大学退休。

2002年 移居澳大利亚,和多罗西一起定居在阿德莱德北部。《青春》发表。11月,因在芝加哥骑自行车时发生事故而入院治疗。

2003年 荣获诺贝尔文学奖。《伊丽莎白·科斯特洛》出版。

2004年 撰写《慢人》。译著《划船人的风景:荷兰诗歌选集》(Landscape with Rowers: Poetry from The Netherland)出版。约翰和多罗

---

① 阿德恩首席教授(Arderne Chair),南非开普敦大学英语系的首席教授职位。——译者注

西被斯坦福大学聘为客座教授。开始写《夏日》。

2005年 《慢人》出版。在比勒陀利亚被授予南非国家级荣誉——马蓬古布韦勋章。[①]开始写《凶年纪事》。

2006年 3月6日加入澳洲国籍。

2007年 《凶年纪事》出版。2000年至2005年发表的评论结集出版，定名《内心活动》。

2008年 和保罗·奥斯特（Paul Auster）开始合作著书。

2009年 《夏日》出版。小说式回忆录合订本于2011年出版。

2010年 在阿姆斯特丹百利会场庆祝70岁生日，约翰被授予国家级荣誉——荷兰狮子勋章。[②]弟弟大卫在美国华盛顿去世。

2012年 开始写《耶稣的童年》（*The Childhood of Jesus*）。

2013年 《此时此地：2008—2011书信集》（与保罗·奥斯特合著）和《耶稣的童年》出版。

---

① 马蓬古布韦勋章（Order of Mapungubwe），用于表彰提升南非国家声誉的国际性成就，被称为南非的最高荣誉，创立于2002年12月6日，由总统亲自颁发。——译者注

② 荷兰狮子勋章（荷兰语: De Orde van de Nederlandse Leeuw），一种荷兰骑士勋章，由荷兰国王威廉姆一世1815年创立，表彰各行各业的杰出人士。自1980年起，主要授予艺术、科学、体育和文学领域的卓越成就者。——译者注

参考文献

Auster, Paul and J.M. Coetzee, *Here and Now: Letters, 2008–2011*. New York: Viking, 2013

Attridge, Derek, *J.M. Coetzee and the Ethics of Reading: Literature in the Event*. Pietermaritzburg: University of KwaZulu-Natal Press, 2005

Bakhtin, Mikhail, *Problems of Dostoevsky's Poetics*, trans. Caryl Emerson. Minneapolis: University of Minnesota Press, 1984

Barnard, Rita, 'Coetzee in/and Afrikaans', *Journal of Literary Studies* 25 (4), 2009, pp. 84–105

Barthes, Roland, 'The Death of the Author', trans. Richard Howard. Ubu-Web Papers, n.d., www.tbook.constantvzw.org/wp-content/death_authorbarthes.pdf

Barthes, Roland, *The Preparation of the Novel*, ed. Nathalie Léger, trans. Kate Briggs. New York: Columbia University Press, 2011

Barthes, Roland, *Roland Barthes*, trans. Richard Howard. New York: Hill & Wang, 2010

Bloom, Harold, *The Anxiety of Influence: A Theory of Poetry*. New York: Oxford University Press, 1973

Boehmer, Elleke, 'J.M. Coetzee's Australian Realism', in Elleke Boehmer, Katy Iddiols and Robert Eaglestone, eds., *J.M. Coetzee in Context and Theory*. London: Continuum, 2009

Coetzee, J.M., *Age of Iron*. London: Secker & Warburg, 1990

Coetzee, J.M., 'The Artist at High Tide', *New York Review of Books*, 2 March 1995

Coetzee, J.M., *Boyhood: Scenes from Provincial Life*. London: Secker & Warburg, 1997

Coetzee, J.M., 'Confession and Double Thoughts: Tolstoy, Rousseau, Dostoevsky', in *Doubling the Point*, pp. 251–293. Originally published in

Comparative Literature 37 (3), 1985

Coetzee, J.M., 'Critic and Citizen: A Response', *Pretexts: Literary and Cultural Studies* 9 (1), 2000

Coetzee, J.M., *Diary of a Bad Year*. London: Harvill Secker, 2007

Coetzee, J.M., *Disgrace*. London: Secker & Warburg, 1999

Coetzee, J.M., 'Doctoris Causa Honoris Lectio', *Iohannes Maxwell Coetzee*, Adam Mickiewicz University, Poznań, Poland, 2012

Coetzee, J.M., *Doubling the Point: Essays and Interviews*, ed. David Attwell. Cambridge, Mass.: Harvard University Press, 1992

Coetzee, J.M., *Dusklands*. Johannesburg: Ravan Press, 1974

Coetzee, J.M., *Elizabeth Costello*. London: Viking, 2003

Coetzee, J.M., *Foe*. Johannesburg: Ravan Press, 1986

Coetzee, J.M., *Giving Offense: Essays on Censorship*. Chicago: University of Chicago Press, 1996

Coetzee, J.M., 'The Great South African Novel', *Leadership SA* 2 (4), 1983

Coetzee, J.M., 'He and His Man', in Horace Engdahl, ed., *Nobel Lectures: Literature, 2001–2005*. Singapore: World Scientific, 2008

Coetzee, J.M., *In the Heart of the Country*. Johannesburg: Ravan Press, 1978. English translation by J.M. Coetzee, Penguin, 1977

Coetzee, J.M., *Life & Times of Michael K*. Johannesburg: Ravan Press, 1983

Coetzee, J.M., *The Lives of Animals*, ed. Amy Gutmann. Princeton: Princeton University Press, 2001

Coetzee, J.M., *The Master of Petersburg*. London: Secker & Warburg, 1994

Coetzee, J.M., 'Meat Country', *Granta* 52, 1995

Coetzee, J.M., 'Nietverloren', in *Ten Years of the Caine Prize for African Writing*. Oxford: New Internationalist Publications, 2009

Coetzee, J.M., *Slow Man*. London: Secker & Warburg, 2005

Coetzee, J.M., 'Speech at the Nobel Banquet', Stockholm, 10 December 2003, www.nobelprize.org/nobel_prizes/literature/laureates/2003/coetzee-speech-e.html, accessed 24 September 2012

Coetzee, J.M., *Summertime*. London: Harvill Secker, 2009

Coetzee, J.M., 'What Is a Classic?' in *Stranger Shores: Essays 1986–1999*. London: Secker & Warburg, 2001

Coetzee, J.M., *White Writing: On the Culture of Letters in South Africa*. New Haven: Yale University Press, 1988

Coetzee, J.M., *Youth*. London: Secker & Warburg, 2002

Dostoevsky, Fyodor, *The Notebooks for 'The Possessed'*, ed. E. Wasiolek, trans. V. Terras. Chicago: University of Chicago Press, 1968

Duncan, Robert, 'The Song of the Border-Guard', *The First Decade: Selected Poems 1940–1950*. London: Fulcrum Press, 1968

Eliot, T.S., 'Hamlet' (1919), in *Selected Essays*. London: Faber & Faber, 1951, pp. 145–146

Eliot, T.S., 'Tradition and the Individual Talent' (1919), in *Selected Essays*. London: Faber & Faber, 1932

Frank, Joseph, *Between Religion and Rationality: Essays in Russian Literature and Culture*. Princeton: Princeton University Press, 2010

Frank, Joseph, *Dostoevsky: A Writer in His Time*, ed. Mary Petrusewicz. Princeton: Princeton University Press, 2010

Frank, Joseph, '"The Master of Petersburg" by J.M. Coetzee', *New Republic*, 16 October 1995, pp. 53–57

Freud, Sigmund, 'A Child Is Being Beaten: A Contribution to the Study of Sexual Perversions', *International Journal of Psychoanalysis* 1, 371–395, http://www.psykoanalytisk-selskab.dk/data/archive/kand--litteratur/A-Child-is-Being-Beaten—A-Contribution-to-the-Study-of-the-Origin-of-Sexual-Perversions.pdf, accessed 22 July 2013

Freud, Sigmund, 'Psychoanalytic Notes on an Autobiographical Account of a Case of Paranoia' (1911), in James Strachey and Angela Richards, eds., *The Pelican Freud Library*. Harmondsworth: Penguin, 1979

Gordimer, Nadine, 'The Idea of Gardening', *New York Review of Books*, 2 February 1984

Hamilton, Ian, *Keepers of the Flame: Literary Estates and the Rise of Biography*. London: Hutchinson, 1992

Hardy, Thomas, 'The Convergence of the Twain', in Margaret Ferguson, Mary J. Salter and Jon Stallworthy, eds., *The Norton Anthology of Poetry*. New York: Norton, 2005, pp. 1156–1157

Hayes, Patrick, *J.M. Coetzee and the Novel: Writing and Politics after Beckett*. Oxford: Oxford University Press, 2010

Horn, Peter, 'Michael K: Pastiche, Parody or the Inversion of Michael Kohlhaas', *Current Writing* 17 (2), 2005, pp. 56–73

Kannemeyer, J.C., *J.M. Coetzee: A Life in Writing*. Johannesburg: Jonathan Ball, 2012

Kannemeyer, J.C., *J.M. Coetzee: 'n Geskryfde Lewe*. Johannesburg: Jonathan Ball, 2012

Leatherbarrow, W.J., ed., *Dostoevsky's 'The Devils': A Critical Companion*. Evanston: Northwestern University Press, 1999

Lewis, Peter, 'Types of Tyranny', *Times Literary Supplement*, 7 November 1980

McDonald, Peter, *The Literature Police: Apartheid Censorship and its Cultural Consequences*. Oxford: Oxford University Press, 2009

Milton, John, *Areopagitica*, ed. J.C. Suffolk. London: University Tutorial Press, 1968

Pamuk, Orhan, 'Other Countries, Other Shores', *New York Times Book Review*, 19 December 2013, www.nytimes.com/2013/12/22/books/review/other-countries-other-shores.html

Rhedin, Folke, 'J.M. Coetzee: Interview', *Kunapipi* 6 (1), 1984

Scott, Joanna and J.M. Coetzee, 'Voice and Trajectory: An Interview with J.M. Coetzee', *Salmagundi* 114/115, Spring–Summer 1997

Spengler, Oswald, *The Decline of the West* (1926), trans. Charles Francis Atkinson. London: Allen & Unwin, 1959

Van der Vlies, Andrew, 'In (or From) the Heart of the Country: Local and Global Lives on Coetzee's Anti-pastoral', in Andrew van der Vlies, ed., *Print, Text and Book Cultures in South Africa*. Johannesburg: Wits University Press, 2012

Wall, Geoffrey, *Gustave Flaubert: A Life*. New York: Farrar, Straus, Giroux, 2001

Watson, Stephen, 'Speaking: J.M. Coetzee', *Speak* 1 (3), 1978

Wittenberg, Hermann, 'The Taint of the Censor: J.M. Coetzee and the Making of "In the Heart of the Country"', *English in Africa* 35 (2), 2008

索引